Twilight

LES SECRETS D'UNE SAGA FASCINANTE

Une marque des Éditions Music & Entertainment Books
16, rue Albert-Einstein – Marne-la-Vallée
77420 Champs-sur-Marne, France

Deuxième édition pour la traduction française

Première publication par John Wiley & Sons, Inc.
Traduit de l'anglais par Bridget Costedoat
ISBN 978-2-36164-009-5

Couverture : Rex Features
Composition et mise en page : Mathieu Tougne
Direction d'édition : Eddy Agnassia
Collection coordonnée par Flore Law de Lauriston

Twilight

LES SECRETS D'UNE SAGA FASCINANTE

William Irwin

Original BoOks

LES VAMPIRES, LES VÉGÉTARIENS ET LA POURSUITE DE L'IMMORTALITÉ

Pour les fans de *Twilight* de tout âge, vivants et morts-vivants.

REMERCIEMENTS

Les êtres humains surnaturels dont nous n'aurions jamais pu nous passer.

Jeremy et Rebecca souhaitent remercier collectivement les contributeurs à ce livre pour leurs efforts extraordinaires, l'équipe à Wiley qui a donné vie au projet, y compris Connie Santisteban, Lisa Burstiner et bien sûr William Irwin, éditeur de la série, pour ses instincts éditoriaux incroyables ainsi que pour sa culture populaire et sa prouesse philosophique. Vous êtes sûr de ne pas être un Cullen ?

Jeremy remercie toute sa petite troupe pour sa bonne volonté, pour avoir supporté ses bêtises permanentes et son obsession tout aussi constante. Merci, Dorothy et Audrey. (Il aimerait aussi remercier son tout nouveau fils, Lucian Xavier Wisnewski, juste parce qu'avoir une dédicace pour lui dans un livre, c'est un début prometteur). Enfin, Jeremy voudrait remercier Meg Lonergan qui, par sa patience pour la correction des épreuves et en tolérant ses excentricités, a été d'un soutien énorme depuis deux ans.

Rebecca remercie du fond du cœur Laura Smith-Savoca et Jenny Geissler d'avoir pré-réservé les places au cinéma pour *Twilight*, d'être arrivées en avance, et d'avoir fait la queue patiemment avec tous les ados et les jeunes adultes, afin qu'elle puisse voir le film en avant-première – quelle expérience ! Elle remercie aussi Stephenie Meyer pour avoir créé l'univers *Twilight*, Stephen King pour l'inspiration littéraire, et J. K. Rowling pour avoir repoussé les barrières du genre ado/jeune adulte. Hourra pour Abigail Myers, Derek Harrison, Ethan Schwartz, Jaime Freedman et Marguerite Schwartz. Merci à Mary Conley-Thomas et Eva Schwartz-Barson, des femmes d'inspiration qui ont soufflé à tous leurs petits-enfants et arrière-petits-enfants l'amour d'une bonne histoire. Et finalement à Gary, Bob et Bell pour tout ce que vous faites !

SOMMAIRE

INTRODUCTION

LA SAGESSE DES MORTS-VIVANTS

Freud pensait que l'amour et la mort sont les forces motrices de l'existence humaine. Étant tombés amoureux des morts-vivants de *Twilight*, nous pourrions dire la même chose pour cette histoire de vampires. Les livres de la saga *Twilight* confrontent l'amour et la mort, et tant d'autres choses, en facilitant une étrange reconnaissance – que les immortels sont en effet sages, et qu'ils connaissent parfois des histoires de cœur, alors même que leur cœur ne bat plus. L'étrange beauté de *Twilight* réside là-dedans, comme ailleurs : nous sommes tous confrontés à la mort, et nous désirons tous aimer. Ces deux faits, l'un profondément déplaisant, l'autre assez agréable, sont évidents dans *Twilight*. Il s'agit d'une lecture prenante qui, comme vous le verrez, fournit aussi des discussions philosophiques passionnantes.

La mort est partout. Elle est cachée entre deux syllabes, guettant l'occasion de couper votre dernier souffle. C'est une force comme aucune autre : inéluctable, indicible et absolue – au moins pour les simples mortels. La mort captive. Elle hante. L'idée que nous puissions échapper à sa maîtrise d'une façon ou d'une autre nous enchante jusqu'à nous attirer encore et encore dans l'espoir d'éviter notre destin – en devenant des vampires immortels, ou en trouvant une vie après la mort, ou encore par une « guérison » scientifique de la mort. Peu de choses sont aussi puissantes que l'idée de la mort, et peu nous motivent autant que notre mortalité.

Excepté peut-être l'amour. Le philosophe existentialiste Albert Camus (1913-1960) a déclaré que la seule vraie question philosophique était de savoir si on devait ou non se suicider, face à un monde absurde. L'auteur Tom Robbins pense que nous ne pouvons répondre à cette question qu'avec une autre encore plus basique : est-on capable d'aimer ? Car l'amour, suggère Robbins, est la seule chose qui rend la vie supportable. L'amour nous permet de voir des choses que nous ne verrions pas sans lui. Il forme notre perception du monde et nous ouvre à des expériences profondes et significatives. Il peut transformer une petite ville banale de l'État de Washington en un monde merveilleux.

Dans l'univers de *Twilight*, la mort n'est pas inévitable, et on découvre la forme la plus pure de l'amour. Un tel monde ne permet pas seulement une exploration de la condition humaine, à travers l'affrontement avec nos peurs les plus profondes et nos espoirs les plus fous. Il nous oblige aussi à explorer notre propre condition. Et il n'y a pas de meilleur compagnon pour une telle exploration que la philosophie.

La saga *Twilight* est remplie d'amour et de mort ainsi que d'une foule d'autres sujets centrés sur la façon dont nous nous comprenons et nous naviguons à travers le monde. Les questions philosophiques se répandent dans les pages des livres de la saga *Twilight*. Bella et Edward sont le miroir de nos plus grandes peurs et de nos espoirs, autant pour ce que nous pouvons réussir dans notre vie que pour ce qui peut aller de travers. Ils sont la personnification de la condition humaine, pour notre réflexion et notre découverte.

Il est étonnant de voir tout ce que nous pouvons apprendre sur nous-mêmes, notre expérience et nos relations avec les autres, grâce aux morts-vivants et à leurs relations avec les vivants. Ce livre a pour but de vous aider en posant des questions telles que : Quelle est la nature de l'amour ? Devons-nous craindre la mort ? Comment les féministes doivent-elles réagir à Bella Swan ? Y a-t-il une obligation morale d'être végétarien ? Comment les vampires considèrent-ils le monde ? Que signifie être une personne ? En quelle mesure sommes-nous libres ?

Forks, dans l'État de Washington, est une petite ville. Malheureusement les esprits aussi peuvent être étriqués. Mais la philosophie sait élargir les horizons. Elle permet de voir ce que nous n'avions pas vu auparavant, et d'explorer des questions que nous pourrions sinon ignorer. Seule la littérature rivalise avec la philosophie à cet égard. Notre étude de la saga *Twilight* est donc le lieu rêvé pour la rencontre de la philosophie et la littérature.

Que vous soyez fan d'Edward Cullen ou de Jacob Black, que vous considériez Bella comme bête ou romantique, que vous soyez végétalien ou carnivore, continuez à lire ! Vous trouverez des chapitres sur toutes sortes de questions : pourquoi nous aimons les vampires, comment Edward est un héros byronien, le Tao de Jacob et plus encore...

PARTIE 1
FASCINATION

TU ES BONNE À CROQUER L'AMOUR, LA FOLIE ET L'ANALOGIE AVEC LA NOURRITURE

George A. Dunn

« Il y a toujours un peu de folie dans l'amour.
Mais il y a toujours un peu de raison dans la folie. »
— Friedrich Nietzsche[1]

Edward Cullen est fichu. La nouvelle, qui vient de s'asseoir à côté de lui en cours de biologie, a l'air bonne à croquer – et pire encore, elle sent bon à croquer. En effet, même s'il hante la terre depuis plus d'un siècle, Edward n'a jamais senti un parfum aussi entêtant. Son cerveau est pris en otage par ses narines en folie. Sa santé mentale ne sera bientôt plus qu'un lointain souvenir, ainsi que la chevaleresque maîtrise de soi qu'il a cultivée longuement, au prix d'un intense effort. Il est obsédé par ce qu'il aimerait faire avec cette fille une fois seuls. Aveuglé et bouleversé par cette montée soudaine d'appétit, il réussit à garder son sang-froid juste assez longtemps pour se précipiter vers la porte et conduire jusqu'en Alaska. Là-bas, il prend deux jours d'air frais de la montagne au lieu d'une longue douche froide, et il repart refroidi et dégrisé.

La philosophie exige un dévouement sans faute à la vérité, donc soyons totalement honnêtes l'un envers l'autre dès le début : qui d'entre nous ne se reconnaît pas dans cette épreuve ? Évidemment vous n'aviez pas exactement les mêmes intentions qu'Edward vis-à-vis du petit sucre d'orge assis à

1. Nietzsche, *Ainsi parlait Zarathoustra* (Hayes Barton Press, Raleigh : North Carolina, 2006), p. 27.

côté de vous en cours de biologie (ou quelle que soit la classe en question). Bien sûr que non ! Mais aucun d'entre nous ne peut prétendre n'avoir aucune idée de ce qu'endure ce pauvre Edward. Qui ne s'est jamais laissé piéger par un désir qui frappe avec une force si inattendue qu'il est quasiment impossible de masquer son existence ? Un désir qui vous domine et vous oblige à le suivre sans pouvoir résister ? Vous pouvez protester tant que vous voudrez, mais je crois bien que vous savez exactement de quoi je parle. Mais si vous persistez à nier que le désir vous ait jamais rendu raide dingue, alors, en toute amitié, je vous dirai que vous n'êtes pas le meilleur candidat pour étudier la philosophie – ou tout au moins pas selon le vieux philosophe grec, Platon (428-348 avant Jésus-Christ), que nous rencontrerons bientôt.

« Désolé pour cette comparaison malheureuse – Qu'est-ce qui te ferait plaisir ? »

À première vue, l'expérience d'Edward semble être spécifique aux membres de son espèce, puisque c'est l'odeur du sang de Bella Swan qui l'excite et qu'il n'y a rien de métaphorique dans son envie de la dévorer. « Désolé pour cette comparaison malheureuse », dit-il à Bella lorsqu'il la compare à de la crème glacée[2], en tentant maladroitement d'expliquer son comportement de rustre le jour où ils se sont rencontrés. Bien sûr, pour la majorité d'entre nous, cela ne serait qu'une analogie. Le sucre d'orge assis à côté de vous en classe n'était pas réellement à croquer, et vous n'aviez probablement pas envie littéralement de mordre dans ce petit chou. Mais Edward est un peu hypocrite quand il appelle sa référence alimentaire une analogie, car il a réellement envie de se nourrir de Bella.

L'expérience d'Edward ne nous est pas entièrement étrangère, car le désir érotique ou romantique semble réellement avoir quelque chose en commun avec la faim physique. Et qui

2. Stephenie Meyer, *Fascination* (Hachette Livre, 2005), p. 290.

douterait que cette analogie avec la nourriture – la façon dont un vampire qui se nourrit de sa victime peut servir de métaphore pour une conquête amoureuse – constitue une partie importante de l'érotisme de la bit-lit ? Quoi d'autre enfin ? Il n'y a rien de fondamentalement sexy dans le fait d'avoir des centaines d'années (ni même d'avoir seulement cent dix-huit ans, dans le cas d'Edward), et de maintenir son corps à la température d'un cadavre. Mais il y a quelque chose d'indéniablement érotique et intime dans la façon dont un vampire se nourrit. Sans parler du magnétisme et de la séduction animale qu'il dégage, avec lesquels il persuade sans effort ses victimes de capituler et de dénuder leur gorge. Bien sûr, dans la saga *Twilight*, c'est Bella qui essaie sans cesse d'avoir raison de la résistance en acier d'Edward. Mais le jeune Cullen est un buveur de sang étrangement honorable.

Dans tous les cas, ce n'est sans doute pas par accident que le langage de la nourriture nous offre une réserve riche et utile de métaphores pour décrire notre expérience dans le monde en apparence si éloigné du sexe et du romantisme. Nul doute que cela est dû en partie au fait que manger est l'un des plaisirs les plus intensément sensuels de la vie. On se délecte de l'apparence, de l'arôme et du goût de notre nourriture. Nos muscles s'engagent dans les activités agréablement sensuelles de mordre, de mâcher et d'avaler chaque morceau savoureux. Une fois que nous avons réduit notre nourriture en bouillie et l'avons poussée dans l'œsophage, notre estomac satisfait récompense nos efforts par un influx au cerveau, qui répand un sentiment de profonde satisfaction au reste du corps. Chaque étape du procédé apporte sa propre forme distinctive de plaisir, donc il est logique que manger et boire soient étroitement associés au bonheur. Pour les nouveau-nés, aussi bien humains que vampires, le plaisir sensuel d'être nourri procure la première expérience de la gratification, faisant de l'alimentation l'un des principaux paradigmes de la joie charnelle profonde. Et par une heureuse coïncidence, manger est également l'activité principale qui maintient le pouls insouciant de la vie. Nous mangeons pour obéir aux commandes de la nature, et la nature nous récompense pour notre obéissance en faisant de la nourriture un vrai plaisir. Il en est de même pour notre appétit sexuel – le besoin de la nature est notre délice. Dans la faim, comme dans le désir érotique, la force de la biologie se trouve un allié précieux dans l'attrait du plaisir.

Bien entendu, l'analogie n'est pas parfaite. L'activité de manger détruit finalement l'objet de notre plaisir – ou au moins met fin à son existence indépendante, en le transformant en part de notre propre chair. Les amants, par contre, ne deviennent jamais littéralement une seule chair, aussi fort qu'ils s'étreignent. Le monde est cependant plein de prédateurs de l'amour qui exploitent les autres de la même façon que nous engloutissons nos repas, en montrant aussi peu d'égard pour le bien-être de leur partenaire que le lion pour l'agneau.

Mais même si nous suivons l'exemple chevaleresque d'Edward – le lion qui s'est épris de l'agneau[3] – et que nous reconnaissons que notre bien-aimé a ses propres besoins et intérêts, qui posent la limite de l'abandon à nos propres désirs, il reste vrai que chaque forme de plaisir sensuel ressemble dans une certaine mesure au plaisir de manger. Le plaisir est toujours une histoire d'« absorber » ou de se « remplir » de sensations qui sont essentiellement de nature privée ou solitaire, même quand la source du plaisir est une activité partagée comme faire l'amour. En outre, nous pouvons nous laisser emporter par un flot de plaisir tel que rien d'autre ne compte hormis notre plaisir actuel. Même Edward le gentleman doit avouer que son besoin maladif de la compagnie de Bella est essentiellement égoïste, motivé par l'envie de se régaler de sa beauté et de son parfum, un banquet voluptueux pour lequel il est prêt à mettre sa bien-aimée en danger mortel[4].

3. *Ibid.*, p. 297.

4. *Ibid.*, p. 289.

« Ce que je savais être bien... et ce que je voulais »

La couverture du premier livre de la série *Twilight* représente des mains tendues, en forme de coupe autour d'une pomme rouge vif. Elle rappelle une autre correspondance célèbre entre l'alimentaire et l'amoureux, bien ancrée dans la conscience occidentale. La plupart d'entre nous connaissent l'histoire de la Chute de l'Humanité dans la Genèse, premier livre de la Bible, qui raconte comment le premier homme et la première femme ont perdu leur innocence enfantine originelle et ont été renvoyés du Paradis, après avoir désobéi à l'ordre de Dieu de ne pas manger le fruit de l'« arbre de la connaissance du Bien et du Mal » (Genèse 2:17). Bien sûr, la Bible n'identifie pas explicitement le « fruit défendu » comme étant une pomme. Mais quelqu'un a dû supposer que la pomme était le coupable idéal dans l'histoire de la Genèse, peut-être parce que les pommes figurent de façon si proéminente dans la mythologie grecque en tant que catalyseurs du désir et du désaccord, et l'idée est restée[5]. La Bible ne met pas non plus directement en cause la luxure comme facteur dans la Chute. Mais de nombreux théologiens classiques ont néanmoins déclaré que « la connaissance du Bien et du Mal » transmise par le fruit interdit correspondait à la connaissance charnelle, une interprétation soutenue par la découverte soudaine de leur nudité par Adam et Ève après avoir goûté au fruit[6]. En conséquence, on associe depuis ce temps le désir interdit avec le fait de mordre goulûment dans une pomme.

Lorsque les théologiens chrétiens médiévaux tels que Thomas d'Aquin (1224-1274) ont contemplé cette pomme, ils ont cru qu'elle nous avertissait des dangers de ce qu'ils

5. Par exemple, lorsque Paris de Troie a jugé un concours de beauté entre trois déesses, Aphrodite, Hera et Athena, il a déclaré Aphrodite vainqueur et lui a décerné une pomme en or. Les autres déesses étaient de si mauvaises perdantes qu'elles ont initié la guerre de Troie et entraîné la destruction de Troie. Considérez aussi le rôle des pommes dans les mythes de l'Atlantide et du Jardin des Hespérides.

6. Voir Elaine Pagels, *Adam and Eve and the Serpent : Sex and Politics in Early Christianity* (New York : Vintage Books, 1989), p. 27-28.

appelaient *concupiscentia*, ou « concupiscence ». C'était ainsi qu'ils appelaient le mouvement de désir parfaitement naturel et spontané envers les plaisirs de la vie, tels la nourriture ou le sexe. Il n'y a bien sûr rien de fondamentalement mauvais dans ces objets de désir. De fait, Thomas d'Aquin insistait pour dire qu'ils étaient nécessaires et bons, mais – et voici la précision essentielle – seulement dans la mesure où nous les recherchons non pas uniquement pour le plaisir mais plutôt pour les desseins de Dieu, tels que Thomas d'Aquin les voyait, par exemple pour nourrir notre corps ou pour la reproduction de l'espèce. Sans les contraintes de la conscience et de la raison, les désirs concupiscents peuvent être le point de démarrage de péchés comme la luxure et la gourmandise. Thomas d'Aquin présente la concupiscence comme une forme d'amour, mais la distingue de l'affection amicale car l'objet de concupiscence « est aimé, pas pour lui faire du bien, mais pour le posséder »[7]. Notre désir de manger est concupiscent puisque nous ne nous intéressons qu'aux éléments nutritifs et au plaisir que nous pouvons en tirer pour nous-mêmes. Les désirs érotiques sont concupiscents aussi, car ils n'ont pour but que le plaisir de soi.

Les désirs concupiscents sont puissants, agréables et – de l'avis de Thomas d'Aquin et des autres moralistes chrétiens – source d'ennuis dès lors qu'ils dominent la personnalité. Non seulement ils nous rendent enclins à des formes immodérées et nuisibles des excès de la chair, mais quand nous commençons à regarder les autres par la lentille déformante de la concupiscence, nous arrivons à les réduire à de simples objets de consommation ou de plaisir. Et ce serait l'impression qu'ont de nous la plupart des vampires en dehors du clan Cullen. Spike de *Buffy contre les vampires*, autre vampire inspiré par les analogies avec la nourriture, décrit les êtres humains comme « des Happy Meal sur pattes »[8]. Si Thomas

7. Thomas d'Aquin, *La Somme de théologie* (Éditions du Cerf), p. 564, tome 1, qu. 60, art. 3. Adapté par notre traductrice.

8. *Buffy contre les vampires*, « Acathla (Partie 2) », saison 2, épisode 22.

d'Aquin avait imaginé la « concupiscence sur pattes », cela pourrait ressembler à quelque chose comme les vampires nouveau-nés présentés dans *Hésitation*. Ils sont, comme le dit Edward, « sanguinaire(s), sauvage(s), incontrôlable(s) »[9]. Si le désir, lorsqu'on le laisse sans la surveillance de notre nature rationnelle, ressemble à ces appétits effrénés, amoraux et sans contrôle, alors défendons tous les remparts de la raison assaillie.

Edward s'est retrouvé vacillant sur ces remparts un soir dans la chambre de Bella. Plus tôt dans la journée, il avait découvert qu'il avait un rival potentiel en Mike Newton, et les sentiments de jalousie qui en résultaient ont enflammé son désir pour Bella au point que l'effraction lui semble une idée raisonnable. Cette nuit il a fait la première de nombreuses incursions dans la chambre de Bella pour espionner sa bien-aimée pendant qu'elle dormait. Plus tard, il lui a expliqué ce qui lui traversait l'esprit ce soir-là : « 'Je me suis débattu pour résoudre le conflit entre ce que je savais être bien, moral, et ce que je voulais. J'avais conscience que si je continuais à t'ignorer ou que si je m'en allais pour quelques années, jusqu'à ce que toi, tu sois partie, tu finirais par dire oui à Mike ou à un type comme lui ».[10]

Nous savons tous que ce n'est pas Mike Newton, ni même quelqu'un qui lui ressemblerait beaucoup, qui aurait pu gagner le cœur de Bella si Edward n'était pas passé par-là. Mais quelles que soient les erreurs d'Edward sur la concurrence, sa lutte interne déchirante était bien réelle. Thomas d'Aquin l'aurait sans doute décrite en tant que bataille entre la concupiscence (« ce que je voulais ») et la conscience (« ce que je savais être bien »). Le pouvoir immense de la concupiscence est démontré par le fait qu'il lui suffit d'entendre Bella marmonner son nom dans son sommeil pour abandonner sa bonne conscience et prendre la pomme.

---

9. Stephenie Meyer, *Hésitation* (Hachette Livre, 2007), p. 36.

10. Stephenie Meyer, *Fascination* (Hachette Livre, 2005), p. 326.

Le vampire Socrate

Après toutes ces discussions au sujet des appétits impudiques qui nous amènent à faire des choses bêtes et incorrectes, nous sommes prêts enfin à rencontrer Platon, l'un des plus grands philosophes de tous les temps, et de nous pencher sur le problème du désir. Un des grands thèmes récurrents de la philosophie de Platon est le phénomène connu par les Grecs comme Éros, un mot qui a un sens qui chevauche un peu celui du latin *concupiscentia* mais qui porte une connotation encore plus forte d'irrationalité. Éros est le mot grec pour le désir passionné, généralement, mais pas obligatoirement, sexuel et fréquemment associé à la folie. Par exemple, quand l'historien grec antique Thucydide (460-395 avant Jésus-Christ) a décrit la soif de conquête qui a saisi les citoyens d'Athènes lorsqu'ils ont visé l'île de Sicile, il y fait référence comme leur Éros. Il sous-entend que cette passion excessive a paralysé leur jugement et les a emmenés directement à la défaite désastreuse aux mains des Spartiates lors de la guerre du Péloponnèse[11].

On pourrait comparer l'expédition imprudente des Athéniens à une autre expression de l'Éros – particulièrement traître – que nous rencontrons dans la série *Twilight* : l'obsession tenace qu'a James de traquer et de vouloir tuer Bella, qui le pousse à un comportement à risques et finalement à sa propre perte. Éros se référait le plus souvent à la passion amoureuse ou au désir charnel intense. Mais, comme nous l'apprenons par l'exemple d'Edward, Bella, Jacob Black, Leah Clearwater et les autres habitants plutôt malheureux de Forks et de La Push, même les formes plus bénignes d'Éros peuvent embrouiller l'esprit et ravager les émotions.

Ce n'est donc pas étonnant que certains penseurs grecs considéraient Éros comme une menace. Étant donné la valeur que les philosophes attribuent à la raison et la réputation

11. Voir *The Landmark Thucydides : A Comprehensive Guide to the Peloponnesian War*, éd. Robert B. Strassler et trad. par Richard Crawley (New York : Touchstone Books, 1998), p. 373 (6.24.3).

d'Éros comme force d'irrationalité, nous pourrions nous attendre à ce que le philosophe Platon soit d'entre ceux qui nous déconseillent de laisser à Éros une place quelconque dans notre âme. Mais au contraire ! Platon n'a jamais nié qu'Éros pouvait être une forme de folie ou de délire. Il soutenait cependant que le délire n'était pas forcément mauvais, et prétendait que « le délire est pour nous la source des plus grands bien, quand il nous est donné par divine faveur »[12] Il attribuait ces mots à Socrate (470-399 avant Jésus-Christ), un ami philosophe qui laissait paraître, selon beaucoup, plus qu'une touche de folie et qui tient le rôle de principal interlocuteur dans la vaste majorité de la trentaine de dialogues philosophiques signés par Platon. La passion amoureuse constitue le sujet principal de plusieurs de ces dialogues – notamment *Phèdre* et *Le Banquet* – bien qu'Éros apparaisse comme thème subsidiaire dans beaucoup d'autres parties de l'œuvre de Platon, reflétant la conviction de ce dernier, que toute expérience aussi irrésistible et aussi universelle révèle quelque chose de fondamental sur la condition humaine.

Socrate y est pour beaucoup, apparemment, dans l'intérêt de Platon pour Éros. Platon a cité un dialogue de Socrate où celui-ci prétend « ne rien connaître que les choses de l'amour » – en grec, *ta erôtica*[13]. La plupart des livres sur la philosophie ancienne vous diront que Socrate était le professeur, ou le mentor de Platon, mais en fait leur relation semble être fondée sur quelque chose de plus profond, plus mystérieux et peut-être plus érotique. Il serait plus proche de la vérité d'appeler Socrate « il suo cantante », le chanteur de Platon, dans le même sens que les Volturi décrivent Bella à Edward comme « la tua cantante »[14]. Car les mots de Socrate chantaient pour Platon – et pas seulement pour Platon – dans les mêmes accents envoûtants que le sang de Bella chante pour Edward. Ce n'est pas que Platon

12. Platon, *Phèdre* (Source : Livres & Ebooks), p. 24 (244a).

13. Platon, *Le Banquet* (177d).

14. Stephenie Meyer, *Tentation* (Hachette Livre, 2006), p. 480 et 498.

couchait avec Socrate. Il n'y a pas d'évidence pour suggérer que Socrate couchait avec aucun des jeunes hommes qui s'agglutinaient autour de lui pour écouter ses discussions philosophiques, même si certains l'auraient souhaité. De ce point de vue, il a l'air d'avoir été aussi chaste qu'Edward avant ses vœux matrimoniaux. Quant aux jeunes admirateurs de Socrate, beaucoup d'entre eux ont dû se sentir tout à fait comme Bella, réveillés de la torpeur de leur existence monotone par la rencontre avec un personnage éblouissant et charismatique, presque d'un autre monde.

Un de ces admirateurs fut Alcibiade (450-404 avant J.-C.), bel homme un peu provocateur. Bien que reconnu comme l'homme le plus en vue et le plus désirable de tout Athènes, celui-ci était fou d'amour pour Socrate. Platon a décrit comment le pauvre Alcibiade s'est senti tellement captivé par Socrate qu'il l'a accusé sans ambages de ressembler au satyre Marsyas, créature mythique dont la musique de flûte ensorcelait son public. « La seule différence qu'il y ait entre vous, c'est que tu en fais tout autant sans instruments, par de simples paroles »[15]. Mais la comparaison va plus loin que la similarité entre l'impression des mots de Socrate et l'effet du jeu de flûte légendaire du satyre. Tous s'accordaient à dire que Socrate ressemblait physiquement, de façon même inquiétante, à un satyre. C'est dire à quel point il était laid ! De petite stature, assez corpulent, avec un cou épais, des yeux protubérants, un nez retroussé et la tête chauve, même le venin des vampires ne pourrait pas faire grand-chose pour l'embellir. Mais malgré la laideur extérieure de Socrate, ses disciples dévoués étaient remplis d'Éros pour ce qu'ils considéraient comme la beauté incomparable de son âme.

Même s'il n'avait pas la beauté extérieure et la grâce des vampires comme les Cullen, pour beaucoup Socrate ressemblait à un buveur de sang. Au XIXe siècle, le philosophe Søren Kierkegaard (1813-1855), entendant la flûte du vieux

15. Platon, *Le Banquet*, 215a-216d.

satyre à travers les siècles, a écrit que Socrate était pour ses jeunes admirateurs comme un « vampire qui a sucé le sang de son amant et en même temps l'a éventé, bercé et qui le tourmente avec des rêves troublants »[16]. Quant à savoir si Socrate était un vampire malveillant, c'est une question de point de vue. Les familles de certains de ses disciples – ou de ses victimes si vous préférez – se sont effrayées du mépris de la clique de Socrate pour des valeurs telles que l'honneur, l'argent ou le pouvoir politique, pour tout, hormis la poursuite de la sagesse philosophique que prônait Socrate comme la seule valeur noble. Mais voilà l'effet d'Éros. Tout ce qui n'est pas associé à l'être aimé perd son importance à côté. Tout comme Bella, après le temps passé en compagnie des immortels, ne peut que considérer le bal de fin d'année comme « un minable bal humain »[17] malgré l'importance que tient cet événement pour ses amis mortels, les amateurs de Socrate avaient tendance à perdre goût pour les valeurs du monde banal dont Socrate les avait, selon eux, sauvés.

Dans l'esprit des Athéniens les plus respectables, le sort étrange que le « vampire » Socrate jetait sur ses disciples prouvait largement que l'Éros égalait la folie. Mais en même temps il persuadait Platon que Socrate avait raison de prétendre que certaines formes de folie sont divines.

Les agneaux et les prédateurs qui les adorent

Platon a composé un dialogue intitulé *Phèdre*, du nom d'un jeune homme avec qui Socrate a engagé un jour une longue conversation au sujet d'Éros. Phèdre vient de lire à Socrate un discours écrit par l'orateur célèbre Lysias (445-380 avant J.-C.), qui décrit la rencontre amoureuse comme une maladie qui affaiblit le jugement et oblige ceux qu'elle contamine à se comporter de façon honteuse. L'amoureux

16. *The Concept of Irony / Schelling Lecture Notes : Kierkegaard's Writings*, vol. 2, trad. par Howard V. Hong et Edna H. Hong (Princeton, NJ : Princeton University Press, 1992), p. 49. Notre traduction.

17. Stephenie Meyer, *Fascination* (Hachette Livre, 2005), p. 521.

est revendicatif, dominant, susceptible, irréaliste dans son évaluation des qualités de l'être aimé, et enclin au ressentiment lorsque la liaison est terminée. Nous pourrions ajouter que certains amoureux rentrent chez vous sans invitation, lisent dans les pensées de vos amis, vous tiennent prisonnier et vous entraînent au bal de fin d'année contre votre volonté. Selon Lysias, une relation avec quelqu'un qui est amoureux ne peut apporter que des soucis et des complications. En conséquence, il conclut que « les faveurs sexuelles ne devraient être accordées qu'à quelqu'un qui n'est pas amoureux de vous, plutôt qu'à quelqu'un qui l'est »[18]. Ayez une approche plus rationnelle de la bagatelle, et minimisez les risques émotionnels en vous liant à un sex friend[19] plutôt qu'à un fou dangereux qui est amoureux de vous.

Phèdre est emballé par le discours de Lysias, mais Socrate le trouve atroce, non seulement à cause de ses conclusions moralement douteuses, mais aussi parce qu'il le trouve mal écrit et mal argumenté. Encouragé par Phèdre, Socrate consent à développer un meilleur raisonnement plus clair, concis et logique sur le même sujet. Il compose sur-le-champ un discours rival qui dénonce l'amour. Cela commence d'une façon qui nous semblera familière, en distinguant deux forces contraires qui luttent pour faire la loi à l'intérieur de chaque être humain.

« L'un est le désir inné du plaisir ; l'autre, sentiment acquis, est la propension vers le mieux. Ces deux principes sont en nous, tantôt en harmonie, tantôt en désaccord, et tantôt l'un, tantôt l'autre l'emporte. Quand donc, soumis à la raison, ce sentiment nous conduit vers le mieux et domine, cette domination s'appelle tempérance. Quand au contraire, c'est le désir déraisonnable qui nous pousse au plaisir et nous soumet à son pouvoir, cette souveraineté prend le nom d'intempérance »[20].

18. Platon, *Phèdre*, (227c) notre traduction.

19. Un copain avec qui on a des relations sexuelles occasionnelles sans lien amoureux. NDT.

20. Platon, *Phèdre* (Source : Livres &Ebooks), p. 15 (227c).

Le désir irrationnel des plaisirs de la nourriture est la gourmandise, le désir irrationnel du vin est l'ivrognerie, et le désir irrationnel d'une beauté séduisante est l'amour érotique. Comme le gourmand et l'ivrogne, l'amant perçoit l'objet de son désir comme un objet à consommer et à savourer, sans se soucier du mal qu'il pourrait faire à celui qu'il utilise pour son plaisir. Ça vous rappelle quelque chose ? Et ceci : L'amant est fou de son bien-aimé, conclut Socrate, exactement de la même façon que « les loups adorent les agneaux »[21].

On a déjà tout entendu – concupiscence et conscience, prédateurs et proie, l'analogie avec la nourriture. Pauvre Éros malfamé ! Personne ne dit donc du bien de l'obsession amoureuse et de la passion ardente ? En l'occurrence, si, Socrate, malgré tout.

Coupant soudain court à son discours, horrifié par l'offense qu'il fait aux dieux – il diffame Éros, l'un de leurs meilleurs cadeaux –, il se lance dans un autre discours. Abjurant ses blasphèmes, il propose à présent un hymne pour glorifier Éros. Il en chante les louanges en tant que « folie divine » qui fait pousser des ailes aux âmes des amoureux et les transporte à des hauteurs inouïes, parfois jusqu'aux cieux, la demeure des dieux. Son discours en éloge d'Éros est un tour de force, reconnu aujourd'hui comme un classique dans la littérature de l'amour, aussi bien pour ses métaphores mémorables que pour les idées philosophiques qu'elles révèlent. Sa thèse principale serait que lorsque l'on aime justement – on verra plus tard ce que ça signifie plus précisément –, un être mortel peut être la fenêtre par laquelle se reflètent les plus hautes dimensions de la réalité. Quand nous voyons un pauvre type fou d'amour d'une créature maladroite, faible et imparfaite, qui lui prodigue l'adoration due à un dieu, nous pouvons croire que nous sommes témoins de la démence. Nous ne nous rendons pas compte que cet amoureux entrevoit peut-être quelque chose de supérieur, qui échappe à notre vision

21. *Ibid.*, (241d).

raisonnable et mesurée, quelque chose de réellement digne d'un amour inconditionnel.

« D'autres faims... qui me sont étrangères »

Cela ne semble pas très scientifique. Mais Socrate répondrait que l'amour fait partie de ces expériences déconcertantes qui sont finalement impénétrables à la raison scientifique. Cela ne signifie pas que nous ne pouvons rien dire d'intelligent ni d'utile au sujet de l'amour. Là où l'analyse stérile échoue, comme c'est le cas lorsque nous traitons de quelque chose d'aussi irrationnel que l'amour, Socrate a recours aux mythes.

Ainsi nous invite-t-il à imaginer l'âme comme un char, piloté par un conducteur et tiré par une équipe de deux chevaux ailés, l'un docile et sage, l'autre obstiné et indiscipliné. Il fut un temps, avant que nous acquérions nos corps physiques, où nos âmes demeuraient aux cieux. Elles « festoyaient » et « étaient nourries » – encore l'analogie de la nourriture – de la vue incroyablement merveilleuse de la perfection morale absolue et de la perfection spirituelle, que nous ne pouvons qu'entr'apercevoir uniquement de façon faible et indistincte sur terre[22]. Ici-bas, dans le royaume physique, nous rencontrons beaucoup de choses qui aspirent à la perfection, sans jamais l'atteindre tout à fait. Par exemple, la justice n'est une vertu que partiellement réalisable dans certaines de nos institutions, la modération un talent que nous ne pouvons exercer qu'occasionnellement et imparfaitement, et la connaissance un don que nous possédons de la façon la plus faillible et incomplète.

Cependant, nous devons avoir une certaine idée de la perfection afin de pouvoir reconnaître les formes innombrables de l'imperfection. Le mythe de Socrate suggère que notre idée de la perfection est un vague souvenir de notre existence céleste, où nous avons contemplé et nous nous

22. *Ibid.*, p. 26-27 (247d-e).

sommes régalés des formes idéales de justice, de modération, de connaissance et d'autres réalités divines qui n'ont que des équivalents défectueux sur terre. Nous festoierions encore aujourd'hui de ces visions de la perfection, si une série de mésaventures et de bévues cruelles ne nous avaient pas privés de nos ailes et ne nous avaient pas fait tomber par terre, où nous restons maintenant prisonniers de corps nécessiteux et encombrants, se fiant à des sens défectueux qui nous distraient de la mémoire de la grandeur que nous avons contemplée jadis.

Socrate explique que dans un monde imparfait comme le nôtre, il reste peu de choses pour rappeler le spectacle lumineux des êtres parfaits qui nourrissaient jadis notre âme. Même avec les sens aigus d'un vampire, nous ne serions pas capables de discerner beaucoup de traces de la perfection ici dans le royaume inférieur, où ce ne sont pour la plupart que des choses imparfaites qui sont visibles. Comme le fait remarquer Socrate, « Ici-bas les images de la justice, de la sagesse et des autres biens des âmes, ne jettent aucun éclat »[23]. Les manifestations imparfaites de justice et de modération que nous rencontrons ici sur terre manquent de la splendeur de leurs doubles célestes parfaits. Elles n'ont pas le pouvoir de réveiller les souvenirs de la satisfaction profonde et de la joie que nous avons connues aux cieux. Ainsi cette joie est-elle oubliée, jusqu'à ce que nous tombions amoureux, si ça nous arrive un jour. Car il reste une forme de la perfection qui brille d'une façon que même nos faibles sens mortels ne peuvent pas rater : la beauté, surtout la beauté qui se dégage d'une créature éblouissante dont la seule présence suffit pour inonder l'âme de désirs érotiques et romantiques.

Aux cieux, la vue de la beauté hors pair, contemplée dans sa splendeur pure et électrisante, était « le mystère le plus sacré »[24] que nous avons aperçu. Mais même après la chute de l'homme sur terre, « nous voyons encore, par le plus

23. *Ibid.*, p. 29 (250b).

24. *Ibid.*, p. 29-30 (250d).

clairvoyant de nos sens, cette même beauté très clairement resplendir. La vue est en effet la plus pénétrante des facultés sensitives du corps »[25]. Socrate aurait dû nuancer cette dernière déclaration, car si la vue est le sens le plus aigu pour nous les mortels, le sens de l'odorat est le plus performant pour les vampires. Il n'est pas étonnant donc que les désirs puissants d'Edward aient été éveillés par une bouffée, plutôt qu'une vision, plus banale, de la perfection. Peu importe au fond s'il s'agit d'une belle forme ou d'un parfum exquis, la beauté possède une aptitude unique à nous rappeler une joie qui dépasse ce monde et donc qui dépasse les simples satisfactions charnelles.

Mais l'âme est complexe. Souvenez-vous des deux chevaux, l'un docile, l'autre indiscipliné. Notre réaction à la vision (ou le parfum, dans le cas d'Edward) de la beauté terrestre peut être un nœud torturé d'émotions contradictoires. D'un côté le sens de la décence du cheval sage le retient de bondir sur la belle créature qui a l'air (ou l'odeur) d'un petit bout des cieux, de l'autre le cheval indiscipliné ne ressent pas cette contrainte. Il perd les pédales et se précipite en avant, tirant dans son sillage l'autre cheval et le conducteur, en les forçant à se rappeler les joies du plaisir. Les parties ordonnées de l'âme ne trouvent la force de restreindre la luxure déchaînée du cheval indiscipliné que quand elles « contemplent cette apparition fulgurante qu'est un aimé pour un amant », ce qui réveille la mémoire de « la beauté à nouveau affermie, sur un trône sacré »[26]. Telle que Socrate la décrit, la bataille entre le cheval indiscipliné et les autres parties de l'âme peut être longue et déplaisante, mais si elle se termine par la soumission du cheval obstiné, « c'est alors seulement, avec respect et crainte, que l'âme de l'amant peut suivre le bien-aimé »[27].

Ce mythe étrange révèle l'un des mystères fondamentaux de l'amour, ou comment la vénération de son bien-aimé en

---

25. *Ibid.*, p. 33 (254a-b).
26. *Ibid.*, p. 33 (254e).
27. Stephenie Meyer, *Fascination* (Hachette Livre, 2005), p. 300.

tant que symbole de la perfection de l'autre monde peut cohabiter avec les désirs charnels les plus flagrants. Aimer justement, selon ce récit, c'est arriver à contrôler ce cheval indiscipliné de désir charnel, afin qu'il ne nous vole pas le cadeau le plus précieux de l'amour, l'ouverture par laquelle nous pouvons entrevoir des visions fugitives de la beauté transcendante. Edward connaît en personne cette tension à l'intérieur de l'âme. « J'aimerais tant que tu sentes la... complexité... la confusion... que j'éprouve. Que tu comprennes », balbutie-t-il à Bella. « Je t'ai déjà dit, d'un côté, la faim – la soif – que, déplorable créature, je ressens pour toi. Je crois que tu saisis ça, jusqu'à un certain point... D'autres faims me dévorent, cependant. Des pulsions qui m'échappent, même à moi. Qui me sont étrangères »[28].

La luxure charnelle est le désir de nourrir nos sens des plaisirs voluptueux promis par la belle chair, la forme et parfois le parfum du bien-aimé. Nous savons exactement ce que ça signifierait que d'assouvir ce genre de désir. Mais l'expérience qu'a Edward d'autres faims plus étranges indique un festin plus mystérieux et des satisfactions qui nous atteignent par d'autres voies que les sens. Le mythe de Socrate nous fournit un langage pour décrire ces satisfactions – se délecter des formes pures de la perfection morale et spirituelle à un banquet céleste – mais c'est un langage poétique et métaphorique qui ne dissipe rien du mystère de l'expérience de l'amour.

« Une nuit sans lune »

Il y a un autre aspect du mythe de Socrate que nous ne devons pas négliger. Le chaudron bouillant de luxure que Socrate dépeint comme un cheval indiscipliné est justement le déclic qui nous pousse à approcher le bien-aimé ! Sans ce trublion de désir concupiscent, personne ne s'approcherait assez de la beauté mortelle pour y détecter des indices de

28. Stephenie Meyer, *Tentation* (Hachette Livre, 2006), p. 523.

quelque chose de supérieur. En conséquence, nos vies ressembleraient à celle d'Edward avant de sentir la première bouffée de Bella : sensée, sobre et stable. Nos vies ressembleraient à « une nuit sans lune » avec des petits « points de lumière et de raison » mais jamais à un météore qui brille à travers le ciel, nous éblouissant dans notre indifférence paresseuse et éveillant en nous d'étranges désirs[28].

Les moralistes traditionnels ont sans doute raison lorsqu'ils nous incitent à nous méfier de nos appétits charnels, surtout si nos appétits se révèlent semblables à ceux d'Edward. Mais le mythe de Socrate suggère également que nous devrions en être reconnaissants. Nul doute qu'Edward est soulagé d'avoir pu puiser assez de sang-froid pour résister à cette faim « déplorable » qui a failli avoir raison de son bon sens et de sa moralité en cours de biologie ce jour fatidique. Mais, ayant vaincu la bête qui voulait consommer Bella immédiatement sur place, il est sans doute bien content qu'elle soit quand même là pour attirer son attention sur la fille qui sentait assez bon pour la manger.

MANGER OU ÊTRE MANGÉ ?
LA MORALE VÉGÉTARIENNE DE TWILIGHT

Jean Kazez

Edward Cullen est le genre de vampire que vous aimeriez que votre fille ait comme petit ami, si elle devait choisir un vampire. Il contrôle admirablement bien ses appétits. Bella Swan lui semble délicieuse, dans tous les sens du terme, mais il sait ce qui est permis et ce qui ne l'est pas (en particulier dans la fiction adolescente). Malgré son énorme faim d'humains, il s'abstient. Il faut quand même bien manger, et un vampire a besoin de se nourrir de sang. Edward satisfait ses besoins nutritifs en consommant le sang des animaux, ce qui fait de lui un végétarien selon les valeurs des vampires, explique-t-il. Pour la famille Cullen, le sang animal est comme du tofu, mais elle respecte néanmoins scrupuleusement le régime sans humain, qui est considéré comme honorable.

Il est possible que les Cullen adhèrent aux idées occidentales prépondérantes sur le statut des animaux – selon lesquelles les humains sont d'une catégorie morale supérieure, et les animaux existent pour les servir (ou quelque chose dans le genre). Mais la version cinématographique de *Twilight* jette une lumière intéressante sur le végétarisme vampirique d'Edward, car il fait de Bella une végétarienne aussi, mais du style habituel. Le hamburger est peut-être meilleur, mais au restaurant elle commande tout de même des raviolis aux champignons ou un burger végétarien.

Puisque Edward et Bella sont des âmes sœurs, on peut naturellement supposer que leurs régimes restreints ont une source morale similaire. Le choix d'Edward de manger des animaux plutôt que des êtres humains ne viendrait pas du dédain traditionnel pour les animaux ; la décision de Bella de manger des raviolis aux champignons, mais pas les animaux, n'est pas pour des raisons de santé. Il y a un principe moral sur lequel Bella et Edward seraient d'accord, qui les amènent à des divergences selon leurs situations différentes. Mais quel principe ?

Un roman ne peut pas tout vous raconter de la vie des personnages, chacune des pauses pipi ou des allers-retours à la boulangerie. Donc je propose que l'un des événements omis des livres *Twilight* et du cinéma soit un cours du soir que Bella et Edward ont suivi dans une université nichée parmi les pins, aux alentours de Forks. Le cours s'appelait « Le code éthique de la nourriture » et j'imagine que le couple d'amoureux s'intégrait bien aux autres étudiants pâles et négligés, même si Edward était juste d'un ton plus pâle. Avec cette classe, ils ont essayé de définir le principe commun qui a abouti à leurs façons divergentes de pratiquer l'éthique du végétarisme.

Scène 1 : Où l'on propose une éthique raisonnable

Edward et Bella soutenaient probablement que mettre fin à la vie d'un animal, de quelque espèce que ce soit, est une décision grave. On ne doit pas tuer à la légère, ou pour un motif dérisoire, mais cela peut être justifié par des circonstances particulières. La différence entre les régimes alimentaires de Bella et d'Edward proviendrait donc de leurs motivations. Bella aime sans doute la nourriture animale mais elle n'a pas de motif pour la consommer, donc elle s'en abstient. Edward par contre a une raison pour tuer – il ne peut pas survivre sans un repas de sang – donc il le fait.

Évidemment (ils ont bien dû l'admettre), Edward a une raison sérieuse de consommer de la nourriture animale, que ce soit humaine ou non humaine. Il aime particulièrement le goût du sang humain. Mais le goût n'est pas une raison suffisante. Puisque le sang non humain peut satisfaire à ses besoins aussi bien que le sang humain, voilà ce qu'il doit choisir. S'il doit tuer, il vaut mieux tuer un animal non humain.

L'idée selon laquelle il vaut mieux tuer un animal non humain pourrait sembler un retour au mépris occidental classique pour les animaux, mais ce n'est pas le cas. Sans mettre les êtres humains sur un piédestal, nous pouvons reconnaître des différences de valeur. Même Peter Singer, un moraliste et champion des animaux très en vue, reconnaît volontiers que les membres caractéristiques d'espèces différentes ont des vies de valeurs différentes[29]. Si vous vous trouvez dans le scénario classique du pompier qui doit choisir de sauver la vie d'un humain ou d'un chien, vous devez sauver l'humain avant le chien, en admettant que les deux sont des membres typiques de leur espèce. S'il y avait le choix entre un chien et un poisson rouge, j'imagine qu'il vous dirait de sauver le chien.

Même si ce raisonnement tient la route, cela ne nous donne pas le droit de préférer aveuglément les intérêts humains par rapport aux intérêts canins, ou les intérêts canins par rapport aux intérêts des poissons rouges. Les humains ne prévalent pas dans tous les cas. Croire cela équivaudrait au parti pris en faveur des humains que Singer appelle le « spécisme ». Mais si une vie doit être perdue, il est raisonnable de se demander quelle perte serait la plus grave. Singer utilise une analogie de la vie courante : si vous versez une bouteille de rhum dans les égouts, vous perdez plus que si vous y versez une bouteille de lait au soja. Ce qui est perdu

29. Voir la réponse de Singer à J. M. Coetzee dans *The Lives of Animals* (Princeton, NJ : Princeton University Press, 1999), p. 85-91. Voir aussi Peter Singer, *Animal Liberation* (New York : Ecco, 2002), p. 1-23.

lorsqu'un animal meurt dépend de ce qui « remplissait cette bouteille » à l'origine.

Sur quelle base faisons-nous ces discriminations de valeurs ? C'est un sujet problématique. Une approche consiste à considérer ce dont les différentes espèces (ou leurs membres typiques) sont capables[30]. Les psychologues comparatifs et les éthologues se rendent compte aujourd'hui qu'il n'y a pas de distinctions nettes. On ne peut pas prouver empiriquement que les humains sont doués de raison et les animaux entièrement instinctifs. En fait les êtres humains sont partiellement instinctifs et les animaux partiellement rationnels. On ne peut pas non plus prouver empiriquement que les humains ont un langage mais pas les animaux. Il n'est pas vrai que les animaux n'ont pas de sens du moi, ni qu'ils n'ont aucun sentiment qui puisse s'assimiler à la morale.

En réalité, dans chacune de ces catégories, les êtres humains ont des capacités plus étendues et plus nuancées. Bien sûr, il y a des domaines de compétence où les animaux excellent aussi. Certains oiseaux migrent d'un pôle à l'autre, d'autres cachent d'énormes quantités de graines à l'automne et réussissent à retrouver la majorité d'entre elles sous des couches de neiges en hiver. Les guépards courent à plus de 120 km/h, rendant par comparaison les efforts du meilleur athlète humain négligeables.

Pourtant, si nous faisons tout ce qui est en notre pouvoir pour reconnaître et apprécier les capacités des animaux, il est impossible de surmonter l'impression que « ce qui est dans notre bouteille est mieux ». Évidemment, les vies non humaines ont une valeur et « comptent » moralement mais on sauverait une vie plus précieuse si on tirait un être humain hors de l'incendie plutôt qu'un chien ou une souris.

Voila ce qu'il en est de nos priorités en situation de sauvetage. Mais l'éthique de la nourriture pose la question de tuer, pas de sauver. Il ne s'agit pas de sauver en priorité un

---

30. Jean Kazez, *Animalkind : What We Owe to the Animals* (Hoboken, NJ : Wiley-Blackwell, à paraître en janvier 2010), chap. 5.

être humain ou un animal, mais de savoir si un humain peut tuer un animal, pour diverses raisons. La moralité commune de Bella et Edward leur dicte que les raisons ont de l'importance. Bella ne pourrait pas se mettre à chasser et à courir à travers les bois en tuant des cerfs pour goûter leur chair, mais Edward y est autorisé pour sa survie. Comment les motivations différentes de Bella et Edward pour chasser pourraient-elles valider ou invalider les droits des cerfs ? On dirait de la magie !

Si vous effleurez les questions morales de l'utilitarisme – une théorie morale influente du XIXe siècle – vous n'aurez pas à répondre à cette question[31]. Tout d'abord, il ne faut pas considérer les questions morales en termes de droits. La ligne de conduite principale pour un utilitariste est de faire pencher au maximum la balance en faveur du bonheur plutôt que la misère, tout en tenant compte de chaque individu qui ressent du bonheur ou de la misère. Les animaux entrent en ligne de compte, car ils ressentent ces émotions. Si, pour Bella, manger du gibier était justifié uniquement par le goût, l'intérêt qu'elle en retirerait ne compenserait pas la perte des futurs plaisirs de la biche. Par contre, si Edward tue un cerf, c'est pour sa survie, et dans ce cas, la perte de bonheur futur pour le cerf vaut probablement moins que ce qu'il gagne, car on peut penser que sa vie est plus emplie de plaisir que celle d'un cerf.

Fin de la discussion, peut-être. Toutefois l'utilitarisme est une théorie morale qui rencontre différents problèmes. Comme toujours lorsqu'il s'agit de questions morales, nous ne pouvons pas nous empêcher de parler de droit. Ce qui nous ramène à la question des droits du cerf : sont-ils validés et invalidés en fonction des raisons du chasseur potentiel ?

Un droit, dans le sens utilisé ici, n'a rien de particulièrement grandiose ni de compliqué. Avoir des droits signifie juste qu'il existe des limites à la façon dont on peut vous

31. Pour le point de vue utilitariste sur la consommation de viande, voir l'anthologie *Food for Thought : The Debate over Eating Meat* (Amherst, NY : Prometheus, 2004), p. 118-137.

traiter, selon votre nature. Avoir des droits signifie ne pas être seulement un objet que l'on pourrait piétiner, découper, battre ou écraser pour la satisfaction des autres. Un droit absolu protège absolument contre toutes les intrusions. Les motifs de l'intrus potentiel n'importent guère. Mais nous ne considérons pas souvent les droits comme absolus, même ceux des êtres humains. Oui, nous avons le droit à la liberté de la parole, mais on peut nous faire taire si nous crions « au feu » dans un cinéma, ou si nous incitons à l'émeute.

Un individu n'a pas à être victime ou exploité à cause d'attributs qui au contraire doivent lui obtenir le respect. Certains philosophes ont une vision extrêmement étroite des attributs qui exigent le respect. Emmanuel Kant (1724-1804), le grand philosophe allemand du XVIIIe siècle, déclarait que seule l'aptitude à la moralité méritait le respect. Puisque, selon lui, les animaux n'ont pas cette aptitude, ils ne méritent pas le respect et nous pouvons leur faire ce que nous voulons, tant que cela ne se répercute pas sur d'autres êtres humains.

Tom Regan, célèbre défenseur contemporain des droits des animaux, a une position complètement opposée. Selon lui, nous devons un respect strictement égal à chaque « sujet d'une vie ». Par conséquent nous ne devons pas plus tuer les animaux pour subvenir à nos besoins que nous ne pouvons tuer d'autres êtres humains. Il explique que rien n'autorise à tuer un cerf pour se sauver la vie, sauf dans le cas très peu probable où le cerf vous attaque. Selon Regan, les animaux ne sont pas nos « ressources »[32]. Un point c'est tout.

À mon avis, Kant et Regan ont tous les deux tort. Le plus plausible, c'est que le respect soit la réponse adéquate pour beaucoup de choses : la conscience absolue, l'intelligence, le pouvoir de réflexion, le sens de soi, la capacité artistique, l'aptitude athlétique, la capacité de moralité, pour ne nommer qu'elles. Mais certains individus ont plus de traits méritant le

32. Voir Tom Regan et Peter Singer, *Animal Rights and Human Obligations* (New York : Prentice-Hall, 1989), p. 105-114.

respect que d'autres. Tout le respect qui vous est dû signifie peu de respect dans certains cas et beaucoup dans d'autres. Si les droits sont plus ou moins importants en fonction des mérites d'un individu, il s'ensuit que les animaux ont des droits, mais plus faibles que les nôtres.

Plus ce droit est fort, et plus l'individu porte un panneau « Accès Interdit », et dans ce cas nos raisons de l'utiliser pour une raison ou une autre ne justifient pas d'intrusion. Plus le droit est faible, plus nos motivations peuvent faire une différence. Mais quelles motivations sont valables ? Pourquoi certaines raisons sont-elles fortes et d'autres faibles ?

Nous pouvons réfléchir un peu sur la force de la motivation en termes de respect. Bella aime peut-être le goût du cerf, mais est-ce une forte raison pour mettre fin à la vie d'un cerf ? Alors, est-ce que ça lui coûterait un peu de son propre respect de s'en passer ? Se sentirait-elle diminuée ? Je suppose que non.

Imaginons maintenant qu'Edward doive se nourrir de sang. S'il s'abstient du sang par respect pour les animaux et qu'il dépérit, il manquerait de respect à lui-même. Il donnerait trop d'importance aux animaux qu'il épargne et pas assez à lui-même – si on considère qu'il est en fait un être plus complexe et plus digne de respect.

Donc, CQFD, Edward peut consommer du cerf, mais pas Bella. Et aucun ne peut manger de l'humain !

Scène 2 : Où un camarade de classe évoque un scénario déplaisant

Si Edward et Bella disent tout cela, ils donneront déjà à leurs camarades de quoi réfléchir. Je suppose par ailleurs qu'un camarade bien intentionné pourrait se mettre à imaginer une hypothèse bien plus problématique.

D'abord, une observation sur la série *Twilight*. Il est pratique qu'Edward, bien qu'ayant besoin de se nourrir de sang, n'ait pas spécifiquement besoin de sucer le sang d'un être humain.

Sans cette particularité, la série *Twilight* ne fonctionnerait pas. Un garçon qui passe son temps à tuer des gens, même pour sa survie, ne fait pas un compagnon convenable pour une jeune adolescente.

Si Stephenie Meyer avait raconté l'histoire comme ça, ses livres n'auraient pas eu le succès qu'on connaît, mais ils auraient été plus intéressants du point de vue éthique. Un Edward qui a besoin de consommer du sang humain aurait-il pu défendre le régime alimentaire traditionnel du vampire en raison de la faiblesse de nos droits ?

Lui ainsi que les autres vampires le croiraient probablement. Ils souligneraient d'abord les différences entre vampires et humains. Les vampires ont la vie éternelle, le rêve des êtres humains. Nous essayons continuellement d'allonger notre durée de vie par la médecine, et nos religions occidentales représentent la vie après la mort comme la récompense ultime pour une vie exemplaire. Mais vivre des siècles, voire pour toujours, ici ? Cela n'est pas encore possible.

Les vampires semblent aussi avoir plusieurs capacités mentales et physiques supplémentaires, comme le fait pour certains de voir l'avenir ou de se déplacer à très grande vitesse. Autant de choses que nous ne pouvons pas faire. Edward et ses semblables pourraient prétendre qu'ils doivent nous sucer le sang, par respect d'eux-mêmes et tenant compte du fait que leur besoin de survie outrepasse nos droits. Cela ne différerait pas de la situation dans les livres, où Edward a le droit de manger des cerfs pour survivre. Ses motivations prévalent sur leurs droits ; de la même façon, ses droits dans la version alternative de *Twilight* prévaudraient sur les nôtres.

Mais là, quelque chose cloche. Cela paraît bien plus grave si Edward mangeur d'hommes tue l'un d'entre nous, que si Edward végétarien mange un cerf, non ?

Peut-être que ce qui se passe ici, c'est que les vampires aussi bien que les humains dépassent un seuil, afin que les deux espèces profitent d'un droit extrêmement fort à la vie, qui ne pourra pas être annulé par les problèmes de survie d'autrui. Puisqu'ils ont tous les deux assez de capacités pour dépasser ce seuil, la différence entre leurs capacités devient immatérielle.

Essayez donc d'utiliser cet argument face à un vampire affamé. Je m'imagine que vous pourriez l'entendre parler comme nous au sujet des cerfs. « Bien sûr, vous, les simples humains, vous avez des droits, mais nos sérieuses motivations prévalent ». Il serait sage d'avoir un discours de réserve, si vous comptez survivre au débat en conservant tout le sang dans vos veines. En effet, il se cache pas mal de choses derrière les vampires qui tuent des gens, et comprendre les questions que cela pose permet de faire la lumière sur notre différence d'attitude envers les animaux et les autres humains.

Pour mieux voir cette différence, nous devons emprunter quelques idées de base à la tradition de contrat social en philosophie éthique et politique. Cette tradition a été fondée par Thomas Hobbes (1588-1679) au XVIe siècle et John Locke (1632-1704) au XVIIe. Les philosophes du contrat social mettent en opposition l'état de nature et l'état de culture, ou la cohabitation en société avec un système de lois. Dans l'état de nature, chaque individu est seul et ne recherche que son propre intérêt. Quand un individu regarde un autre, il y voit un autre, pas un concitoyen appartenant à la même communauté. Cela ne signifie pas pour autant que tout est permis. Locke pensait que, même dans l'état de nature, les individus ont certains droits, avec des limites dans ce qu'ils peuvent se faire les uns aux autres, mais ils ne vivent pas dans une société structurée par des lois.

Lorsque nous rencontrons un animal, nous nous trouvons dans un état de nature face à lui. Nous ne sommes pas membres de la même communauté. (Je ne prends pas en compte les lois qui régissent le traitement des animaux, elles ne sont pas très puissantes de toute façon. J'ignore aussi le sujet compliqué de nos relations avec les animaux domestiques.) Là, tout n'est pas permis. Si les êtres humains ont des droits naturels même dans l'état de nature, il serait logique de penser que les animaux en ont aussi. Que ce soit à l'intérieur ou à l'extérieur d'une communauté structurée, un animal a des qualités méritant le respect, et il y a des limites à ce que nous pouvons lui faire. Nous devons donc laisser les animaux vivre leur vie, à moins d'avoir de très bonnes raisons pour nous imposer et utiliser l'animal pour nos propres intérêts.

Dans nos interactions avec les animaux, l'état de nature est plus ou moins permanent. Les animaux ne seront jamais réellement nos concitoyens. Mais avec les êtres humains, l'état de nature a disparu depuis longtemps, si tant est qu'il ait véritablement existé. Nous vivons dans des communautés organisées selon des règles auxquelles nous adhérons implicitement. Une de ces règles est que chacun dispose d'un droit égal à la vie. Personne ne mange personne, même dans une situation de vie et de mort. Les Einstein ou les Picasso parmi nous n'ont pas le droit de manger les faibles, ni même les impotents. Mais pourquoi ? Pourquoi, surtout, les Einstein et les Picasso acceptent-ils de telles règles ?

Ils les acceptent pour des raisons biologiques et émotionnelles très profondes, bien sûr, mais aussi à cause de l'aspect psychologique qui apparaît avec l'appartenance à une communauté, et une projection dans l'avenir. Aujourd'hui, vous êtes peut-être favorisé, mais personne n'est à l'abri d'une maladie ou d'un accident qui rend invalide. Et même si vous gardez vos capacités actuelles, on ne peut pas prévoir à quel moment les autres vous percevront comme affaibli.

Hormis l'inquiétude pour notre propre sort, nous nous préoccupons également du sort de nos enfants et de nos parents, qui pourraient être gravement infirmes. Enfin, il existe une empathie considérable, même entre étrangers, qui ferait que nous souffririons si nous savions que des gens se font manger, même si nous ne sommes pas directement concernés. En tant que membres d'une communauté, nous établirions des règles qui fonctionneraient sur le long terme, et qui continueraient à nous protéger, nous et nos proches, même si les rôles et les statuts de certains individus changent avec le temps. Nous ne tolérerions pas de nous manger, même pour des raisons de survie.

Dans *Twilight* il y a une bande de vampires assassins qui vivent dans une sorte d'état de nature. Ils rôdent et tuent les êtres humains simplement pour leur goût. Ils violent même la moralité la plus basique qui existe en dehors des limites d'une communauté. Si Edward devait tuer pour survivre, il pourrait peut-être (mais c'est peu probable) utiliser comme argument le fait que ses raisons prévalent sur nos droits. Ainsi, il ne violerait pas la morale première de l'état de nature, mais il ne pourrait plus faire partie de notre communauté. Il serait obligé de rôder furtivement dans l'ombre, vivant une vie de secrets et de mensonges.

Cette vie le rendrait malheureux. Les Cullen désirent appartenir à notre communauté et ils en ont besoin. Ils ne vivraient pas heureux en rodant dans l'ombre. Si Stephenie Meyer avait imaginé qu'Edward eût besoin de sang humain pour survivre, il y aurait eu un dilemme insoluble au sein de ces livres. Survivre comme hors-la-loi, ou mourir comme l'un d'entre nous. Telle aurait été la question.

Fondamentalement, nous constatons qu'il n'est pas possible de transposer notre point de vue sur la mise à mort des animaux pour parler de celle des êtres humains. Quand les vampires (ou d'autres êtres humains !) envisagent de tuer des gens, cela soulève des problèmes nouveaux. Ce qui importe finalement c'est que ces gens sont des concitoyens, alors que les animaux ne le sont pas.

Scène 3 : Où Edward refuse l'option kasher

Heureusement pour Edward, pour Bella et pour la série *Twilight*, Edward peut se contenter de tuer des animaux pour survivre. Ou du moins c'est ce que j'ai supposé jusqu'ici. Un étudiant attentif insistera sans doute auprès d'Edward à ce sujet :

« Qui dit que tu dois tuer des animaux pour manger ? Tu ne peux pas survivre sans repas de sang, mais cela ne signifie pas que tu dois tuer des animaux. Tu pourrais saigner en partie deux ou trois biches et les laisser en vie ! »

Je m'imagine qu'à ce moment Edward fera la grimace, et il deviendra même menaçant. Il rappellera au provocateur qu'il est terriblement difficile pour un vampire de s'arrêter à la moitié d'un repas. Nous sommes d'accord. Mais si c'est la raison pour laquelle Edward tue des animaux, soyons précis. Le sang est nécessaire pour sa survie, la mise à mort ne l'est pas ; c'est seulement une forte préférence. Est-ce suffisant pour justifier la mort des animaux ?

Edward aura peut-être envie d'éviter cette question en affirmant qu'il a d'autres raisons de boire le sang jusqu'à la mort. Dans le cosmos *Twilight*, les animaux partiellement vidés de leur sang sont malheureux. Ils s'en vont en clopinant, en proie à de grandes souffrances qui ne s'arrêteront pas. Edward n'est pas un animal hors de contrôle qui dévore les autres animaux, il chasse et tue parce qu'il considère que c'est la façon la plus juste d'agir.

Puisque nous avons déjà inventé une université pour Forks, inventons aussi une boucherie kasher. Dans la Bible il est écrit qu'il ne faut pas consommer le sang d'un animal « car le sang est la vie » (Deut 12:23). C'est pour cela que les animaux abattus de façon kasher sont vidés complètement de leur sang. (Les vampires, étant consommateurs de sang, ne suivent pas les règles kasher, de toute évidence !) Or, puisqu'on a déjà versé tout ce sang, pourquoi il ne bénéficierait pas à quelqu'un ? (Eh oui, les préparateurs de viande kasher vendent les sous-produits animaux « non kashérisés » aux clients non pratiquants au lieu de les mettre à la poubelle). Si les Cullen achetaient leurs repas au boucher kasher, ils pourraient rester en vie sans causer aux animaux plus de souffrances ou de morts.

Soit. Cela m'étonnerait beaucoup que les Cullen veuillent devenir des clients du boucher kasher. S'ils devaient dire pourquoi, ils avoueraient éventuellement une prédilection pour la mise à mort. Tuer, c'est ce que font les vampires. C'est leur essence même. Peut-être est-ce une caractéristique essentielle de l'espèce, comme la chasse pour les lions. Les vampires sont bâtis pour cette tâche, comme en témoignent leurs dents. Ou peut-être que nous devrions considérer que les vampires partagent une culture commune. Vider un animal de son sang est au cœur de leur culture, comme la pêche à la baleine pour les Esquimaux. À partir de là, la mise à mort des animaux n'est pas cruciale à la survie physique d'Edward, mais elle est essentielle à sa survie en tant qu'individu.

Ces raisons pour tuer dépassent la simple préférence de goût, mais sont-elles suffisamment sérieuses ? Nous avons défendu la mise à mort des animaux pour la survie, et condamné la tuerie simplement pour le plaisir du goût. Mais il y a beaucoup de raisons qui se situent entre ces deux extrêmes. Avons-nous le droit de continuer à tuer des animaux pour fournir la dinde essentielle à la célébration de Noël, les saucisses de notre barbecue, le plateau de fruits de mer au bord de l'Océan ? Avons-nous le droit de tuer pour perpétuer le style de vie et les rapports à la nature auxquels nous sommes habitués ? Devons-nous tuer pour d'autres raisons que la survie ?

Nous devons nous méfier des rationalisations qui se font passer pour des motivations profondes et existentielles, mais il est évident qu'il existe des questions difficiles autour de ce sujet. Ayant admis que mettre fin à une vie est un acte grave, nous devons discuter de ce qui constitue une bonne raison pour en arriver là. La classe a dû sans doute rester tard, jusqu'à la nuit tombée, pour en débattre.

Ensuite ils sont rentrés affamés, Bella pour un en-cas végétarien nocturne avec son père, et Edward à la forêt[33].

33. Merci à Becky Groves pour m'avoir présenté le monde de *Twilight* et pour avoir corrigé mes fautes sur son fonctionnement, et à Peter Groves pour ses commentaires et ses bonnes idées.

UN VAMPIRE PEUT-IL ÊTRE UNE PERSONNE ?

Nicolas Michaud

Edward Cullen est un bon mari, un musicien talentueux, un fils dévoué et un joueur de base-ball émérite. Mais bien sûr, Edward est aussi un vampire. Doit-on être humain pour être une personne ? Quels sont les critères de la « personn-ité » ? Faut-il être humain pour avoir l'appellation de « personne » ? Des vampires comme Edward et les Cullen ont-ils plus de « personn-ité » que nous autres ?

Une personne, c'est simplement un porteur de droits, quelqu'un qui mérite le respect. Être humain ne fait pas de vous automatiquement une personne. Hélas, la société n'a pas toujours considéré les femmes et les minorités comme des personnes. Donc être humain n'a pas toujours été utilisé comme un critère de personn-ité. Par exemple, des extraterrestres intelligents pourraient potentiellement être des personnes, et certains défenseurs des droits des animaux prétendent que ces derniers sont aussi des personnes.

Les vampires de *Twilight*, malgré leur apparence humaine, diffèrent significativement de la plupart des humains. Ils sont presque immortels et ils ne vieillissent pas ; ils sont extrêmement forts et rapides. En outre, les vampires ont des sens surnaturels : ils sentent des odeurs que les humains ne peuvent pas détecter, ils entendent un battement de cœur humain à plusieurs kilomètres et ils perçoivent des détails si infimes qu'il nous faudrait un microscope pour les voir.

Les vampires n'envisagent pas de vivre leur vie de la même manière que nous, peut-être à cause de leur immortalité.

La plupart se conduisent comme si la vie humaine n'avait pas à être préservée et ne voient les êtres humains que comme de la nourriture. Les vampires sont représentés comme étant infiniment supérieurs aux êtres humains, à cause de leur supériorité non seulement physique mais aussi mentale. Ils possèdent une clarté d'esprit formidable et une mémoire incroyable, entre autres dons. Il en résulte que la majorité des vampires a une éthique très différente de la nôtre. Tandis que la plupart des humains s'inquiètent des besoins et des sentiments des autres, les vampires sont le plus souvent des êtres solitaires ne se préoccupant pas du tout du bien-être de leurs confrères. Cela n'est simplement pas nécessaire.

Qu'est-ce qu'une personne (à part de la nourriture pour vampire) ?

Le philosophe Emmanuel Kant (1724-1804) considérait qu'être un humain n'est pas suffisant pour faire de vous une personne. Ce serait la rationalité, la capacité de raisonner, qui définit la personne. Mais les ordinateurs, alors ? Personne ne pense que nous devrions être plus respectueux envers nos ordinateurs ni les traiter avec dignité. Malgré leurs pouvoirs de traitement de données, les ordinateurs ne font pas partie de la communauté morale.

Plus clairement, pour Kant, être une personne ne signifie pas simplement être « rationnel », cela signifie « faire partie de la communauté morale ». Et faire partie de la communauté morale signifie que, grâce à votre rationalité, vous devez être traité comme si vous aviez des droits : on vous doit le respect et la dignité. Si un caillou ne fait clairement pas partie de la communauté morale, dans d'autres cas la distinction n'est pas si évidente.

La philosophe contemporaine Mary Anne Warren nous demande d'imaginer un être non humain. Nous pouvons nous poser la question : « Quelles qualités devrait posséder un être pour que les humains le considèrent comme faisant partie de la communauté morale ? » Warren considère qu'il y a cinq qualités qui indiquent quels êtres nous devons traiter avec respect : (1) la conscience, (2) le raisonnement, (3) l'activité volontaire, (4) la capacité de communication, et (5) la présence de l'image de soi[34].

Warren ne soutient pas qu'un être doit avoir toutes ces caractéristiques pour qu'on le traite comme une personne, mais une combinaison de plusieurs est nécessaire, au moins la 1 et la 3 le plus souvent. Par exemple, si je rencontre un être qui est conscient et qui fait preuve d'activité volontaire, même s'il n'a pas les moyens d'échanger avec moi, je le traiterais malgré tout comme s'il méritait des droits.

Warren nous aide à nous rendre compte à quel point les différences biologiques entre les vampires et les êtres humains ne devraient pas peser lourd. Les vampires de *Twilight* remplissent les cinq critères. Dire que ce ne sont pas des personnes, simplement parce qu'ils sont différents de nous physiquement, revient au « spécisme » arbitraire. Tom Regan, un philosophe contemporain défendeur des droits des animaux, présente l'argument suivant en réponse à ceux qui nient les droits des animaux au titre que ce ne sont pas des humains :

« Certains résistent à l'idée que les animaux ont une valeur inhérente. 'Il n'y a que les humains qui ont une telle valeur' proclament-ils. Comment défendre un point de vue aussi étroit ? Devrons-nous croire que seuls les êtres humains ont l'intelligence, l'autonomie, ou le raisonnement nécessaire ? Mais il y a beaucoup, beaucoup d'humains qui ne satisfont pas à ces normes, et pourtant on les considère en toute bonne foi comme ayant de la valeur, au-delà de leur utilité pour les autres. Prétendrions-nous que seuls les humains appartiennent à la bonne espèce, l'espèce Homo Sapiens ? Mais c'est du spécisme flagrant »[35].

---

34. Mary Anne Warren, *On the Moral and Legal Status of Abortion*, Monist 57:1, 43-61 (1973). Notre traduction.

35. Thomas Regan, *The Case for Animal Rights* (Berkeley : University of California Press, 1993). Notre traduction.

Y a-t-il une base légitime pour rejeter la thèse de Regan ? Comme il le dit, chaque critère, à part « ils ne sont pas humains », peut exclure certains êtres humains. Par exemple, beaucoup de jeunes enfants ne sont pas intelligents ; un gorille adulte peut être plus malin qu'eux. Dans ce cas, pourquoi donc devrions-nous traiter l'enfant avec respect et pas le gorille ? Il semblerait que la seule réponse soit que le gorille n'est pas humain, mais Edward non plus. Cela signifie-t-il que nous devons traiter Edward de la même façon qu'un animal ? Il est facile de dire qu'être humain est nécessaire pour être respecté, lorsque nous voulons consommer les animaux les plus savoureux ou mettre en cage les plus exotiques ou splendides pour notre plaisir, mais c'est bien plus compliqué quand nous nous rendons compte que d'autres non-humains, tels qu'Edward, mériteraient éventuellement de faire partie de la communauté morale.

Ce que les humains, les vampires et les animaux ont en commun

Regardons une perspective totalement différente sur le comportement que nous devrions avoir vis-à-vis des autres. La philosophe contemporaine Martha Nussbaum ne se demande pas comment juger si quelque chose est une personne, mais plutôt de comment juger si ce quelque chose a des capacités particulières. S'il a par exemple la capacité de raisonnement, nous ne devrions pas interférer avec cette capacité. Au lieu de dire qu'Edward est intelligent et donc une personne, Nussbaum considère les choses plus simplement. Si Edward est capable de raisonner, nous devons le laisser utiliser sa raison librement. En d'autres termes, si quelque chose a la capacité d'agir sans gêner les autres, pourquoi s'interposer ?

Nussbaum fournit une liste des capacités centrales, nécessaires à une vie heureuse et satisfaisante – qu'elle appelle « l'épanouissement ». Afin de s'épanouir, il n'est pas obligatoire de réaliser chacune de ces capacités, mais nul ne devrait s'interposer quand on cherche à en réaliser une. Pour Nussbaum, les êtres humains ont dix capacités centrales[36] :

La vie – la capacité de vivre jusqu'à la fin d'une vie de longueur normale.

La santé corporelle – la capacité d'être en bonne santé.

L'intégrité corporelle – la capacité d'être à l'abri de la violence et de se déplacer comme on le souhaite.

Les sens, l'imagination et la réflexion – la capacité d'utiliser les sens, d'imaginer, de penser et de raisonner.

Les émotions – la capacité de s'attacher à certaines choses et personnes en dehors de nous-même.

Le raisonnement pratique – la capacité d'engager une réflexion critique.

L'affiliation – la capacité de vivre avec les autres et de se respecter.

D'autres espèces – la capacité de vivre en se préoccupant des animaux, des plantes et de la nature.

Le jeu – la capacité d'apprécier des activités de loisirs.

Le contrôle de l'environnement – la capacité de participer à la vie politique et d'accéder à la propriété.

L'idée de Nussbaum est que nous ne devrions pas nous interposer dans les capacités des autres figurant sur la liste, car ces capacités sont nécessaires pour s'épanouir. Nous avons d'autres capacités qui ne sont pas considérées comme essentielles à l'épanouissement, par exemple, la capacité de tuer. Pour Nussbaum, il y a deux raisons à cela : (1) cette capacité n'est pas nécessaire à l'épanouissement et (2) elle interfère dans les capacités des autres de s'épanouir.

La liste de Nussbaum ne détermine pas qui devrait compter comme personne, mais elle détermine des droits et des dignités qui devraient être accordés à ceux qui ont ce qu'elle appelle les capacités centrales. Par exemple, la capacité de la vie ne définit pas quelque chose comme étant une personne, mais

36. Martha Nussbaum et Amartya Sen (éditeurs), *The Quality of Life* (Oxford : Clarendon Press, 1993). Notre traduction.

on ne doit pas priver de vie ceux qui la possède. Si nous utilisions la liste de capacités de Nussbaum comme méthode pour décider comment traiter les autres, la maltraitance n'existerait probablement plus. Cette idée est importante, car certains individus que nous considérons aujourd'hui comme des personnes n'ont pas toujours bénéficié du traitement humain qu'ils méritaient. Nous savons tous malheureusement que la loi des États-Unis a jadis considéré les esclaves comme n'étant que les trois cinquièmes d'une personne ; les femmes n'y ont obtenu le droit de vote qu'en 1920. Si on avait respecté la liste de Nussbaum, les Afro-Américains et d'autres n'auraient pas été asservis, et les femmes n'auraient pas dû se battre pendant près d'un siècle pour accéder à des droits tels que le droit de vote.

Si nous utilisions la liste de Nussbaum, nous accorderions sans doute à Edward tous les droits dont bénéficient les êtres humains, et donc nous ne nous interposerions pas dans ses capacités. Cependant, le lecteur attentif aura remarqué que les capacités peuvent aussi s'appliquer aux animaux, apparemment. Nussbaum s'en rend compte elle-même, et elle avance l'idée que les animaux devraient bénéficier de certains droits, selon leurs capacités, tout comme nous[37]. Les animaux ne devraient pas être abattus pour la nourriture, utilisés pour les tests scientifiques, ni maltraités d'une quelconque façon qui les priverait d'une vie épanouissante. Mais nous pouvons encore regarder les choses sous une perspective différente.

Si les animaux sont de la nourriture pour humains, sommes-nous de la nourriture pour vampires ?

Plutôt que d'accepter la conclusion de Nussbaum, vous pourriez demander pourquoi ne pas refuser le statut de personne à Edward. Après tout, Edward n'est pas humain, et comme nous l'avons déjà noté, il est très différent. Pourquoi

37. Martha Nussbaum et Cass Sunstien (éditeurs), *Animal Rights : Current Debates and New Directions* (Oxford : Oxford University Press, 2004). Notre traduction.

la différence importe-t-elle ? De bien des façons, les vampires sont supérieurs aux humains. Le raisonnement même utilisé pour refuser le statut de personne aux animaux se retournerait rapidement contre nous. La raison principale pour refuser ce statut aux animaux est que leur intelligence et leur système de communication sont différents de ceux des humains. Les Volturi pourraient aussi utiliser le même argument à notre sujet. Ils sont plus futés, ils sont capables de faire beaucoup de choses dont nous ne pouvons que rêver, et s'ils décidaient de nous rassembler en troupeau dans un enclos pour nous abattre, cela leur serait facile (d'ailleurs, c'est ce qui arrive à quelques touristes malchanceux). Donc sur quelle base affirmons-nous que les humains méritent un traitement spécial face aux non-humains qui savent tout mieux faire ?

Il n'y a qu'un argument qui puisse faire valoir notre statut de personne face à la supériorité physique des vampires : les humains ont une âme. Cela nous rend exceptionnels. Et dans *Twilight* l'âme a de l'importance ; Edward a même peur d'avoir perdu la sienne, et craint que Bella ne la perde également, si elle devient vampire.

Mais il se pose un plus gros problème, si on suppose que les êtres humains sont exceptionnels parce qu'ils ont une âme : comment sait-on qu'on a une âme ? Comment tester sa présence ? Les âmes relèvent plus de la foi que du fait ; aucun test ne pourrait jamais prouver leur existence. Comment affirmer donc que les vampires n'en ont pas ? Imaginez qu'un vampire maintienne que les humains n'ont pas d'âme ! Comment lui démontrer son erreur ? Les vampires pourraient prétendre que la preuve de leur âme est dans leur supériorité sur les humains. Ils pourraient dire que si les humains avaient une âme, Dieu ne les aurait pas rendus si faciles à tuer. (C'est exactement l'argument que nous utilisons souvent contre les animaux.)

Une autre question apparaît. Admettons que nous pouvons prouver que nous avons une âme. Quelle importance ? Après tout, les êtres humains ont beaucoup de traits qui les rendent uniques, mais ceux-ci n'ont aucun poids dans la discussion sur la moralité. Les humains sont les seuls animaux qui font des pizzas, qui achètent des actions ou qui font la guerre. Sur le plan moral, cela ne nous rend pas meilleurs que les animaux. Donc qu'y a-t-il de si génial à avoir une âme ?

Nous ne pouvons utiliser ni la biologie ni l'âme pour distinguer une personne et une non-personne, et cela pourrait signifier que les animaux aussi mériteraient qu'on leur accorde une sorte de statut de personne. L'alternative, pour les deux postulats, de la biologie et de l'âme, serait de laisser aux vampires la possibilité de nous traiter comme des non-personnes, d'une part à cause de leur « supériorité » biologique, et d'autre part à cause de notre incapacité de prouver qui a une âme. Je pense plutôt que Warren, Regan et Nussbaum sont tous sur une piste. La « personn-ité » devrait être accordée à ceux qui démontrent certaines qualités, telles que la conscience et l'activité volontaire ; ceux qui démontrent certaines capacités comme la raison et l'affiliation ne devraient pas non plus être privés d'épanouissement s'ils le désirent.

Méchant vampire ! Pas d'humains pour toi !

Rappelez-vous que parfois nous n'admettons pas qu'un certain type d'homme soit une personne. Peut-être pour des raisons arbitraires et sectaires (nous voulons asservir des esclaves), ou parce que nous croyons que le statut de personne nécessite certaines notions éthiques (des notions qui manquent, par exemple, à un tueur en série). Les vampires font souvent des choses que nous trouvons horriblement immorales. Si une personne rejette les mœurs de la communauté par des actions radicales qui profanent le statut de personne des autres, elle se met à l'écart de la communauté morale par choix, et se tient ainsi à l'extérieur du domaine moral humain.

Cette situation est différente du cas des animaux, qui ne peuvent pas déterminer s'ils souhaitent rejeter la moralité, puisqu'ils ne la comprennent tout simplement pas. Les animaux sont donc les objets de notre traitement moral, bien qu'ils ne puissent pas choisir de participer pleinement à la communauté morale. Ils auraient ainsi une sorte de personn-ité limitée. Nous ne leur accorderions pas le droit de vote, et nous ne nous attendrions pas à ce qu'ils nous traitent avec dignité, néanmoins nous ne devrions pas les manger, car, selon la liste de capacités de Nussbaum, les animaux peuvent être des personnes dont nous respectons les capacités. Malgré tout, nous ne leur demanderions pas de voter ni de faire partie d'un jury, car les animaux n'ont pas les capacités pour ces tâches. Leur incapacité de participer pleinement est cependant radicalement différente du tueur en série qui, lui, choisit de rejeter la communauté morale et les capacités des autres.

On pourrait postuler que les vampires sont des tueurs en série. La plupart choisissent de rejeter la moralité conventionnelle et sortent de la communauté. Les Cullen n'adhèrent pas au système éthique des Volturi, nous ne pouvons donc pas mettre dans le même sac les Cullen et le clan des tueurs en série. Cela suggère une politique générale pour les humains ainsi que pour les vampires : le statut de personne morale ne peut être jugé qu'au cas par cas. Chaque vampire devrait être jugé en tant qu'individu participant à la communauté morale. Nous le rejetterions, punirions ou, dans le cas des Volturi, nous nous défendrions contre ceux qui choisissent de profaner la personn-ité et les capacités des autres.

Il y a cependant une certaine ironie : si nous choisissons de rejeter de tels individus comme des non-personnes, à cause de leur volonté de faire du mal aux autres, nous pourrions nous trouver nous-même comme n'étant que partiellement une personne. Pourquoi ? Si nous considérons que les animaux ont une sorte de personn-ité limitée, la façon dont nous les traitons peut être comparée à celle dont les Volturi pourraient nous traiter. Par conséquent, si les Volturi doivent être punis ou privés du statut de personne à cause du traitement qu'ils infligent aux autres, nous devrions subir le même sort pour notre comportement envers d'autres animaux-personnes plus faibles que nous. Finalement, Edward n'est peut-être pas une personne, mais il est une meilleure personne que la majorité des humains. Après tout, il s'abstient de tuer ceux qui sont moins forts et moins intelligents que lui, alors que les humains tuent allégrement les animaux plus faibles, avec une intelligence différente.

L'utilisation de vampires « végétariens » par Stephenie Meyer dans sa saga *Twilight* laisse une grande plage philosophique pour explorer des questions comme notre définition du statut de personne. Maintenant que vous connaissez les critères, méritez-vous d'être une personne ? La question n'est pas aussi facile que ce que vous croyez.

CARLISLE
LA COMPASSION D'UN SUPER-HÉROS ?

Andrew Terjesen et Jenny Terjesen

En plus de la super-vitesse, la super-force, les super-sens ainsi que l'immortalité, plusieurs vampires de la série *Twilight* possèdent des compétences personnelles, que les Cullen appellent des « dons ». Aro, le chef des Volturi, s'entoure de ces vampires aux super-pouvoirs, les « collectionnant », eux et leurs compétences. Edward Cullen lit dans les pensées, tandis qu'Alice Cullen voit de possibles avenirs. Et quand Bella Swan est transformée en vampire, elle apprend qu'elle peut protéger les autres des pouvoirs mentaux des autres vampires, même ceux d'Aro. Le don de Carlisle Cullen est très différent des autres.

Son don semble être la compassion. Qu'est-ce que cela signifie ? Comment se soucier des autres peut-il être comparable à lire dans les pensées ou à voir dans le futur ? De quelle façon la compassion de Carlisle le distingue-t-elle des humains ou des autres vampires ?

Carlisle a certainement quelque chose d'exceptionnel. Son engagement vers un style de vie « végétarien », et sa création d'une famille vampire qui suit ses choix diététiques sont remarquables. Carlisle possède-t-il un don particulier que les autres vampires n'ont pas ? Ou est-ce juste une personne exceptionnelle ? Pour beaucoup de philosophes, la compassion est le cœur d'une bonne personne. Donc il n'est peut-être pas invraisemblable de penser que la super-compassion de Carlisle est ce qui lui permet de faire ce qu'aucun autre vampire avant lui n'a réussi à faire.

La théorie des « dons » de Carlisle

Edward explique à Bella la théorie de Carlisle sur les dons des vampires : « Il croit que tous, nous apportons nos caractéristiques humaines les plus fortes dans notre seconde vie, où elles s'amplifient, à l'instar de notre esprit et de nos sens »38. Selon cette théorie, même lorsqu'il était un être humain, Edward était très sensible aux pensées de ceux qui l'entouraient, et Alice avant sa transformation avait sans doute une sorte de préconnaissance.

C'est une théorie intéressante, mais y a-t-il des preuves de son bien-fondé ? À vrai dire, oui. Nous en savons beaucoup sur le don de Bella avant qu'elle ne devienne un vampire. L'une des premières choses qui attire l'attention d'Edward sur elle est justement qu'il ne peut pas lire dans ses pensées. Par la suite, dans *Tentation*, elle découvre qu'elle peut résister au sortilège douloureux de Jane. Bella se demande si cela fait d'elle un phénomène étrange. Il s'avère que oui, mais dans le meilleur sens du terme.

Bella est quelqu'un de réservé et de timide, qui cache ses pensées et ses sentiments. Cette protection s'étend toutefois au-delà de son propre confort et de sa sécurité, à ceux qui lui sont chers. Son attachement aux autres se révèle, par exemple, lorsqu'elle parle de sa relation avec Edward : « Edward... s'inquiétait du temps que nous passions publiquement ensemble... au cas où les choses tourneraient mal, perspective peu réjouissante que j'évacuai immédiatement. Quand bien même, je préférai me comporter de façon à lui faciliter l'existence »[39].

Nous voyons clairement la volonté de Bella de faire tout ce qui est en son pouvoir pour protéger les autres à la fin de *Twilight*, quand elle se lance dans une mission suicide pour

38. Stephenie Meyer, *Fascination* (Hachette Livre, 2005), p. 330.
39. *Ibid.*, p. 269.

sauver Renée. Elle sait qu'en essayant de la sauver, elle risque sa vie, mais cela ne la dissuade pas, et elle se précipite dans le piège de James. Si Bella peut faire quoi que ce soit pour protéger ceux qu'elle aime, elle n'hésitera pas. À la lumière de ces épisodes, il paraît que le « bouclier protecteur » de Bella est une intensification de l'aspect le plus caractéristique de sa personnalité. En tant que vampire, elle obtient la faculté d'abriter avec son bouclier ceux qui lui sont chers et de les protéger des facultés mentales maléfiques des Volturi.

La super-compassion de Carlisle

Edward dit que « Carlisle a apporté sa compassion » depuis sa vie humaine. Il est littéralement assoiffé de sang, mais il est abstinent. Un médecin vampire soignant les humains, c'est comme un alcoolique tenant un bar. C'est très risqué, mais il y excelle, et son sens relationnel rassure infiniment les patients. Est-ce pour autant un « super-pouvoir » ?

Considérons la compassion et le contrôle de Carlisle dans des situations extrêmes. Quand Bella se coupe avec un papier lors de sa fête d'anniversaire, l'odeur du sang rend Jasper Cullen fou d'une frénésie vorace. À la fin de *Fascination*, le miroir cassé inflige à Bella de terribles coupures qui mettent à mal le contrôle de chacun des Cullen, à l'exception de Carlisle.

Même Edward est obligé de s'éloigner pendant que son père pose des points de sutures. Dans *Midnight Sun*[40] nous

40. *Midnight Sun* (ébauche incomplète) est le titre d'un manuscrit par Stephenie Meyer qui devait explorer les événements du premier roman dans la série, du point de vue d'Edward. Il comprenait certaines scènes avec les Cullen qui ne figuraient pas dans le roman d'origine. Malheureusement une personne sans scrupule a volé un brouillon et l'a posté illégalement, sans la permission de l'auteur, sur Internet. Par la suite de cette violation de sa confiance et de ses droits, Stephenie Meyer a abandonné tout travail sur le roman qui devait s'intituler *Midnight Sun*. Nous ne verrons donc peut-être jamais les choses du point de vue d'Edward. Après avoir annoncé sa décision, Meyer a publié une ébauche partielle du manuscrit sur son site web (www.stepheniemeyer.com/pdf/midnightsun_partial_draft4.pdf). En citant ce texte, nous acceptons la déclaration de Meyer que cela représente un travail incomplet, qu'elle a été obligée de publier à cause du comportement inexcusable de quelqu'un d'autre. Ceci ne peut donc pas être considéré comme un récit officiel, mais nous nous y référons dans l'esprit dans lequel Meyer l'a offert à ses fans. Comme elle le dit sur son site : « J'espère que ce fragment vous éclairera sur ce qui se passe dans la tête d'Edward et qu'il ajoutera une dimension nouvelle à l'histoire de *Twilight* ».

entrevoyons ce qui se passe dans la tête de Carlisle, grâce au don d'Edward. Pendant que Carlisle soigne la blessure à la tête de Bella, suite à son accident avec le van, Edward dit : « Je souffrais de la différence entre Carlisle et moi, lui pouvait la toucher si doucement, sans crainte, certain qu'il ne lui ferait jamais de mal »[41]. Nous voyons ainsi que Carlisle a vraiment maîtrisé sa soif de sang.

Les membres du clan des Denali, qui sont aussi végétariens, vivent autant que possible éloignés du monde des humains. Leur décision de ne pas se nourrir d'humains est plutôt motivée par un calcul rationnel que par l'affection pour l'humanité qu'éprouve Carlisle. Par ailleurs, il n'impose pas son propre choix à ses amis ni à sa famille, son attitude les inspire à le suivre. Edward est le premier vampire que Carlisle a transformé. S'il ne doute pas de la sincérité de Carlisle concernant l'abstinence, il ne l'accepte pas non plus sans questions. Pendant plus d'une décennie, il s'est nourri du sang de malfaiteurs, avant d'arriver lui-même à la conclusion que Carlisle a raison.

Pour autant que nous le sachions, Carlisle n'a jamais bu de sang humain. Il a été tellement horrifié d'être un vampire qu'il a tenté de mettre fin à ses jours de plusieurs façons, y compris en se laissant mourir de faim, jusqu'à découvrir qu'il était possible de survivre grâce au sang des animaux. Même les Volturi, qu'il admirait pour leur raffinement et leur culture, n'ont pas pu l'obliger à boire du sang humain. C'est sa compassion qui lui permet d'honorer son vœu et le distingue des autres vampires.

La compassion, est-ce un sentiment ?

Si c'est le don de Carlisle qui lui permet de résister aux pulsions meurtrières envers les humains, il nous serait utile de mieux le comprendre. Puisque les dons vampiriques sont basés sur des traits humains, Stephenie Meyer semble

41. *Midnight Sun* (ébauche incomplète), p. 69-70. Notre traduction.

explorer l'idée qu'un trait de caractère peut dominer la violence. C'est un trait que nous voudrions que tout le monde développe, si possible.

Pour beaucoup de personnes, la compassion est un sentiment que nous éprouvons face à quelque chose de mauvais. On peut citer le philosophe chinois Mencius (371-289 av. J.-C.), selon lequel nous avons tous en nous une « graine » de compassion. Nous naissons avec une certaine sollicitude envers les autres.

« Voici un exemple qui prouve ce que j'avance, à savoir que tous les hommes ont un cœur compatissant. Supposons qu'un groupe d'hommes aperçoive un enfant qui va tomber dans un puits. Ils éprouveront tous un sentiment de crainte et de compassion. S'ils manifestent cette crainte et cette compassion, ce n'est pas pour se concilier l'amitié des parents de l'enfant, ni pour s'attirer des éloges de la part de leurs compatriotes et de leurs amis, ni pour ne pas se faire une réputation d'hommes sans cœur »[42].

Mencius appelle ce sentiment une « graine » parce qu'il n'est pas totalement développé. Il a besoin d'être choyé et de grandir, jusqu'à devenir la vertu de se préoccuper toujours d'autrui. Sans cela, la compassion se limite aux bébés, aux chiots et bien sûr à ceux qui nous sont chers. Cela n'ira pas plus loin.

Pensez à la compassion limitée du clan de Tanya. Elles ont des sentiments pour les hommes humains avec qui elles batifolent, donc elles ne leur font pas de mal. Mais leur sensibilité ne va pas plus loin. Dénués de compassion, dans *Hésitation*, Tanya et le clan Denali considèrent qu'il n'est pas dans leur intérêt d'aider les Cullen à se défendre contre l'armée de Victoria. Dans *Révélation*, un peu par culpabilité de ne pas l'avoir fait avant, un peu par inquiétude pour la sécurité et la vie de Renesmée, ils acceptent de les aider. (Peut-être culpabilisent-ils aussi car c'est le coup de sang d'Irina qui a

42. Bryan Van Norden, *Mengzi : With Selections from Traditional Commentaries* (Indianapolis, IN : Hackett Publishing, 2008), p. 46. Notre traduction.

déclenché l'attaque des Volturi contre les Cullen.) Les sentiments de Tanya sont liés à des choses particulières, mais ses sentiments pour Renesmée et pour les Cullen ne suffiraient pas à engendrer le genre de maîtrise de soi dont Carlisle fait preuve à l'hôpital.

Si la compassion est un simple sentiment, les caprices et les différences entre les sentiments de chacun posent un problème. Après tout, si Renesmée était tombée dans le puits, cela n'aurait effrayé ni les Volturi, ni aucun de ceux qui la considéraient comme immortelle. Par ailleurs, la définition de la compassion comme un sentiment pose un autre problème, illustré par l'exemple de Mencius du « bébé dans le puits ». Mencius a expliqué que nous serions effrayés de voir tomber l'enfant, mais il ne dit pas que nous ferions quelque chose pour l'aider. Nos sentiments ne nous incitent pas toujours à l'action. Au début, Edward est un vampire qui se nourrit d'êtres humains, il le regrette même si ce sont des êtres mauvais, mais ses sentiments ne l'empêchent pas de se nourrir. Ainsi, ses sentiments seuls ne suffisent pas à le convaincre d'adopter le régime alimentaire de Carlisle.

La compassion d'un saint ?

Donc la notion de Mencius de la compassion comme étant un sentiment qui surgit dans certaines circonstances n'explique pas tout à fait ce qui rend Carlisle exceptionnel. Peut-être s'agit-il d'une conception de la compassion différente. Dans la tradition bouddhiste, la compassion fait référence à notre sollicitude pour tout être vivant. Il ne s'agit pas d'un sentiment spécial qui n'apparaîtrait que dans certaines circonstances, comme lorsqu'un bébé est en danger, mais plutôt de quelque chose s'appliquant en toutes circonstances. Le dalaï-lama décrit la compassion ainsi :

« La véritable compassion n'est pas simplement une réponse émotionnelle, c'est un engagement ferme, fondé sur la raison [...]. En conséquence, un authentique sens de responsabilité et le souci sincère du bien-être des autres nous sont nécessaires »[43].

La compassion vue comme un attachement universel rationnel semble beaucoup plus prometteuse, puisqu'elle exprime bien la sollicitude de Carlisle. Son « végétarisme » démontre sa répugnance à tuer des humains pour satisfaire sa faim, on découvre qu'il ne veut pas non plus les tuer pour d'autres raisons. On pourrait même croire qu'il préfère sauver une vie que de protéger la vie qu'il s'est construite avec sa famille. Dans l'ébauche de *Midnight Sun*, Carlisle rassure Edward en lui disant qu'il a bien fait de sauver Bella en arrêtant la voiture, même si pour cela il a risqué de révéler sa nature de vampire et de compromettre les autres Cullen. Tout au long de la série, Carlisle cherche à éviter la violence pour empêcher des morts inutiles. Enfin, il s'aventure quotidiennement dans un véritable buffet chaud de sang humain afin d'y sauver des vies !

Est-ce là la fameuse compassion extraordinaire de Carlisle ? La conviction que toute chose vivante a droit au même traitement ? Avant de conclure trop vite, considérons ce qui fait naître cette conviction. Le don de Carlisle ne serait pas la conviction elle-même ; ce serait ce qui lui permet de s'y tenir, ce que le dalaï-lama appelle un « engagement ferme », là où tant d'autres échouent. La notion bouddhiste de compassion repose sur l'idée que toute vie est souffrance. Même si nous ne souffrons pas de douleur physique ni d'angoisse émotionnelle, nous ne sommes jamais parfaitement à l'aise dans le monde. Je devrais donc bien traiter les autres, car ils souffrent comme moi.

Le philosophe Arthur Schopenhauer (1788-1860) prône également une éthique de la compassion. Selon lui, une fois que l'on comprend la nature du monde, on se rend compte que l'individu en est une partie insignifiante. La compassion est la réponse logique à un monde où aucun individu n'est

43. Le dalaï-lama, *The Compassionate Life* (Boston : Wisdom Publications, 2001), p. 21. Notre traduction.

assez important pour que ses désirs outrepassent ceux des autres. Dès lors que nous voyons ce qui rend cette notion de compassion possible, nous devons reconnaître que ce n'est pas ce qui se passe pour Carlisle. Il a créé une famille qui est très importante pour lui. Il est donc inconcevable que son don soit ancré dans l'idée que sa famille n'est pas plus importante que n'importe quelle autre famille. De plus, même s'il ne tue pas les humains pour se nourrir, il ne croit pas que chaque personne ait un droit égal à la vie, puisqu'il accepte, par exemple, les actions de Rosalie à Rochester. Par ailleurs, il tue des animaux pour les manger, alors qu'il pourrait vivre de sang humain pris dans des centres de transfusion sanguine. Il doit donc exister une autre notion de compassion qui correspondrait au don de Carlisle ; quelque chose qui se trouve entre les extrêmes des sentiments particuliers et l'attention universelle.

La compassion, la sollicitude et la famille Cullen

Edward raconte l'histoire de Carlisle à Bella au début de leur relation. Nous apprenons qu'il n'avait pas une vie de famille très heureuse lorsqu'il était humain. Sa mère est morte en le mettant au monde et son père, un pasteur anglican, se préoccupait plus de pourchasser les sorcières et les démons que de jouer son rôle de père. Évidemment, le pasteur était sans doute plus doué pour accuser et faire condamner des innocents que pour attraper de véritables sorcières ou vampires. Cependant, Carlisle souhaitait vraisemblablement obéir et lui plaire, car il a pris sa relève dans les rafles lorsque son père est devenu trop vieux pour continuer lui-même. À la différence de son père, Carlisle n'allait pas aider l'Église à déclarer des innocents coupables d'être des monstres. Non, Carlisle est sorti trouver un vrai monstre. Et même un véritable repaire de vampires. Et c'est tout ce que nous saurons sur le sujet...

Au réveil, lorsque Carlisle s'est vu transformé en un de ces monstres tant haïs par son père, il était bouleversé. Mais il ne s'en est pas pris aux gens autour de lui et il n'a pas non plus cédé à sa soif intense de sang. Au contraire, il s'est retiré des zones habitées et quand il succombait à la soif il s'attaquait aux biches. Ainsi est né le végétarisme vampirique.

Carlisle s'est alors convaincu qu'il pouvait continuer à se regarder en face dans un miroir s'il n'était pas obligé de tuer des humains pour vivre. Il se résout à faire quelque chose de sa vie, étudie, voyage et devient médecin. Surprenant mais vrai. Il rencontre d'autres vampires, les fameux Volturi, mais ceux-ci ne comprennent rien à cette vie. (Il pourrait aussi bien être déguisé en clown.) Il se sent seul, mais continue son voyage jusqu'au Nouveau Monde. Et c'est là qu'il trouve Edward, en pleine épidémie de grippe espagnole, et qu'il fait la promesse de le « sauver ». D'un coup, Carlisle a un fils, un frère, un camarade. Il n'aurait jamais transformé une personne qui aurait eu une chance de vivre jusqu'au bout une vie humaine.

Pendant sa vie et sa non-vie, Carlisle essaie d'entrer en contact avec les autres. L'idée que la compassion est une sorte de connexion réciproque que nous formons apparaît dans une tradition philosophique connue sous le nom d'« éthique des soins ». Selon l'éthique des soins, notre relation aux autres est la pierre angulaire de toute réflexion morale. Les Cullen ne sont pas une famille par le sang, ni même par le partage du sang humain. Ils sont une famille parce qu'ils sont connectés les uns aux autres, définissant non seulement qui ils sont, mais aussi comment ils vivent. Le philosophe contemporain Michael Slote décrit la compassion comme la « sollicitude basée sur l'empathie »[44]. Selon cette définition, la compassion de Carlisle est sa capacité de se soucier de personnes après avoir établi avec eux une relation qui lui permet de comprendre leurs sentiments. Cela ressemblerait

44. Michael Slote, *The Ethics of Care and Empathy* (New York : Routledge, 2007), p. 27. Notre traduction.

bien au Carlisle que nous connaissons ! L'avantage de cette définition de la compassion est qu'elle prend en compte l'importance des relations particulières de Carlisle avec les autres Cullen. Sa relation plus profonde avec les membres de sa famille l'oblige à en faire encore plus pour eux. Cependant, cette obligation peut être transférée à d'autres personnes à travers ses relations déjà existantes. Ainsi, par exemple, puisqu'il a beaucoup d'affection pour Edward, et qu'Edward a de l'affection pour Bella, il développe une relation privilégiée avec elle.

Comment tout cela explique-t-il la capacité de Carlisle de résister au désir de boire le sang d'inconnus ? Ici aussi, l'éthique des soins peut proposer une explication. La philosophe contemporaine Nel Noddings explique dans son livre *Caring* que « lorsque la relation n'est pas encore établie, ou lorsqu'elle peut encore être refusée [...], l'impératif ressemble plus à l'hypothétique : je dois rentrer en relation si je le souhaite (ou si je le peux) »[45]. Selon l'éthique de soins, chaque personne que nous rencontrons est une personne avec qui nous pourrions entamer une relation. Par respect pour la relation potentielle, il y a des règles de base à suivre, dont la plus importante pour un vampire est « Ne me mange pas » !

Le pouvoir des liens

À la fin de *Révélation*, Garrett fait un discours véhément :

« Je suis venu ici à la demande de Carlisle, afin de témoigner, comme tout le monde... Je tiens cependant à évoquer d'autres choses. Vous... Ces anciens ne sont pas venus ici pour rendre la justice, contrairement à ce qu'ils affirment... Les Volturi se sont déplacés pour éradiquer ceux qu'ils considèrent comme des compétiteurs. Comme moi, peut-être, vous vous émerveillez devant ce clan aux prunelles dorées. Ils sont difficiles à comprendre, je l'admets. Mais les anciens,

45. Nel Noddings, *Caring : A Feminine Approach to Ethics and Moral Education* (Berkelely : University of California Press, 1984), p. 86. Notre traduction.

eux, leur reprochent autre chose que leurs choix particuliers. Ils traquent leurs pouvoirs »[46].

Les Volturi n'ont pas construit leur clan sur les liens comme ceux établis par les Cullen en tant que famille. Ils ont utilisé la peur et les sanctions pour conserver la paix. Comme Garrett le fait remarquer, les Cullen ont découvert un pouvoir différent de celui des Volturi, qu'ils ne sont pas capables de maîtriser. Garrett affirme avoir étudié la famille Cullen et il lui semble clair que « ce qui est intrinsèque à l'entente profonde de cette famille, c'est le caractère paisible de cette vie de sacrifice. Il n'existe pas ici d'agression, contrairement à ce qui animait les clans du Sud, lesquels ont prospéré et chuté très rapidement, à cause de leurs querelles. Personne ici n'est enclin à dominer, et Aro le sait mieux que moi... Je suis venu témoigner. Je resterai me battre. Les Volturi se moquent bien de la mort de l'enfant. Ils veulent la mort de notre liberté »[47].

La manifestation politique non violente menace le *statu quo* qui maintient les Volturi au pouvoir. On dirait le retour de Gandhi ! Voici un super-pouvoir qui vaut le détour.

Le lien entre Jasper et Alice, laquelle a aidé Jasper à dominer sa soif de sang avant de rejoindre les Cullen, est une preuve supplémentaire que l'affection peut rendre les gens plus responsables. Et la connexion n'est pas limitée à la famille immédiate. La rencontre des Denali avec Carlisle et la relation qui s'ensuit envoie le clan vers un style de vie différent. Dans *Midnight Sun*, Edward raconte qu'il voulait tuer les violeurs potentiels à Port Angeles et Carlisle se dit : « Elle te fait du bien. Quelle compassion, quelle maîtrise »[48]. Les relations entre Bella et Edward aident celui-ci à contrôler ses élans violents, et on peut penser que l'extraordinaire capacité de Carlisle de créer des liens avec autant de personnes l'aide à maîtriser ses pulsions vampiriques de façon inégalée.

46. Stephenie Meyer, *Révélation* (Hachette Livre, 2008), p. 725.

47. *Ibid.*, p. 726-727.

48. *Midnight Sun* (ébauche partielle), p. 69-70. Notre traduction.

Le meilleur exemple de cette maîtrise est le pouvoir de Renesmée. Carlisle dit en plaisantant que le pouvoir de Renesmée de projeter ses pensées dans l'esprit des autres et d'inspirer le désir de protéger est un mélange des dons de Bella et d'Edward. Mais Renesmée rassemble aussi autour de Carlisle un cercle de témoins, pour qu'ils défient les Volturi avec lui. Dans ce sens, Renesmée tient aussi de son « grand-père », si l'on peut dire. Elle crée presque immédiatement des liens avec Tanya et les autres. Ces liens leur inspirent un désir de protection, même si pour cela il leur faut faire face aux Volturi.

Étant donné que Carlisle parvient à surmonter certains des désirs les plus destructeurs imaginables, il semble logique que la capacité qui lui permet d'y résister soit un don. Plusieurs exemples dans la série *Twilight* démontrent la force que peut avoir un lien émotionnel réel face à des désirs égoïstes et destructeurs. Nous pouvons en tirer la conclusion que le don de Carlisle est la super-compassion, c'est-à-dire la capacité surhumaine de nouer des relations d'affection avec chacun, même avec les étrangers. C'est ce don qui lui permet de vivre dans le monde des humains comme aucun autre vampire ne l'a jamais fait.

VAMPIRE-DÄMMERUNG QUE POUVONS-NOUS APPRENDRE SUR DIEU DANS TWILIGHT ?

Peter S. Fosl et Eli Fosl

En général, les vampires sont des êtres sombres et immoraux qui transforment des innocents en tueurs de sang-froid aussi féroces qu'eux[49]. Prenons l'exemple du comte joué par Béla Lugosi (homonyme de Bella Swan) dans le film *Dracula* de 1931 ; ce genre de vampire adore envoûter d'innocentes jeunes femmes, avant de s'en nourrir[50]. Les buveurs de sang sont souvent dépeints comme des êtres terrifiants, dotés de sombres pouvoirs sataniques, comme le monstre de *Nosferatu* de F. W. Murnau (1922) ou les démons de *Vampires* de John Carpenter (1998).

En effet, l'existence même des vampires soulève une vieille question philosophique : pourquoi Dieu, qui est supposé être la bonté, la puissance et la connaissance personnifiées, permet-il l'existence de créatures aussi hideuses ? Il est clair qu'il pourrait anéantir tous les vampires. Ou qu'il aurait pu empêcher leur apparition en premier lieu en désamorçant la magie, le pouvoir spirituel, l'infection, le venin ou la mutation, en tout cas, la fondation de leur existence. Mais pour

49. Il existe, bien entendu, des exceptions notables en dehors de l'univers *Twilight*, notamment *Angel* de Joss Whedon, Bill de *True Blood* et Louis des *Chroniques des vampires* d'Anne Rice.

50. Bella Swan est l'héroïne de la série *Twilight*. Mis à part l'association de son nom avec la vedette de films d'horreur, Béla Lugosi, son nom signifie littéralement « beauté ». Aux États-Unis, on parle des « belles du Sud » (Southern Belles). On pourrait aussi y voir une référence aux cloches (« bell » en anglais), et s'imaginer que Bella est quelqu'un qui résonne des coups de la vie.

une raison ou une autre, Dieu, s'il existe, ne débarrasse pas le monde du mal, ni, au moins dans la fiction, des vampires.

Plus généralement, savoir pourquoi Dieu ne veut pas ou ne peut pas éliminer le mal du monde est depuis longtemps un sujet de débat fréquent entre philosophes. Depuis le XVIIIe siècle, il existe un terme technique pour cette question, qu'on appelle le problème de la « théodicée ». Les philosophes qui ont à cœur de défendre Dieu contre des accusations de négligence, impuissance ou inexistence ont fourni toute une série de réponses aux questions posées par la théodicée. Malheureusement, comme notre discussion sur *Twilight* le démontrera, ces réponses ne sont pas satisfaisantes. Par chance, *Twilight* propose une réponse originale distincte.

Le mot *twilight*, pour commencer, évoque un endroit ambigu, ni complètement sombre ni complètement éclairé. Le *twilight*, littéralement deux lumières, est un mot anglais qui peut s'appliquer aussi bien à l'aube qu'au crépuscule, c'est-à-dire aussi bien au moment où l'obscurité s'éclaire qu'au moment où le jour s'assombrit. Friedrich Nietzsche, le philosophe allemand du XIXe siècle, a joué avec cette ambiguïté dans son livre *Götzen-Dämmerung*, traduit par le *Crépuscule des idoles* (1889). Nous aimerions penser que Stephenie Meyer joue à son tour avec ce titre-là[51]. L'ambiguïté du mot *twilight* suggère une réponse – pour ne pas dire une solution – donnée par le récit de *Twilight* à la question de la théodicée. Elle pourrait être brièvement décrite comme suit : le Bien et le Mal sont des termes ambigus, ni aussi figés ni aussi clairs que le voudrait la pensée conventionnelle. Le Bien peut devenir le Mal et le Mal peut devenir le Bien ; il est à la portée des humains et des vampires de déterminer le sens moral de leur vie. L'histoire montre des êtres humains choisissant le Bien. Elle les décrit se dépassant eux-mêmes, ainsi que leur nature, leur rang social et la configuration traditionnelle du Bien et du Mal (du moins, en ce qui concerne les vampires). C'est

51. Le livre de Nietzsche *Götzen-Dämmerung* est un jeu de mot sur le titre donné par Richard Wagner à la dernière partie de son plus grand opéra, *L'Anneau du Niblung*. Wagner a appelé cette partie *Götterdämmerung*, *Le Crépuscule des dieux* (1876).

aux jeunes gens comme Bella et Edward de déterminer s'ils sont à l'aube ou au crépuscule de leur vie. En d'autres termes, chacun est maître de son destin à l'aube de sa vie.

Qu'est-ce que tout cela nous apprend sur Dieu ? Rien de très favorable. Si Dieu ou un dieu existe dans le monde de *Twilight*, il s'agit d'une divinité qui n'est pas toute-puissante (et qui ne peut donc pas prévenir le Mal dans le monde) ou bien qui a abandonné le monde, laissant les hommes livrés à eux-mêmes. La bonne nouvelle, c'est que dans *Twilight* la jeune génération est à la hauteur, au moins en ce qui concerne Bella et Edward. Regardons à présent certaines des réponses avancées par les philosophes sur le problème de la théodicée, et voyons comment *Twilight* correspond à leurs modèles.

Le Mal n'est pas un problème, puisque le Mal n'existe pas

Mary Baker Eddy (1821-1910), fondatrice du mouvement de la Science chrétienne, soutient que le Mal n'est pas fondamentalement réel. Pour elle, « le mal est une négation, parce qu'il est l'absence de la vérité. Il n'est rien, parce qu'il est l'absence de quelque chose. II est irréel, parce qu'il présuppose l'absence de Dieu, omnipotent et lui-même omniprésent. Tout mortel doit apprendre qu'il n'y a ni pouvoir ni réalité dans le mal »[52].

Platon (428-348 avant J.-C.), Plotin (204-270) ; Augustin (354-450), Spinoza (1632-1677) et Leibniz (1646-1716) ont chacun présenté des variations sur ce thème dans leurs œuvres philosophiques[53]. Par exemple, saint Augustin, qui était très influencé par les platoniciens, écrit dans le chapitre

52. Mary Baker Eddy, *Science et Santé avec la clef des Écritures* (1875). Traduction autorisée et disponible sur le site www.archive.org/stream/healthscience00eddyrich/healthscience00eddyrich_djvu.txt.

53. Dans la lettre 19 de Spinoza à Blyenbergh en 1665, il écrit : « Quant à moi, je ne peux accorder que les péchés et le mal soient quelque chose de positif, encore moins quelque chose qui soit ou qui devienne contraire à la volonté de Dieu. Je dis au contraire non seulement que les péchés ne sont pas quelque chose de positif, mais encore j'affirme que nous ne pouvons dire – si ce n'est improprement, ou de façon humaine – que nous péchons envers Dieu, comme quand nous disons que les hommes offensent Dieu ». Une traduction de JF est disponible à www.spinozaetnous.org/wiki/Lettres_de_et_%C3%A0_Blyenbergh_(1664-1665).

11 de son *Traité de la Foi, de l'Espérance et de la Charité* : « En effet, le Dieu tout-puissant auquel les païens eux-mêmes attribuent « un empire souverain sur la nature », n'aurait jamais permis dans sa bonté infinie que le mal se mêlât à son ouvrage, s'il n'avait été assez bon et assez puissant pour tirer le bien du mal même. Et qu'est-ce que le mal, sinon la négation du bien ? Dans le corps, les maladies, les blessures sont un défaut de santé : et cela est si vrai, que les remèdes ont pour effet non d'expulser ces désordres de l'organisme afin qu'ils aillent subsister ailleurs, mais de les y détruire absolument ; les blessures, les maladies ne sont pas des substances ; elles ne sont que des altérations de la chair : or la chair étant une substance, est par-là même un bien ; mais c'est un bien que peut modifier la maladie, c'est-à-dire le défaut du bien qu'on appelle la santé. Il en est de même de l'âme quels que soient ses vices, ils ne sont tous qu'une privation des biens qu'elle tient de sa nature ; en guérit-elle ? Ils ne vont pas se réfugier ailleurs : ils disparaissent au sein de la santé avec laquelle ils sont incompatibles »[54].

Plusieurs philosophes ont constaté une suite logique à cet argument : dans le cas d'une conduite humaine immorale, le mal indique un manque d'humanité. Ceux qui se conduisent de façon immorale sont des êtres humains dégradés, qui ne sont plus pleinement humains. Comme les gens aiment à le dire, les êtres mauvais se conduisent comme des animaux.

Dans *Twilight*, nous devons nous demander si les vampires, ou en fait n'importe quel être qui est représenté comme étant malveillant, sont dépeints comme moins que des humains ou comme des animaux non humains. Les vampires mordent les gens, boivent du sang, possèdent des facultés physiques étonnantes et, dans d'autres histoires, se transforment même en chauves-souris. Bien sûr, aucun des vampires de *Twilight* ne semble proche de Dieu ; et James et Victoria,

54. Saint Augustin, *Traité de la Foi, de l'Espérance et de la Charité* (Œuvres complètes de saint Augustin, traduites pour la première fois sous la direction de M. Raulx, Bar-le-Duc, 1869, tome XII, p. 1-43), chapitre 11. Nos remerciements au site www.abbaye-saint-benoit.ch.

respectivement les méchants de *Fascination* et *Hésitation*, pourraient être considérés comme des humains dégradés[55]. À cause de cela, à première vue on pourrait conclure que la série *Twilight* se conforme à cette tradition philosophique, en représentant le mal de façon animale et non humaine.

Mais on voit aussi le clan des Cullen, qui ne semble guère maléfique, même s'ils ont des côtés proches des animaux. Et nous devons prendre en compte les Quileute. Les loups Quileute sont sans aucun doute apparentés à des non-humains. Ils courent à travers la forêt et mangent de la chair crue. Mais ils ne sont pas décrits comme des êtres mauvais, au contraire. L'exemple du peuple de Jacob Black et celui des vertueux Cullen cassent le modèle du « Mal-comme-sous-existence », qui ne fonctionne pas dans *Twilight*. Passons donc à d'autres théories.

Le Mal n'est pas un problème, parce que le Mal indique simplement l'ignorance

Un autre point de vue similaire consiste à penser que le Mal ou la foi dans le Mal serait une question d'ignorance. Selon cette idée, quelqu'un qui n'est pas totalement humain ne peut pas savoir ce qui est bien. Donc pour Socrate et Platon, nul ne fait le mal en connaissance de cause, et tout acte malveillant est une erreur issue de l'ignorance du Bien. Quand, au contraire, les gens apprennent vraiment ce qui se passe dans le monde, à savoir ce qui est divin, ce qu'est le Bien, ils arrêtent de se comporter mal. Ce genre d'ignorance influence la connaissance de soi. Par conséquent, les gens qui ne connaissent pas le Bien ne se connaissent pas réellement. Est-ce que ce récit du Bien et du Mal convient au monde de *Twilight* ?

À première vue il est plausible encore une fois que les bons aient des connaissances et que les mauvais soient ignorants

55. Stephenie Meyer, *Fascination* (Hachette Livre, 2005) et *Hésitation* (Hachette Livre, 2007).

dans *Twilight*. Dans le premier tome, *Fascination*, les quatre voyous qui abordent Bella à Port Angeles semblent en effet ignorants[56]. Et Carlisle Cullen, sans parler d'Edward, est dépeint à maintes reprises comme un homme de connaissance et de bon goût. Carlisle est cultivé, il est médecin, ce qui en latin signifie littéralement « savant », et au dire de tous il est quelqu'un de bien. Par ailleurs, la pomme sur la couverture de *Fascination* évoque aussi bien les tentations interdites du Jardin d'Éden que le chemin du péché et du Mal[57].

Même si Bella mord dans la pomme, selon la métaphore, l'histoire ne la dépeint pas comme quelqu'un de méchant pour autant. Et avons-nous des raisons de penser que James ou Victoria sont ignorants ? De même, les parents de Bella, ainsi que presque tous les êtres humains bienveillants, sont profondément ignorants de certaines dimensions très importantes du monde. Donc dans *Twilight* les bonnes personnes ne sont pas sans exception savantes, et les mauvaises ne sont pas toujours ignorantes.

Concevoir le Mal comme une illusion ou comme le fruit de l'ignorance ne fonctionne pas bien dans *Twilight*. Il en est de même dans notre monde : les gentils peuvent être ignorants, les méchants en savoir des tonnes, et inversement. Par ailleurs, en ce qui concerne Dieu, ces théories ne résolvent pas vraiment la question de la théodicée. Ils transforment simplement la question de « pourquoi Dieu permet-il le Mal ? » vers « pourquoi Dieu permet-il la privation, l'ignorance et l'erreur ? ». Dieu ne pouvait-il pas rendre les vérités morales parfaitement claires, limpides et incontestables pour tout le monde ? N'aurait-il pas pu empêcher qu'il existe quoi que ce soit de dégénéré ou dégradé ? Il n'y a pas de raison pour qu'il en soit autrement. Essayons donc une autre théorie.

---

56. Stephenie Meyer, *Fascination* (Hachette Livre, 2005), p. 174.

57. Il y avait aussi, ne l'oublions pas, un autre arbre dans le Jardin d'Éden, un arbre de vie. La pomme sur la couverture pourrait-elle se référer aussi (ou plutôt) à la promesse vampirique de la vie éternelle ?

Le Mal n'est pas un problème, car c'est le prix à payer pour le Bien

D'autres théories philosophiques essaient d'expliquer pourquoi Dieu n'élimine pas le Mal en se fondant sur l'idée que le Mal est en quelque sorte nécessaire au Bien ; à savoir que le Bien n'existe que si le Mal existe également, dans le cas des êtres humains. Une manière de comprendre cette stratégie est de penser au problème du Mal en termes logiques. Tout comme le haut laisse imaginer le bas, on pourrait dire que le concept même de « bonté » a besoin du « Mal » en contraste, surtout si l'on souhaite comprendre et apprécier le véritable sens de la bonté. Dans le même esprit, saint Augustin a écrit : « Le mal a sa place naturelle et légitime dans la création : il fait ressortir, par le contraste, le prix du bien et lui communique un nouvel attrait »[58].

Malheureusement, cette théorie ne fonctionne pas non plus. Premièrement, s'il s'agit juste de pouvoir connaître ou admirer la bonté, Dieu ne pourrait-il pas simplement intégrer cette connaissance dans notre esprit ? C'est d'autant plus vrai que si l'existence du Mal est le prix à payer pour connaître la bonté, ne vaudrait-il pas mieux que les humains n'acquièrent jamais cette connaissance ? Ne feraient-ils pas mieux de rester dans la félicité ignorante caractéristique d'Adam et Ève avant qu'ils ne mordent dans le fruit de la connaissance ? Si la connaissance morale a besoin des vampires ou de la tentative de suicide d'Edward dans *Tentation*[59], il paraît préférable de renoncer à cette connaissance ainsi qu'aux vampires, et de ne laisser ni Edward ni personne se suicider.

Ne pourrait-on pas comprendre la nature du Mal sans faire réellement le mal ? Ne peut-on pas comprendre le concept de quelqu'un « vivant sous l'Équateur » sans que cette personne existe réellement ? On peut penser une autre alternative :

58. Saint Augustin, *Traité de la Foi, de l'Espérance et de la Charité*, chap. 11.
59. Stephenie Meyer, *Tentation* (Hachette Livre, 2006).

pourquoi ne pas remplacer les termes opposés de « bien » et de « mal » par les termes « bien » et « meilleur » ou même de « bien » et de « bien mais de façon différente » ? Un monde avec (a) plusieurs « biens » ou (b) différents degrés de bonté semble tout aussi compréhensible et tout aussi possible qu'un monde de (c) bien et mal.

Cependant, l'affirmation que la bonté a besoin d'un mal auquel nous devons faire face révèle une profondeur cachée, puisqu'il existe des actes de bravoure qui demandent un mal au moins potentiel. Comment Bella aurait-elle pu montrer son courage et sa volonté de se sacrifier pour sa mère, si la malveillance de James n'existait pas dans son univers ? Comment Edward et les Cullen auraient-ils pu montrer leur loyauté face aux Volturi, si leur puissance menaçante ne se révélait jamais ? Edward aurait-il pu être aussi bon s'il n'était pas tenté par le désir obscur de dévorer Bella ? La relation entre Edward et Bella serait-elle devenue aussi profonde et passionnée si leur univers n'était pas infesté de dangers, de périls et d'êtres malintentionnés ?

La nécessité du mal pour certains biens est une des dimensions de la théorie de Leibniz, qui considérait que nous vivions dans le meilleur des mondes possibles, idée qui peut sembler ridicule. Une interprétation possible de la revendication de Leibniz serait dans l'ordre d'idée de la première section de ce chapitre – que le mal n'est qu'apparent. Si seulement nous pouvions voir comment le mal s'accorde au mieux qui puisse exister, et comment il le rend possible, nous pourrions accepter ce mal tel qu'il est. Leibniz a écrit :

« Il résulte de la sagesse infinie du Tout-Puissant unie à son immense bonté que tout bien examiné, rien de meilleur n'a pu être fait que ce qui a été fait par Dieu ; et que, par conséquent, toutes les choses sont entre elles dans une parfaite harmonie, et conspirent ensemble dans le plus bel accord [...]. Et par conséquent toutes les fois que quelque chose nous paraît répréhensible dans les œuvres de Dieu, nous devons conclure que cela ne nous est pas suffisamment connu, et qu'un sage qui le comprendrait jugerait qu'on ne pourrait même souhaiter rien de meilleur »[60].

Bien sûr, les maux du monde sont certainement assez réels et connus de ceux qui en souffrent. C'est pour cela que la déclaration de Leibniz peut sembler stupide à tant de gens[61]. Du point de vue de Dieu, selon cette théorie, si on regarde la création dans sa totalité, il vaut mieux avoir un monde comportant du bien, avec les maux nécessaires pour le contrebalancer, que de ne pas avoir de monde du tout.

Les défenseurs de la bonté de Dieu citent le libre arbitre comme la principale bonne action qui nécessite le mal. Ces défenseurs acclament le libre arbitre comme une capacité si importante qu'elle vaut bien d'accepter tout le mal autorisé. Et évidemment, le libre arbitre fournit à Dieu une bonne excuse, puisque ce sont les gens qui, en exerçant mal leur liberté, sont responsables du mal. La série *Twilight* a une structure qui s'accorde à cette idée. Bella habite la ville de Forks[62], qui symbolise les nombreux carrefours qu'elle va rencontrer sur son chemin de vie. L'histoire de Bella tourne autour des choix. Devrait-elle choisir de continuer une relation avec un vampire ? Devrait-elle devenir vampire ? Devrait-elle choisir Jacob ou Edward ? Devrait-elle accoucher de Renesmée ? Une telle odyssée serait impossible, même grotesque, si ses choix étaient déterminés par des forces qu'elle ne contrôlait pas. Par ailleurs, il est encore plus pertinent pour notre débat de noter que le libre arbitre de Bella n'aurait pas de sens si la panoplie de choix à sa disposition n'en comportait pas de mauvais, comme ceux que font Victoria et James.

Le libre choix serait-il réellement impossible sans conséquences néfastes ? Pour commencer, le libre arbitre pourrait être exercé entre une gamme d'options positives (comme le

60. G. W. Leibniz, *Œuvres Philosophiques de Leibniz* éditées par Paul Janet, volume 2 (Ladrange, 1866). « La cause de Dieu plaidée par sa justice », paragraphes 46, 47 p. 491.

61. Voltaire se moque dans son livre *Candide* (1759) de la représentation de Leibniz du monde comme le meilleur des mondes possibles.

62. Fourches ou fourchettes. NDT.

choix entre Jacob et Edward), plutôt que le choix entre le Bien et Mal.

Pourquoi ne pas construire un monde où il existe de nombreuses options favorables, mais aucune mauvaise ? Le libre arbitre n'exige pas une étendue illimitée de choix. Une visite chez un glacier qui offre une grande sélection de délicieux parfums nous apporte beaucoup de plaisir, même sans risque que l'un d'entre eux ne soit empoisonné.

Nous ne sommes pas certains que les gens aient un libre arbitre absolu ni dans le vrai monde ni dans *Twilight*. Bella est-elle vraiment libre de décider de tuer Edward ou Renesmée ? Pourrait-on réellement choisir de tuer un enfant innocent sans raison ? Finalement, serait-ce vraiment si atroce si, par exemple, chaque choix était déterminé par des processus chimiques dans le système nerveux ? On ressentirait quand même toutes nos expériences actuelles de la même façon, y compris l'impression de faire nos propres choix.

Le philosophe et romancier Fedor Dostoïevski (1821-1881) a avancé dans *Les Frères Karamazov* (1880) qu'il n'est pas défendable moralement de justifier son propre bénéfice au prix de la souffrance des autres. De même, on ne peut pas défendre la thèse selon laquelle l'existence de vampires assassins et buveurs de sang est justifiée parce qu'elle rend possible une relation intense et passionnée entre deux adolescents. Il est certain aussi que de comparer le mal subi par des individus au « bien » de l'ensemble banalise l'individu. Il est possible que « vu de l'éternité »[63], comme dit Spinoza, l'ensemble a l'air « bien ». Mais vu par l'individu qui souffre du mal (perspective essentielle si les individus sont respectés en tant qu'êtres avec une valeur morale), le point de vue de Dieu est sans importance – et même assez inutile.

---

63. Baruch Spinoza, Éthique 2, Proposition 44, Corollaire 2, « sub quadam specie aeternitatis » (« sous la forme d'éternité », qui décrit la vérité universelle sans dépendance sur les aspects temporels de la réalité). Voir la page www.spinozaetnous.org.

Le Mal, transcendance et bonté naturelle

Si le divin figure quelque part dans la saga *Twilight*, c'est dans le monde de Jacob, le monde des Indiens d'Amérique Quileute. Dans *Tentation*, Meyer raconte l'origine des loups Quileute et met en place une correspondance surnaturelle et magique entre la tribu de Jacob et ces « guerriers de l'esprit ». Mais elle ne donne aucun récit équivalent pour expliquer les origines des vampires, surnaturelles ou pas.

En effet, l'un des éléments les plus surprenants dans la série *Twilight* est la façon qu'a Meyer de dépouiller le vampirisme de son caractère surnaturel habituel[64]. On représente souvent les vampires comme des perversions des idées traditionnelles et sacrées chrétiennes. Le *Dracula* de Bram Stoker (1897) et celui de Francis Ford Coppola dépeignent les vampires dans des situations qui sont des versions inversées des sacrements chrétiens : un mariage ou un enterrement détournés et ainsi de suite. Au lieu de gagner l'immortalité par le sang du Christ, les vampires le gagnent par le sang des humains. Comme le Christ, ils apportent la vie éternelle, mais sous la forme de la mort vivante éternelle. Ils fuient les crucifix et l'eau bénite les brûle. Cependant dans *Twilight* les racines du vampirisme semblent perdues dans les brumes du temps[65]. Il n'y a plus aucun rapport au christianisme ni à la religion, en tout cas pas avec la nouvelle génération de vampires.

Les Volturi viennent d'Italie, ce qui établit une connexion entre eux et l'Église catholique, symbole des idées conservatrices sur Dieu, le Bien et le Mal. Les Volturi sont également considérés comme la royauté, et font donc partie d'un ordre socio-politique très vieille école ; ils font des humains leur proie, une manière de vivre traditionnelle pour

64. La même stratégie est adoptée par le film d'horreur récent *30 Jours de nuit* (2008), tiré de la série de bandes dessinées de Steve Niles et Ben Templesmith (2002).

65. Curieusement d'autres histoires récentes de vampires passent également sur la dimension réligieuse du vampirisme. Les vampires et loups-garous de la saga *Underworld* (2003, 2006, 2009) sont romancés également, et comme le Daywalker dans *Blade* (1998) on explique leur existence comme résultat de la biologie naturelle. Les vampires de *Twilight* ne sont pourtant pas issus de la maladie ni de la mutation et leur refus de procréer biologiquement semble hautement douteux.

leur espèce. Comme ils font respecter la loi traditionnelle vampirique, il est logique de les voir en représentants de la tradition. Les Cullen par contre se sont éloignés des vieux codes, qu'ils refusent. Les relations traditionnelles entre le Bien et le Mal, l'humain et le vampire, Dieu et le monde, ne les concernent pas. Ils ont repoussé la religion, la claire comme l'obscure.

Dans *Tentation*, les Cullen n'adhèrent plus à l'ancien code et se heurtent aux Volturi à cause des choix de Bella et Edward, et des conséquences de ces choix. La victoire de Bella, Edward et les Cullen suggère que les héros de cette histoire ont transcendé les traditions, les coutumes et l'idée d'un Dieu chrétien. Ils ont traversé l'obscurité d'une nouvelle lune, une éclipse, et entrent dans une aube[66] de leur propre création, pas celle de Dieu ni celle de la nature. Vue sous cet angle, la série *Twilight* présente une position proche de celle de l'existentialisme de Jean-Paul Sartre, philosophe français (1905-1980), une philosophie qui préconisait de se surpasser et de vivre une vie qui ne dépendait ni de Dieu ni de la nature mais de nos propres choix indépendants[67].

Lorsque Bella choisit Edward plutôt que Jacob, elle choisit un chemin du bonheur différent de celui proposé par la tradition, par Dieu et par la nature. En réalité Edward et Bella atteignent une vie de bonté et de bonheur par ce qu'on pourrait appeler la transcendance de soi. Ils surpassent l'ordre naturel.

Dieu est souvent associé à l'ordre naturel. Il en est l'auteur présupposé. Devenir « bon » signifie, selon l'enseignement traditionnel, agir en accord avec sa propre nature et accessoirement perfectionner cette nature, en conformité avec le dessein de Dieu. Mais la vertu d'Edward et des Cullen est de nier leur nature de vampire[68]. Leur bonté se définit par

66. Le nom anglais du 2e tome est *New Moon* (Nouvelle Lune), et celui du 4e tome *Breaking Dawn*, littéralement L'aube sur le point de percer. NDT.

67. Jean-Paul Sartre, *L'Être et le Néant* (1943).

68. À ce sujet, on a interprété la romance de Bella et Edward comme une histoire morale sur l'abstinence et la retenue sexuelles. Nous postulons que *Twilight* ne parle pas simplement du sacrifice de soi ni de la retenue ni même de l'altruisme. Pour nous l'un des thèmes principaux de la série est la transformation de soi.

la maîtrise de leur nature profonde, celle que conseillent les philosophes stoïciens, sans tuer ni se nourrir d'humains[69]. D'ailleurs, la bonté des Cullen ne se résume pas simplement à leur refus de faire du mal aux humains ; ils ont choisi de leur faire du bien. Citons à nouveau l'exemple de Carlisle qui choisit de guérir les hommes en tant que médecin[70]. En maîtrisant leurs désirs et en faisant le bien au lieu du mal, les Cullen ont transcendé leur nature vampirique, ou sa conception traditionnelle.

Comme Edward, Bella suit un chemin de transcendance de soi. Elle fait des choix qui la changent de fille en femme et de femme en mère. Elle initie délibérément des événements qui la transforment d'être humain en vampire. Elle évolue de faible à forte, de pion à dame (la pièce la plus puissante de l'échiquier, qui figure sur la couverture de *Révélation*). Même le symbolisme des événements de la relation entre Bella et Edward indique la transcendance de soi ainsi que leur transcendance de la nature et du dieu nature. En choisissant Edward plutôt que Jacob, Bella choisit de mordre la pomme qui la transportera loin du monde naturel mais magique de Jacob, proche du Jardin d'Éden, dans un monde différent avec Edward. Elle choisit plutôt un monde qui est, d'un point de vue traditionnel, un monde déchu où elle devra affronter la mort et la souffrance.

Dans *Fascination*, on trouve une autre série d'événements symboliques : quand Bella quitte la ville pour visiter la maison d'Edward, il la transporte vers les hauteurs, comme si elle voyageait dans le char de Platon[71]. Il l'emmène hors du vieux monde sombre et brumeux qu'elle habitait, jusqu'en

69. Les Cullen ne sont pas des stoïciens, pourtant, car pour les stoïciens refouler le désir signifiait se conformer à la nature.

70. Le Daywalker dans les films *Blade* (1998, 2002, 2004) par exemple, est défini comme « bon » non seulement parce qu'il refrène son désir de se nourrir des humains, mais aussi parce qu'il entreprend de les aider, malgré les risques. Les films sont tirés des bandes dessinées de Mary Wolfman et Gene Colan (1973).

71. Dans son dialogue *Phèdre*, Platon décrit un char qui transporte aux cieux et fait voir la réalité de façon différente et supérieure. Ce char nécessite la force d'un cheval « noir » pour faire l'ascension.

haut d'une montagne nietzschéenne[72], lieu de dépassement de soi, à la cime d'un arbre, symbole phallique, à un endroit où sa vision du monde s'élargit et où elle voit tout sous une nouvelle lumière. Sous cette nouvelle lumière la peau d'Edward est transformée, ainsi que le monde entier de Bella, et toutes ses idées reçues sur le Bien et le Mal. Ce que l'on considère comme laid et méchant, par exemple les vampires dans l'ancien monde de Bella, brille à présent de beauté et de bonté. La lumière qui transforme le monde de Bella est celle des choix qu'elle fait avec Edward et qui les emportent au-delà de leur nature, au-delà des conditions des mondes qu'ils habitaient auparavant[73].

Qu'est-ce que cela implique sur Dieu ? Si Dieu ou un être divin existe dans le monde de *Twilight*, nous pouvons en conclure que soit il ne sait pas empêcher le mal, soit il ne veut pas l'empêcher, sans raison compréhensible. Comme nous l'avons vu, les défenses du concept traditionnel de Dieu ne marchent tout simplement pas ici. Il se peut que les pouvoirs de Dieu soient limités à l'acte de création et n'incluent pas le pouvoir d'intervenir dans le monde. Il se peut que Dieu ait abandonné le monde. Ou bien sûr qu'il n'y ait pas de Dieu du tout. Pourtant, ce n'est pas nécessairement une mauvaise chose pour les humains et les vampires de *Twilight*. Dieu, même s'il est le créateur de l'ordre naturel, n'est pas l'unique source de bonheur, ni même de bonté dans *Twilight*. Bella comme Edward refusent la religion et transcendent leur propre nature ainsi que le dieu de la nature. Ils ne trouvent pas le bonheur et la bonté grâce au pardon de Dieu, ni par une intervention miraculeuse, ni par les voies conventionnelles, mais plutôt en comptant sur

72. Dans *Ainsi parlait Zarathoustra* (1885), Nietzsche décrit que les philosophes qui se sont transcendés habitent le haut des montagnes de la compréhension philosophique, séparés de la culture ordinaire, et qu'ils voient le monde de façon plus claire et plus complète.

73. Beaucoup ont traité la saga *Twilight* de sexiste. Elle décrit en fait le voyage d'une jeune femme de caractère qui obtient ce qu'elle veut. Les critiques font remarquer par contre que c'est l'histoire d'une jeune femme dont la stratégie consiste à manipuler un homme pour qu'il la prenne en charge, lui injecte quelque chose, la transforme pour lui ressembler et lui donne un enfant.

eux-mêmes, loin de tout ce qui est naturel. La réponse de *Twilight* à la question de la théodicée serait donc que nous sommes libres et capables de trouver le bonheur, le pouvoir et l'immortalité par nous-mêmes, que Dieu existe ou non.

PARTIE 2
TENTATION

MORDRE OU NE PAS MORDRE ?
TWILIGHT, L'IMMORTALITÉ ET LE SENS DE LA VIE

Brendan Shea

« Je refuse de me cantonner au rôle de Lois Lane.
Je veux aussi être Superman. »[74]

Peu à peu, tout au long de la saga *Twilight*, Bella Swan réussit à convaincre Edward Cullen de la transformer en vampire. Quand Edward lui demande pourquoi elle veut devenir vampire, elle répond à plusieurs reprises que c'est par amour pour lui. On peut penser que d'un côté elle espère, en devenant vampire, mieux comprendre les émotions et les pouvoirs d'Edward, et donc mieux l'aimer. D'un autre côté, cela exprime un désir d'immortalité, car Bella craint que sa mortalité humaine ne soit en conflit avec ses aspirations. Pour Bella, la vie tourne autour de l'amour qu'elle ressent pour Edward, Jacob Black et sa « famille » élargie. Dans la mesure où sa mort inéluctable l'empêcherait d'être présente pour protéger et guider ceux qu'elle aime, Bella peut croire que choisir l'immortalité est ce qu'elle a de mieux à faire.

Bella a-t-elle raison de penser qu'il y a un conflit entre l'amour et la mort ? Ou la mort est-elle nécessaire d'une façon ou d'une autre pour aimer et vivre une vie humaine constructive ? Ce sont des questions hypothétiques, mais elles ont un réel intérêt philosophique. Après tout, l'amour de Bella pour les autres, sa raison de vivre, peut nous sembler

74. Lois Lane, éternelle fiancée de Superman. Stephenie Meyer, *Fascination* (Hachette Livre, 2005), p. 500.

étonnamment proche de nos propres raisons de vivre. Si elle a raison de choisir de devenir un vampire, cela suggère que notre mortalité est en conflit avec les objectifs de l'amour, et c'est là notre malheur. Si elle a tort, cela suggère que notre mortalité a une certaine valeur. Les questions auxquelles Bella fait face sont une version personnelle de celles qui nous interpellent tous : en quoi consiste une vie humaine constructive ? Quels choix devrions-nous faire pour que la nôtre le soit ?

L'amour et la mort, encore

> *« Et j'ai compris que l'homme ne vit pas de ses besoins à lui, mais qu'il vit par l'amour. »*[75]

Bella pense sérieusement à devenir vampire pour la première fois vers la fin de *Fascination*. James l'attaque et la mord, mais Edward empêche la transformation de Bella en suçant le venin de sa plaie. Quand Bella se réveille à l'hôpital elle en veut à Edward et prétend qu'il aurait mieux valu qu'il la laisse devenir vampire. Bella craint que sa mortalité ne l'empêche d'aimer complètement Edward. Ses craintes sont l'expression d'une question philosophique classique : est-il possible de vivre de façon constructive si l'on doit un jour cesser d'exister ?

Pendant que Bella est à l'hôpital, elle explique ses angoisses à Edward : « Je vais mourir... Peut-être pas maintenant, mais ça finira par arriver. Je m'en rapproche à chaque seconde qui passe. Et je vais devenir vieille »[76]. Plus tard, après le bal de fin d'année, elle dit à Edward que « mon rêve, c'est surtout d'être avec toi pour l'éternité »[77]. L'amour de Bella pour Edward s'exprime par certains désirs. Elle veut passer du temps avec lui, être intime avec lui physiquement, le proté-

75. Léon Tolstoï, *De quoi vivent les hommes*, xii, dans *Récits populaires*.
76. Stephenie Meyer, *Fascination* (Hachette Livre, 2005), p. 502.
77. *Ibid.*, p. 523.

ger du mal et d'aider à suivre ses priorités. En choisissant Edward plutôt que Jacob, et par sa volonté de prendre des risques pour Edward, elle révèle ses désirs.

Bella croit que l'amour, et en particulier, bien sûr, son amour pour Edward donne à sa vie un sens et des buts à atteindre. Malheureusement, la mort semble garantir qu'elle ne pourra pas atteindre ces objectifs. En tant qu'humaine, elle mourra un jour, et à ce moment-là ceux qu'elle aime devront continuer à se débrouiller sans elle. Ainsi la mort semblerait condamner Bella à une vie dénuée de sens, une vie dont elle ne pourra jamais atteindre les objectifs.

Léon Tolstoï (1828-1910), dans son livre autobiographique *Ma Confession*, raconte ses propres tentatives pour réconcilier la conscience de sa mort avec le désir de vivre une vie constructive. Comme Bella, Tolstoï craint que, si nous devions mourir et qu'il n'y ait pas de vie après la mort, notre vie entière soit dénuée de sens. Il prétend que notre situation est analogue à celle d'un voyageur qui se cramponne à une brindille à mi-hauteur de la paroi d'un puits profond. En haut du puits il y a une bête féroce et en bas un dragon. Deux souris qui mordillent la brindille assurent sa mort prochaine. Tolstoï continue :

« Mais pendant qu'il est suspendu, il entrevoit des gouttes de miel sur des feuilles ; il tend sa langue et les lèche. De la même façon je me cramponne à l'arbre de la vie, sachant très bien que le dragon de la mort m'attend inexorablement, prêt à me déchirer en morceaux. Je ne comprends pas comment j'ai pu atterrir dans ce tourment. Et j'essaie de lécher le miel qui me consolait autrefois, mais il ne me donne plus de plaisir. La souris blanche et la souris noire – le jour et la nuit – grignotent la branche à laquelle je suis suspendu. Je vois clairement le dragon et le miel n'a plus un goût sucré [...] et cela n'est pas une fable mais la vérité, qui est irréfutable et intelligible à tous »[78].

78. Léon Tolstoï, *Ma Confession*, 1882. Notre traduction.

Apparemment, pour Bella comme pour Tolstoï, la conscience que nous allons mourir un jour nous empêche de profiter des plaisirs – le miel – que la vie peut apporter.

Tolstoï considère puis rejette plusieurs solutions potentielles à ce problème. Ainsi, nous pourrions ignorer le fait que nous mourrons et vivre comme si cela n'allait pas arriver. Tolstoï prétend que ce n'est pas possible, et l'expérience de Bella soutient plutôt son point de vue. Sinon, nous pourrions vivre pour notre famille et nos amis. Pourtant Tolstoï pense que cette solution également est vouée à l'échec, car eux aussi mourront, donc tout le bien que nous pourrons leur faire sera, au mieux, temporaire. Enfin, nous pouvons vivre dans l'instant, et profiter des bons moments en sachant qu'un jour ils disparaîtront. Pour Tolstoï comme pour Bella, cela semble dérisoire, dans la mesure où il faudrait accepter que rien de ce qu'on fait n'a d'importance « réelle ». Tolstoï en conclut que la vie n'a du sens que si l'âme est pour ainsi dire immortelle.

Pourtant, il existe des raisons indiquant que Bella et Tolstoï peuvent se tromper. D'abord, leur avis implique qu'une vie constructive doive changer le monde de façon permanente. Les actions de Bella suggèrent pourtant qu'elle n'en est pas convaincue. Elle risque sa vie à plusieurs reprises pour sauver sa mère, Edward ou son enfant. Elle estime sans doute que ses sacrifices en valent la peine, même si elle sait que toutes les personnes pour qui elle met sa vie en péril devront mourir un jour. Imaginez que les Volturi réussissent à tuer Bella, les loups-garous et les Cullen à la fin du quatrième tome ; plus fort encore, imaginez qu'Alice Cullen informe auparavant Bella de ce qui va se passer. Cela aurait été tragique, mais il serait peu vraisemblable que Bella trouve que ça ne vaut plus le coup d'aider ceux qu'elle aime. On peut donc espérer qu'il existe une forme de vie mortelle constructive, après tout.

Même si Bella et Tolstoï ont raison de supposer qu'on doit laisser une empreinte permanente pour que notre vie ait un sens, il n'y a pas de raison pour que ce ne soit pas possible pour une personne mortelle. Les mortels peuvent laisser leur empreinte dans l'univers de bien des façons. Ils peuvent faire des enfants, écrire des livres qui inspirent les autres ou poursuivre des carrières qui profitent aux autres. Ils peuvent lutter pour de justes causes, comme les Cullen contre les Volturi, et essayer de faire du monde un endroit meilleur pour les générations futures. Tout comme le fait d'être mortel ne nous empêche pas d'améliorer le monde, être immortel ne garantit pas qu'on le fasse. Si vous passez votre vie immortelle à manger des humains, comme la plupart des vampires, cela ne fera pas du monde un endroit meilleur pour y vivre !

Bella a une motivation pour devenir immortelle qui manque à la plupart des individus, bien sûr : Edward est déjà un immortel puissant et élégant, alors qu'elle est une mortelle maladroite. Même si elle reconnaît la possibilité pour les autres de vivre une vie mortelle constructive, il se peut qu'elle croie que pour elle ce n'est pas possible. Son amour nécessite qu'elle puisse aider Edward d'une façon efficace. Comme elle lui explique : « J'admets volontiers ne pas être une spécialiste des relations amoureuses... Mais il me paraît logique qu'un homme et une femme soient... à égalité. L'un d'eux ne peut passer son temps à se porter au secours de l'autre. D'une façon ou d'une autre, chacun est là pour sauver l'autre »[79]. En tant que simple mortelle, Bella ne peut rien faire pour Edward qu'il ne puisse faire pour lui-même. En outre, la durée de sa vie ne sera qu'une fraction de la sienne, et elle risque de n'être qu'une parenthèse dans son existence. Edward comprend cette crainte, mais au début il refuse tout de même d'exaucer son souhait. Il a peur que Bella ne perde son âme au cours de la transformation.

79. Stephenie Meyer, *Fascination* (Hachette Livre, 2005), p. 500.

Sur la perte de l'âme

« Et donc la mort n'est rien en rapport avec nous
Et ne nous touche en rien, sachant l'esprit mortel. »[80] — *Lucrèce*

Si Bella craint que son statut de mortelle ne l'empêche d'aimer Edward comme il faut, lui s'inquiète du contraire. Il a peur d'avoir déjà perdu son âme et que Bella n'en soit dépouillée aussi en devenant vampire. Il explique à Bella que « je ne peux pas vivre sans toi, et je refuse de te priver de ton âme »[81]. Plus tard il déclare avec regret : « Si j'avais un moyen, n'importe lequel, de redevenir humain pour toi, j'en payerais le prix »[82].

Carlisle Cullen explique qu'Edward craint que Dieu ne l'accepte pas, ou qu'il n'ait pas droit à la vie après la mort. Mais ça va plus loin. Edward comme Rosalie Cullen semblent parfois regretter leur immortalité. Ils ont le sentiment d'avoir perdu quelque chose de précieux. Si l'inquiétude de Bella concernant la mort nous semble plausible, il en va de même pour l'attitude des Cullen vis-à-vis de l'immortalité. Si l'âme, quelle qu'en soit sa définition, nous rend humain, nous devons nous demander : est-ce qu'un vampire peut avoir une âme ?

Mettez-vous un instant dans la peau de Carlisle. C'est le matin ; vous avez passé une nuit sans sommeil à écouter de la musique et à relire votre livre préféré pour la trentième fois. Vous descendez et dites au revoir à votre famille. Vous n'êtes jamais fatigué, vous n'avez donc pas besoin de boire un café en route pour le travail. Vous ne chassez votre nourriture qu'une fois par mois environ, donc pas de petit déjeuner en famille non plus. Il fait froid dehors, mais vous ne le remarquez pas. Vous ne tombez jamais malade si vous ne vous couvrez pas, si vous ne vous lavez pas les mains ou si vous mangez mal. Vous ne rentrez jamais courbaturé ou fatigué après une longue journée au travail. Vous n'emmenez pas

80. Lucrèce, *De la nature*, III, 830. Traduction disponible sur http://www.trigofacile.com/jardins/muses/latin/lucrece/rerum-natura3c.htm.

81. Stephenie Meyer, *Tentation* (Hachette Livre, 2006), p. 527.

82. Stephenie Meyer, *Hésitation*, p. 275.

vos enfants à l'école, vous ne vous faites pas de souci s'ils ne rentrent pas à l'heure. La dernière fois qu'une voiture a renversé l'un d'entre eux, c'est la voiture qui y est restée. Vous allez à l'hôpital où vous travaillez depuis quelques années. Certains de vos collègues ont l'impression désagréable qu'ils ont gaspillé les meilleures années de leur vie et qu'ils ne rattraperont jamais les longues heures consacrées à l'hôpital. Leurs enfants ont grandi et déménagé. Les vôtres resteront évidemment toujours pareils.

À part d'occasionnels désaccords avec des clans de vampires rivaux, la vie des Cullen ne comporte pas de réel danger. Cela peut sembler agréable jusqu'à ce que nous considérions l'inhumanité d'une telle vie. Il serait particulièrement difficile d'imaginer comment une telle vie pourrait avoir le même sens qu'une vie humaine structurée. L'amour des autres et le sens du sacrifice donnent un sens à la vie de Bella. L'amour d'Edward pour elle ne représentera jamais tout à fait la même chose. Sa décision de rester à Forks ne comporte pas de réel sacrifice, à la différence de celle de Bella. La mère de Bella vieillira, et ses amis de Phoenix partiront à la fac. La famille d'Edward ne changera pas, et il aura toujours tout son temps pour voyager ou pour étudier. De même, les risques que prend Edward pour Bella sont minimes au début. Edward ne risque pas grand-chose lorsqu'il empêche Bella d'être renversée par la voiture ni lorsqu'il effraie les voyous à Port Angeles. Pour des humains ordinaires, ces actes seraient des expressions d'amour incroyables ; venant d'Edward, on n'en attend pas moins.

La philosophe contemporaine Martha Nussbaum prétend qu'une fin définitive est nécessaire pour les relations et objectifs qui donnent un sens à la vie humaine. Dans un article sur le philosophe Lucrèce, elle considère que « pour presque tous les éléments de la vie humaine qui nous sont les plus précieux, leur valeur ne peut pas être complètement décrite sans prendre en compte le fait que la vie a une fin »[83]. Nussbaum affirme précisément que les immortels ne peuvent pas être courageux, dans la mesure où le courage « consiste en une façon particulière d'agir et de réagir face à la mort et au danger de mort »[84]. Cette même invulnérabilité fragilise l'aptitude des immortels à être des amants ou des amis sincères. Pour être un amant ou un ami sincère, il faut savoir faire des sacrifices, mais les immortels en sont tout simplement incapables.

Pour Nussbaum, si nous y réfléchissons, nous pouvons constater que presque toutes les valeurs humaines sont incompatibles avec l'immortalité. L'exemple du gouvernement des Volturi montre qu'il n'y a presque pas besoin de justice sociale entre les vampires, ou de créer une société qui aide les plus démunis. L'économie n'a pas de sens non plus lorsqu'on a tout son temps pour accumuler des richesses, comme en atteste la grande fortune des Cullen. C'est valable aussi pour des vertus telles que la modération ou le dévouement à un métier. Pour quelqu'un comme Edward, qui souhaite dédier sa vie à son amour pour Bella, l'immortalité pourrait être plutôt une malédiction qu'une bénédiction.

Les vampires de *Twilight* ne sont pas des dieux grecs, évidemment, et les Cullen peuvent mourir de la main d'un autre. Les Volturi, en particulier, créent un élément de vrai danger qui permet aux Cullen de démontrer les vertus humaines du courage, de l'amour et de la loyauté. Mais la thèse de Nussbaum n'exige pas forcément une distinction absolue entre ceux qui sont capables ou non d'amour et de courage. Nous devrions reconnaître plutôt qu'il y a différents degrés d'amour et de courage et que la capacité d'aimer ou d'être courageux est liée à la sensibilité à la douleur ou à la mort. De ce point de vue il est plus difficile, mais pas forcément

83. Martha Nussbaum, « Mortal Immortals : Lucretius on Death and the Voice of Nature », *Philosophy and Phenomenological*, Research 50 (1989), p. 337. Notre traduction.

84. *Ibid.*, p. 338. Notre traduction.

impossible, pour des créatures comme les vampires, d'être amoureux ou courageux.

Le monde dépeint dans les livres de *Twilight* soutient le postulat de Nussbaum. Les vampires ressemblent beaucoup à sa description des dieux grecs : ils se livrent à leurs propres plaisirs, ont peu d'amis proches et tiennent à préserver leur vie par-dessus tout. Tout comme d'autres immortels décrits dans la littérature, ils n'ont simplement pas besoin de valoriser l'amitié, la justice ou le courage. En l'absence de telles valeurs humaines, ils consacrent leur vie à la poursuite de plaisirs sensuels plus immédiats. Dans *Twilight*, Stephenie Meyer fait aussi mention de vieux loups-garous qui choisissent de vieillir et de mourir normalement, une fois la menace vampirique passée, ce qui tendrait à renforcer la thèse de Nussbaum.

Les Cullen, et en particulier Carlisle, fournissent une réponse partielle aux craintes d'Edward et de Nussbaum sur l'immortalité. Carlisle ne semble pas avoir besoin de la menace du danger pour se lancer des gestes d'amour ou de compassion, à la différence de beaucoup d'autres vampires. Sa vie est l'exemple même d'une vie constructive et valorisante. Il passe ses journées à travailler à l'hôpital et ses nuits avec sa famille. Il a sauvé la plupart des membres de sa famille d'une mort prématurée et, d'une certaine façon, sert encore de « père » à ses « enfants » immortels. Les autres vampires de son espèce reconnaissent clairement l'attraction du style de vie « alternatif » de Carlisle. Alice est venue le rejoindre de loin, et Jasper et Emmett le prennent comme modèle. Autant les actions amorales des Volturi nourrissent la crainte d'Edward de ne pas avoir d'âme, autant Carlisle représente la possibilité d'une existence immortelle altruiste.

Cependant, pour que Carlisle puisse vivre cette vie pleine de sens, il est nécessaire que d'autres soient mortels. Son travail à l'hôpital, par exemple, n'a de sens que s'il y trouve des créatures soumises à la maladie et à la mort. Si tout le monde était vampire il y aurait beaucoup moins besoin de ce genre de travail. Le rôle même de père de Carlisle découle du sauvetage des enfants d'une mort certaine et de l'aide qu'il leur fournit pour s'adapter à leur nouvelle vie. Si l'immortalité était assurée à chacun, plus personne n'aurait besoin de l'aide de Carlisle. Cela ne prouve pas que les immortels soient contraints de vivre des vies futiles, mais plutôt qu'ils doivent trouver de nouvelles valeurs pour structurer leur vie. Et ces valeurs peuvent totalement différer de nos attentes.

Je m'ennuie...

« Les choses vont être un peu ennuyeuses à partir de maintenant, hein ? »[85] *— Jacob Black*

Dans les dernières pages de *Révélation*, Bella et les siens semblent bien partis pour « vivre heureux jusqu'à la fin de leurs jours ». On pourrait imaginer la suite. Renesmée grandit vite, devient adulte et part avec Jacob. Charlie et Renée vieillissent et meurent. Ou ils deviennent des vampires et emménagent avec le reste du clan. Bella voyage à travers le monde, suit des cours dans diverses écoles réputées et écrit un roman. Et après ? Que feront Bella et Edward dans deux cents ans ? Ou deux mille ? À un moment donné, ils auront tout vu, tout lu. S'ils se consacrent à la cause, ils réussiront peut-être à débarrasser le monde des Volturi, ou même à convertir tous les vampires à leur style de « végétarisme ». Ils arriveront à un stade où plus rien ne les intéresse. Après des milliers d'années, ils pourraient perdre même le besoin ou l'envie de se parler. Chacun saura ce que l'autre a envie de dire sans qu'il l'exprime. Le problème, semble-t-il, est celui de l'ennui.

Le philosophe Bernard Williams (1929-2003) a étudié la question de l'ennui à travers un personnage d'une pièce de Karel Capek (1890-1938), une dénommée Elina Makropulos. Trois cents ans avant le début de l'action de la pièce, Elina a bu une potion qui l'a rendue immortelle. Cela n'a

85. Stephenie Meyer, *Révélation* (Hachette Livre, 2008), p. 755.

pas joué en sa faveur, car sa vie interminable « aboutit à un état d'ennui, d'indifférence et de froid. Tout est triste »[86]. Williams dit que cet état est la conséquence inévitable de l'immortalité d'Elina, puisqu'il est impossible qu'une vie humaine constructive puisse continuer éternellement. Selon Williams, nos vies s'orientent vers l'accomplissement de certains désirs catégoriques – des désirs dont l'accomplissement n'est pas soumis à notre présence pour se réaliser. La faim et le désir sexuel, par exemple, ne sont pas des désirs catégoriques, puisque nous ne voulons satisfaire ces désirs que si nous sommes vivants pour en profiter. Les désirs catégoriques, tels que le désir que vos enfants réussissent leur vie même après votre mort, ne sont pas subordonnés à ce genre de conditions et peuvent donc fournir un « but » à la vie humaine. Le problème d'Elina est qu'elle a déjà comblé tous les désirs catégoriques qui donnaient un sens à sa vie et n'en trouve pas d'autres pour les remplacer. En deux mots, « tout ce qui peut arriver à un être humain particulier de quarante-deux ans lui est déjà arrivé »[87].

L'inconvénient des désirs catégoriques, selon Williams, est qu'ils finissent par « s'épuiser ». On pourrait trouver un sens à sa vie en souhaitant bien élever quatre ou cinq enfants, voire dix ou vingt. Mais que se passe-t-il lorsqu'on a élevé des centaines d'enfants au cours de plusieurs milliers d'années ? La plupart d'entre nous auraient sans doute du mal à conserver la même attitude optimiste et affectueuse sur une durée de temps infinie. Plus rien ne serait nouveau ni surprenant. Il en va de même pour pratiquement tous les désirs catégoriques. Après avoir écrit un certain nombre de livres, ou participé à un certain nombre d'événements sportifs, on finirait par se lasser.

Les Cullen mis à part, les vampires dans *Twilight* illustrent bien la vie sans désirs catégoriques. Ils vivent pour la

---

86. Bernard Williams, *The Makropulos Case : Reflections on the Tedium of Immortality*, John Fischer (éd.), *The Metaphysics of Death* (Stanford, CA : Stanford University Press, 1993), p. 74. Notre traduction.

87. *Ibid.*

satisfaction de leur faim et de leurs désirs immédiats, et ne semblent pas avoir beaucoup de centres d'intérêt en dehors d'eux-mêmes. Même quand ils « s'aiment », comme Victoria et James apparemment, cela correspond plutôt à un désir d'être ensemble, et non pas à une sollicitude réelle de l'un pour l'autre. En outre, cette caractéristique des vampires n'est pas unique à la série *Twilight*. Les vampires sont généralement décrits comme des créatures motivées par la colère, le désir et la faim. Les dieux grecs et romains, les anges rebelles de Milton, des fées et des lutins de tous genres subissent le même traitement. On dépeint régulièrement les immortels, à quelques exceptions près comme les Cullen, comme individualistes et égocentriques, montrant peu d'intérêt pour les valeurs humaines.

C'est compliqué

« Tu as le choix qu'on ne m'a pas laissé, et tu optes pour le mauvais ! »[88] — *Rosalie*

Considérons à nouveau le choix de Bella. On lui propose la vie immortelle avec la promesse de la passer avec d'autres immortels qu'elle aime. Si Williams a raison, Bella peut s'attendre à ce qu'un jour, peut-être dans des milliers d'années, elle perde ses désirs catégoriques et s'ennuie dans sa nouvelle vie. Quand ce jour arrivera, il n'est pas évident de savoir si Bella, telle qu'on la connaît aujourd'hui, fera le choix de se suicider ou de continuer à vivre – après tout, nous sommes définis par les choses qui comptent vraiment à nos yeux. Quelqu'un d'autre dans le corps de Bella, quelqu'un qui partagerait ses souvenirs, mais aucun de ses désirs catégoriques pour le bien-être d'autrui, ne pourrait pas être reconnu comme étant Bella. Bella ne peut pas s'attendre à ce que cette créature fasse le bon choix ; en fait, il est très probable qu'elle se comportera aussi mal que la plupart des vampires. Cette idée peut la convaincre, au moins en partie, que l'immortalité

88. Stephenie Meyer, *Hésitation* (Hachette Livre, 2007), p. 175.

n'est pas le meilleur choix pour elle, même si les Volturi et les autres s'en contentent parfaitement.

Finalement, il est impossible de prévoir si l'amour de Bella pour Edward et les autres suffira à donner un sens à son existence immortelle. Si ce que disent Nussbaum et Williams est juste, il sera très difficile pour une créature immortelle de réaliser quelque chose ressemblant à une vie humaine constructive, sur une durée indéfinie. Ce qui donne un sens à notre vie, ce sont les gens et les causes auxquelles nous sacrifions du temps et de l'effort. Les immortels, ou même les vampires, qui ne sont immortels que dans un sens restreint, n'ont peut-être pas la même aptitude au « sacrifice ». Même si l'amour de Bella semble rester le même, cette aptitude diminuera peut-être avec le temps, usée par l'enchaînement sans fin des journées identiques d'une vie immortelle.

Le choix de Bella s'apparente au choix que chacun fait dans la vie. Nous sommes tentés de nous dire, comme Bella au début, que l'amour est en quelque sorte « surhumain » et que notre mortalité est un accident malencontreux qui nous empêche d'accomplir notre devoir d'aimer. Or notre amour est en fait étroitement lié à notre mortalité et à notre vulnérabilité. Nous ne pouvons aimer que dans la mesure où nous sommes capables de faire des sacrifices, et où la personne aimée bénéficie réellement de ce sacrifice. En outre, les désirs et les buts qui façonnent notre vie sont eux-mêmes obligatoirement limités, et ne peuvent pas être étendus à travers une existence infinie. Le choix de Bella de devenir vampire n'est pas forcément le mauvais choix pour elle, mais c'est un choix que nous ne devrions pas lui envier.

LA TÉLÉPATHIE ET LA MORALITÉ
ÊTRE EDWARD N'EST PAS SANS RISQUE

Eric Silverman

Si vous pouviez faire, obtenir ou accomplir presque tout ce que vous désiriez, quels buts choisiriez-vous de poursuivre ? Edward Cullen se trouve justement face à cette question. Il a un don très particulier, en plus des capacités vampiriques classiques, telles que l'immortalité, la force extraordinaire et la rapidité : Edward peut lire dans les pensées des vampires ainsi que dans celles des hommes. Il est clair qu'Edward et les Cullen s'efforcent d'utiliser leurs capacités selon un code moral tout à fait acceptable. Cependant, il serait facile de négliger les obligations morales particulières qu'implique ce talent de télépathe.

Le pouvoir corrompt-il ou révèle-t-il la moralité ?

« Il me déteste, admit gaiement Edward.
Tu n'en sais rien, objectai-je avant de me demander brusquement si, au contraire, il le savait très bien. »[89]

Les dons d'Edward le placent dans une position particulière. Alors que la plupart des vampires ont peur d'être démasqués et de devoir déménager, le don de lecture des pensées d'Edward lui permet de faire presque tout ce qu'il veut en toute impunité. Il décrit lui-même certains des avantages de la lecture des pensées, pour lui : « Je savais être charmant

89. Stephenie Meyer, *Fascination* (Hachette Livre, 2005), p. 113.

lorsque je le voulais. Ce n'était pas difficile, puisque je savais immédiatement l'effet de chaque ton et chaque geste »[90]. Connaître les pensées des autres nous permet d'accéder à des informations privilégiées et utiles. De telles informations pourraient faciliter toutes sortes de manipulations, déceptions et autres activités troublantes. Grâce à ce don, Edward peut faire presque tout ce qu'il veut.

Dans le même esprit, le grand philosophe Platon (428-348 avant J.-C.) a traité des implications morales des pouvoirs surnaturels si puissants qu'ils permettaient de faire absolument tout. Platon prétendait que de tels pouvoirs pouvaient révéler le « moi véritable ». Dans son ouvrage *L'Anneau de Gyges*, un anneau magique rend invisible, ce qui permet de faire ce que l'on veut sans craindre les conséquences. De telles capacités peuvent constituer le test ultime pour la force de caractère.

Platon rejetait l'idée aujourd'hui répandue selon laquelle le pouvoir est corrupteur. Il croyait plutôt que le pouvoir révélait le véritable caractère d'une personne. Alors qu'une personne injuste ferait le mal, une personne vraiment juste continuerait de faire le bien malgré les tentations de l'anneau. Comme avec l'anneau de Gyges, la combinaison de la télépathie avec ses autres pouvoirs permet à Edward de faire plus ou moins ce qu'il veut. Non seulement Edward pourrait tuer ou maîtriser physiquement d'autres personnes, mais la lecture de leurs pensées lui permettrait aussi de dissimuler ses actions, de connaître les secrets des autres et de savoir s'ils le soupçonnent. Sa capacité particulière constitue un test de sa force de caractère, semblable à celui de *L'Anneau de Gyges*.

90. Stephenie Meyer, *Midnight Sun* (ébauche partielle), www.stepheniemeyer.com/pdf/midnightsun_partial_draft4.pdf, p. 19. Notre traduction.

La bienveillance et la lecture des pensées

> *« Depuis ma renaissance... j'ai bénéficié du privilège de savoir ce que tout le monde autour de moi pensait, humains et non-humains. »*[91] — *Edward*

Carlisle Cullen est tout à fait conscient des implications morales des dons surnaturels. Il parle clairement des implications de ses propres pouvoirs vampiriques, et explique son attitude à Bella : « Comme tout un chacun, j'ai dû opérer des choix de vie en fonction de ce que la nature m'a donné »[92]. En tant que « voix de la moralité » dans les romans *Twilight*, Carlisle identifie la question des objectifs individuels de chacun comme le thème éthique récurrent de la saga.

En conséquence, concernant la lecture des pensées, la première question éthique que nous devons poser porte sur les objectifs suprêmes que poursuit Edward en utilisant son don. Qu'est-ce qui distingue un objectif moral d'une poursuite immorale ? Il existe un principe répandu selon lequel les actions éthiques sont celles qui aspirent à aider les autres. Emmanuel Kant (1724-1804) considérait que nous avons pour devoir collectif de chercher le bonheur des autres, plutôt que de nous focaliser sur notre propre bonheur. « Quand donc il est question d'un bonheur auquel je dois tendre par devoir comme à ma fin, ce doit être le bonheur des autres hommes »[93]. La recherche de son propre bonheur est une source fréquente d'échec moral. Kant décrit la condition de celui qui poursuit ses propres désirs au détriment des préceptes de la moralité comme « le mal radical ».

Si pour Kant la moralité nécessite la poursuite du bonheur d'autrui, John Stuart Mill (1806-1873) va encore plus loin. Il affirme que la moralité des actions dépend entièrement de leur effet sur le bonheur des autres. Si on considère qu'il a raison, la moralité de la lecture des pensées repose

91. Stephenie Meyer, *Fascination* (Hachette Livre, 2005), p. 365.

92. Stephenie Meyer, *Tentation* (Hachette Livre, 2006), p. 46.

93. Emmanuel Kant, *Principes métaphysiques de la morale* (Librairie de Ladrange, 1837), trad. par C. J. Tissot, p. 25.

uniquement sur les conséquences de son utilisation pour le bonheur de ceux qui sont concernés. Comme il l'a expliqué dans son principe moral majeur : « Le principe d'utilité ou du plus grand bonheur pose que les actions sont moralement bonnes dans la mesure où elles tendent à promouvoir le bonheur, moralement mauvaises dans la mesure où elles tendent à produire le contraire du bonheur »[94]. Mill jugeait que la moralité des actions était directement liée à l'effet qu'elles avaient sur les vies qu'elles influençaient. Des actions qui favorisent le bonheur de tous sont morales, tandis que celles qui fragilisent le bonheur général sont immorales.

Isabella Swan exprime un principe moral semblable à ceux de Kant ou de Mill. Cela lui est égal que ses amis soient des vampires, des loups-garous ou des humains, mais elle s'inquiète beaucoup des effets de leurs actions sur d'autres personnes. Par exemple, elle assure à son ami Jacob que sa métamorphose ne lui pose aucun problème, à moins qu'il ne fasse du mal aux autres. « Que tu sois un... loup, je m'en fiche... Seulement, si tu cessais de t'en prendre aux humains... C'est la seule chose qui me dégoûte »[95]. Bella prouve à plusieurs reprises que les pouvoirs de ses amis ne la dérangent pas, qu'il s'agisse de la force, de la métamorphose ou de la lecture des pensées, dès lors que la personne ne se sert pas de ces pouvoirs dans l'intention de nuire.

À quel point Edward utilise-t-il la lecture des pensées pour le bien ? S'en sert-il pour favoriser le bonheur de tout le monde, ou uniquement le sien ? Il y a plusieurs moments où il fait preuve de bienveillance envers les autres. Même avant d'avoir abandonné le régime alimentaire traditionnel de sang humain, il utilisait la télépathie pour s'assurer de s'attaquer uniquement à des êtres humains malfaisants dont la disparition améliorerait le monde. Il explique : « Puisque je lisais dans les pensées de mes proies, je pouvais après tout épargner l'innocent et ne m'attaquer qu'au bourreau. Si je

94. John Stuart Mill, *L'Utilitarisme*, chapitre 2.

95. Stephenie Meyer, *Tentation* (Hachette Livre, 2006), p. 318.

pourchassais un meurtrier qui traquait une jeune fille dans une ruelle sombre, si je sauvais sa victime, c'est que je n'étais pas si diabolique... Avec le temps cependant, j'ai fini par voir le monstre en moi. Rien n'effacerait jamais la dette de tant d'existences humaines volées, quelles que soient les justifications que je m'inventais »[96]. Autrefois, Edward croyait contribuer au bien-être général de la société en dirigeant son énorme appétit vers des criminels violents. Finalement, il a admis que prendre une vie humaine, quelle qu'elle soit, est une décision grave, et qu'il n'est moralement pas acceptable de faire justice soi-même – surtout lorsqu'on a envie de s'abreuver du sang des coupables. De telles actions ne correspondent guère à un idéal moral.

Edward utilise admirablement ses dons en faveur de sa famille, de Bella et d'autres proches, tout en cachant son identité de vampire pour les protéger. Il utilise la lecture des pensées pour sauver Bella de violeurs potentiels à Port Angeles, pour la défendre contre des vampires hostiles comme James et les Volturi, et pour protéger Charlie, le père de Bella. Il s'en sert également pour préserver d'autres élèves du self-control limité de son frère Jasper. Edward aide ceux qui lui sont proches, mais la sollicitude envers ses amis proches et sa famille n'équivaut pas à la moralité. Kant et Mill soulignent le fait que nous avons des obligations morales envers tout le monde, et non pas uniquement envers nos proches. La bienveillance d'Edward devrait donc s'étendre à toute la ville de Forks, et plus loin encore. Et pourtant, il se sert de ses capacités pour manipuler les autres, sans se soucier de leur bien-être. Par exemple, il lit fréquemment dans les pensées de Charlie pour lui cacher certains aspects de sa relation avec Bella, comme ses visites nocturnes dans sa chambre.

À la différence de Carlisle, qui, en tant que médecin, rend activement service aux habitants de Forks, Edward ne cherche pas le bien général mais uniquement celui de ses

96. Stephenie Meyer, *Fascination* (Hachette Livre, 2005), p. 366.

proches. Il se contente d'aider sa famille et ses amis. Cette sorte d'indifférence à l'égard de la société en général peut sembler troublante, même si elle est sans aucun doute préférable à l'attitude de prédateur de la plupart des vampires vis-à-vis des humains.

La vie privée et la lecture des pensées

> *« Je suis bien contente que tu n'arrives pas [à lire mes pensées]. C'est déjà assez pénible que tu m'espionnes quand je divague en dormant. »*[97] *— Bella*

La bienveillance de nos actions est un test moral important, cependant il existe d'autres principes à prendre en compte pour analyser la moralité de la lecture des pensées. Un aspect important est le respect de l'autonomie et de l'intimité de l'autre[98]. Regardons la violation de la vie privée de Bella par Charlie lorsqu'il ouvre la lettre de l'Université d'Alaska South East. « Elle est déjà ouverte, protestai-je en le fusillant du regard […] Ton attitude me choque, shérif. Lire le courrier des autres est un crime fédéral »[99]. Pourquoi est-elle si choquée ? Le problème ne vient pas des motivations de Charlie, qui ne sont pas méchantes. Après tout, il est poussé par un intérêt sincère pour l'avenir de Bella et propose même de payer ses frais de scolarité. Cependant, cette violation désinvolte de sa vie privée démontre un manque de respect pour l'autonomie de Bella. La simple curiosité ne justifie pas une telle atteinte à la vie privée, même en ayant les meilleures intentions du monde.

Il existe toutefois des circonstances exceptionnelles qui justifieraient la violation d'un principe moral. Par exemple, Alice Cullen et Bella ont une justification morale pour voler une voiture en Italie, elles veulent sauver la vie d'Edward. De même, une atteinte à la vie privée peut parfois se justifier.

---

97. Stephenie Meyer, *Fascination* (Hachette Livre, 2005), p. 331.

98. Voir W. A. Parent, *Privacy, Morality and the Law*, Philosophy and Public Affairs 12.3 (1983), p. 269-288.

99. *Hésitation*, p. 26.

Charlie pourrait avoir des raisons d'une importance indiscutable pour justifier ses actions. Imaginons qu'il lise le journal secret de Bella, pas à cause d'une vague inquiétude, mais parce qu'elle a disparu et qu'il cherche des pistes dans son journal intime. Un tel besoin d'information pourrait justifier cette atteinte, surtout combinée avec une sollicitude sincère pour Bella.

Qu'y a-t-il de si néfaste à l'intrusion dans la vie privée ? L'intimité et l'autonomie sont directement liées au bien-être humain. Nos secrets font partie de nos possessions les plus précieuses. Considérons le sentiment de trahison qu'éprouve Bella lorsque Jacob dévoile sa moto à Charlie. Elle explique : « Pareille duplicité me laissait pantoise. J'avais eu confiance en Jacob, je lui avais instinctivement confié le moindre de mes secrets »[100]. La connaissance intime, y compris de nos secrets, est une sorte de propriété à laquelle les autres n'ont pas accès habituellement. On peut se sentir volé ou trahi si quelqu'un entrevoit nos secrets ou les révèle aux autres sans raison apparente.

De plus, il est tout simplement gênant que chacune de nos pensées soit ouverte aux commentaires des autres. Par exemple, Jacob fait part de la détresse permanente causée par sa télépathie avec les autres loups-garous. « Quand nous sommes loups, nous... nous entendons. [...] Pas avec des sons. Par la pensée. La distance n'a pas d'importance... Ne pas avoir de secret est embarrassant »[101]. De telles souffrances comptent, moralement. L'utilisation de la lecture des pensées nécessite donc une justification morale indiscutable.

Pour éviter une atteinte à la vie privée, laquelle ne serait pas acceptable moralement, on pourrait demander l'accord de la personne avant de lire dans ses pensées. Par exemple, Aro demande la permission à Bella avant de tenter de lire dans son esprit[102]. Toutefois sa « demande » n'est pas sincère,

---

100. Stephenie Meyer, *Tentation* (Hachette Livre, 2006), p. 562.

101. *Ibid.*, p. 327.

102. *Ibid.*, p. 481.

puisque Bella n'a pas vraiment l'occasion de refuser. Comme elle dit : « Terrorisée, j'interrogeais Edward du regard. La courtoisie d'Aro ne me laissait guère de doutes quant au choix réel qu'il me laissait »[103]. L'exemple d'Aro montre qu'une demande de consentement « de principe » ne suffit pas à obtenir un accord véritable. Le consentement suppose la possibilité réelle de rejeter la requête.

Lire les pensées de façon conforme à la morale exigerait des objectifs bienveillants. Il faudrait aussi l'accord véritable des intéressés ou une raison d'une importance indiscutable. Pour une telle atteinte à l'intimité, l'intérêt personnel ou la curiosité sont des justifications moralement insuffisantes. Il est pourtant facile pour le télépathe d'enfreindre ces conditions, puisqu'il peut mieux profiter d'une lecture des pensées « immorale » et qu'il ne court pas beaucoup de risque de se faire prendre.

Edward limite-t-il sa lecture des pensées d'une façon convenable ou ignore-t-il les barrières de l'intimité ? Lui-même prétend qu'il essaie normalement d'éviter de lire dans les esprits. Il dit à Bella : « En général, j'évite l'exercice, parce qu'il est assez perturbant. Et puis, il est tellement plus facile de paraître... normal en répondant aux paroles de quelqu'un plutôt qu'à ses réflexions »[104]. On peut admirer la discrétion dont il fait preuve, en n'utilisant pas son don pour assouvir sa simple curiosité, pourtant sa motivation est plutôt intéressée. Il est davantage motivé par les inconvénients de la lecture des pensées que par le respect de l'intimité des autres. Il l'avoue lui-même : « Il n'y avait que quatre voix que je bloquais par courtoisie, plus que par dégoût. Ma famille... Je leur ai donné autant d'intimité que possible, évitant de les écouter quand je le pouvais »[105]. Comme pour la majorité de ses actes bienveillants, Edward respecte l'intimité de

103. *Ibid.*, p. 482.

104. Stephenie Meyer, *Fascination* (Hachette Livre, 2005), p. 198.

105. Stephenie Meyer, *Midnight Sun*, p. 1. Notre traduction.

ses proches par principe, mais est généralement indifférent envers les autres.

En outre, en de nombreuses occasions, Edward viole l'intimité des autres sans hésitation. Par exemple, bien qu'il ne puisse pas lire dans l'esprit de Bella, il l'espionne activement, même dans son sommeil[106]. Il lit dans les pensées de ses amis pour la suivre à la trace[107] et pour vérifier qu'elle tient sa promesse de ne pas révéler sa vitesse et sa force extraordinaires ; il semble utiliser son don pour confirmer les sentiments négatifs de Mike Newton à son sujet et il avoue souhaiter lire les pensées de Bella pour son propre confort. Bien entendu, certaines de ces intrusions sont justifiables. Il suit la trace de Bella à Port Angeles pour la protéger, ce qui lui sauve la vie[108]. Sa télépathie lui permet d'anticiper l'attaque involontaire de Jasper à l'odeur du sang de Bella[109]. Il lit dans les pensées des Volturi pour sauver la vie d'Alice et Bella et se sauver lui-même[110]. Mais le plus souvent sa lecture des pensées n'est finalement pas justifiable.

Soulignons une dernière chose à propos de la lecture des pensées pratiquée par Edward. À la différence de nombreuses atteintes à l'intimité, comme lire le journal intime de quelqu'un d'autre, la lecture des pensées n'est pas délibérée. Edward peut essayer d'éviter de s'en servir, comme un autre sens quelconque, mais il ne peut pas simplement l'éteindre. Ce fait a de l'importance, car seules les actions volontaires comportent des implications morales. Ainsi, par exemple, Kant a dit : « Tu dois donc tu peux »[111]. Une obligation morale véritable n'existe que dans la mesure où la personne est capable de l'accomplir. De même, Aristote considérait que le choix a « semble-t-il, un caractère essentiellement propre à la vertu et permettant, mieux que les actes,

106. Stephenie Meyer, *Fascination* p. 316.

107. *Ibid.*, p. 194.

108. *Ibid.*, p. 179.

109. Stephenie Meyer, *Tentation* (Hachette Live, 2006), p. 38.

110. *Ibid.*, p. 540.

111. Kant, *Critique de la raison pure*.

de porter un jugement sur la valeur morale »[112]. Ainsi, les actions qui ne sont pas véritablement le résultat d'un choix ne sont pas un bon test de vertu. Dès lors, puisque la télépathie d'Edward est involontaire, on ne peut pas l'obliger à ne pas s'en servir. Même si ce facteur atténue sa responsabilité, il est évident qu'il y a des moments où son intrusion dans l'intimité des autres est aussi délibérée qu'injustifiée.

L'amour et l'iniquité de la télépathie

« J'ai tendance à me laisser aller à ma vraie nature, avec toi... Dis-moi à quoi tu penses. L'ignorer est si étrange. »[113] — *Edward*

Pour Edward, sa relation avec Bella est largement modelée par son incapacité de lire ses pensées, ce qui permet un semblant d'équilibre entre eux. Même si Bella n'est « qu'humaine » pendant la plus grande partie de leur relation, l'inégalité n'est pas aussi importante que ce qu'elle aurait été, s'il avait pu s'immiscer dans son intimité en lisant son esprit. En outre, un élément de mystère est nécessaire en amour, et la lecture des pensées dissiperait beaucoup du mystère de Bella.

Aristote expliquait, dans le même ordre d'idée, que les meilleures relations nécessitent une sorte d'égalité, et que des inégalités flagrantes peuvent fragiliser les rapports. « C'est ce qu'on voit avec évidence, lorsqu'il y a une différence considérable entre les individus, en fait de vertus, ou de vices, ou d'opulence, ou sous tout autre rapport ; car alors ils ne sont plus amis, et même ils n'y prétendent pas »[114]. De la même façon, Bella est consciente que de grandes inégalités au sein d'une relation créent des obstacles difficiles à surmonter. Elle décrit la nature de son amour pour Edward, l'attrait de ses qualités et les complications suscitées par les inégalités : « Je l'aime. [...] Pour lui, pas parce qu'il est beau ou riche. Je préférerais d'ailleurs qu'il ne soit ni l'un ni l'autre.

112. Aristote, *Éthique de Nicomaque*, livre 3, chap. II (Garnier, trad. J. Voilquin).

113. Stephenie Meyer, *Fascination*, p. 285.

114. Aristote, *Éthique de Nicomaque*, livre 8, chap. VII (Firmin Didot, Paris, 1823, trad. M Thurot), p. 1158.

Cela comblerait un peu le gouffre qui nous sépare, même si ça n'empêcherait pas qu'il soit encore l'être le plus aimant, le plus généreux, le plus brillant et le plus décent qu'il m'ait été donné de rencontrer »[115].

Bella se fait l'écho ici à deux thèmes d'Aristote. Premièrement, que les meilleures relations sont fondées sur le partage et l'appréciation de vertus communes. L'amour de Bella est fondé sur son admiration de la personnalité d'Edward, pas de sa richesse ni de sa beauté. Deuxièmement, elle reconnaît que les inégalités peuvent créer une « différence » difficile à surmonter. L'argent et la beauté d'Edward sont des sources additionnelles d'inégalité dans leurs rapports. Bella les considère comme des obstacles, et non comme la source de son amour. Si Edward pouvait lire dans son esprit, cela s'ajouterait aux inégalités de leur relation, et son don augmenterait encore plus la distance entre eux. L'immunité de Bella à la lecture des pensées adoucit un peu les inégalités, et fait d'elle une meilleure candidate pour une relation meilleure.

Dieu et la moralité

> *« Pourtant, depuis presque quatre cents ans que je suis né, rien, pas même mon reflet dans un miroir, ne m'a incité à douter de l'existence de Dieu, quels que soient le nom ou la forme qu'on lui attribue. »*[116] *— Carlisle*

À travers la série *Twilight*, il existe un fil conducteur religieux qui commence à la page précédant le premier livre, où l'on cite la Genèse (2:17) : « Mais de l'arbre de la connaissance du bien et du mal, tu ne mangeras pas, car le jour où tu en mangeras, tu en mourras ».

Quel est le lien entre la foi religieuse et certaines actions admirables ? Bien sûr il existe une sorte de foi religieuse qui peut être destructrice et immorale, à l'exemple du père de Carlisle, qui succombe à la violence au nom de sa foi

115. Stephenie Meyer, *Hésitation* (Hachette Livre, 2007), p. 120.

116. Stephenie Meyer, *Tentation* (Hachette Livre, 2006), p. 47.

dénaturée. Pourtant, malgré les aspects négatifs de son éducation religieuse, la foi en Dieu de Carlisle est à l'origine de son rejet du style de vie typique des vampires et de son désir d'instruction morale[117].

La foi religieuse joue un rôle important dans la vie de nombreuses personnes. Kant a même suggéré que la foi en l'existence de Dieu, de l'âme et de la vie après la mort est nécessaire pour accomplir une vie conforme à la morale. Pour lui, une telle vie exigeait que l'on croie en « un bonheur proportionné à la moralité, à savoir, à la supposition de l'existence d'une cause adéquate à cet effet ; c'est-à-dire qu'elle doit postuler l'existence de Dieu »[118]. Kant considérait qu'il est rationnel que l'humanité poursuive le bien général. Cela consiste à partager le bonheur à travers le monde en fonction de la valeur morale. Or, pour poursuivre le bien général, il faut automatiquement croire que le bien général est possible. Ainsi, la vie morale réussie impose la croyance en l'existence de tout ce qui est nécessaire pour accomplir le bien général, comme par exemple Dieu. Kant conclut que « ce n'est pas seulement un droit, mais une nécessité ou un besoin qui dérive de ce devoir... c'est-à-dire qu'il est moralement nécessaire d'admettre l'existence de Dieu »[119].

Même si Edward semble rejeter la foi de Carlisle, certaines de ses actions indiquent que ce rejet n'est pas total. Notamment le refus répété de transformer Bella en vampire, de peur qu'elle perde son âme[120]. De même, en voyant Bella après l'avoir crue morte, il réagit par une interprétation religieuse, en s'exclamant « Carlisle avait raison »[121]. Edward ne fait pas une utilisation idéale de la lecture des pensées et de ses autres pouvoirs. Cependant, il montre à maintes reprises sa volonté de maîtriser sa nature violente et d'aider

117. *Ibid.*, p. 47.

118. Emmanuel Kant, *Critique de la raison pratique*, 1848, livre 2, chap. 2, V, p. 332.

119. *Ibid.*, p. 334.

120. Stephenie Meyer, *Tentation* (Hachette Livre, 2006), p. 48.

121. *Ibid.*, p. 461.

ses proches. Il est possible que ce soit cette foi latente qui l'aide à se contrôler.

Une dernière pensée avant l'aube

Aux yeux de Bella, pleine d'admiration, la moralité d'Edward est indiscutable. Mais nous avons démontré qu'il y a des failles dans son sens moral. Cependant, il essaie réellement de transcender sa nature, sa situation et ses propres limites. Il s'efforce de devenir une personne meilleure, malgré ses faiblesses morales. Ces aspirations donnent de l'« humanité » au personnage d'Edward et nous le rendent crédible. Finalement, c'est justement grâce à la combinaison de ses imperfections et de ses aspirations morales que son histoire est aussi fascinante que captivante.

L'AMOUR ET L'AUTORITÉ PARMI LES LOUPS

Sara Worley

Lorsque Sam Uley s'imprègne d'Emily Young, il blesse profondément Leah Clearwater. Mais contrôle-t-il cette action ? Est-ce qu'il y peut quelque chose ? Devrait-on le blâmer pour cela ? Jacob Black s'imprègne de Renesmée et, ce faisant, change sa vie et celle de la meute. En quoi cela diffère-t-il d'un être humain qui tombe amoureux ? Lorsque Sam donne un ordre, toute la meute doit obéir. Quelle différence avec le genre d'autorité qu'exerce un général sur ses troupes ?

Comme le suggèrent ces questions, les livres de la série *Twilight* soulèvent plusieurs interrogations sur le libre arbitre. La plupart d'entre nous croient que nous disposons d'un libre arbitre, et que nos actions ne dépendent que de nous. Quel que soit notre choix, nous aurions pu agir autrement à chaque fois. Notre capacité de faire des choix libres explique que les visions d'Alice Cullen sur l'avenir ne sont pas toujours fiables ni même possibles. Elles ne sont pas fiables lorsque l'avenir dépend d'actions à venir, car la personne qui doit prendre la décision peut changer d'avis jusqu'à la dernière minute. Et tant qu'une décision n'a pas été prise, Alice ne peut rien voir du tout[122].

Les loups n'ont cependant pas l'air libres de faire autre chose que ce qu'ils font réellement. Quand Sam décide que la meute doit attaquer l'enfant à naître de Bella, Jacob ne veut pas obéir. Il pense que Sam prend une mauvaise décision.

122. Stephenie Meyer, *Tentation* (Hachette Livre, 2006), p. 444-458.

Mais, au moins jusqu'à ce qu'il prenne sa place comme Alpha, il ne semble pas avoir le choix[123]. Cela diffère bien sûr de ce qui se passe dans l'armée lorsqu'un officier supérieur donne un ordre. Un soldat peut décider d'obéir pour éviter d'être puni. Il peut décider d'obéir parce qu'il croit qu'obéir à son officier supérieur est le bon choix. Mais il a le choix. S'il pensait sincèrement que l'ordre était mauvais ou immoral, il pourrait refuser d'y obéir et en subir les conséquences. Jacob ne semble pas jouir de cette option. Il n'a pas le choix.

L'imprégnation ne semble pas meilleure. Lorsque Sam s'est imprégné d'Emily, il ne pouvait pas faire autrement. (Vraisemblablement, s'il le pouvait, il aurait évité d'agir ainsi, afin de ne pas causer de peine à Leah[124].) Jacob n'aurait certainement pas choisi de s'imprégner de Renesmée, étant donné ses sentiments pour les vampires et pour Bella, mais c'est pourtant ce qui s'est passé. De plus, une fois qu'un loup s'imprègne de quelqu'un, il ne semble pas contrôler ses actes.

Supposons qu'une femme mariée, mère de plusieurs enfants, tombe amoureuse de quelqu'un d'autre. Nous pouvons penser que même si elle n'a pas choisi de tomber amoureuse, elle peut sûrement choisir sa conduite. Elle peut choisir de quitter son mari et ses enfants parce que son nouvel amour lui semble plus important. Elle peut s'imaginer que ses enfants s'adapteront avec le temps, et qu'ils iront mieux si elle est plus heureuse. Ou elle peut choisir de rester avec son mari et ses enfants parce que l'engagement qu'elle a pris vis-à-vis de son mari lui semble de la plus haute importance. Ou parce qu'elle pense que la rupture de son mariage serait néfaste pour les enfants. Quelle que soit sa décision, elle a un choix. Le fait d'être tombée amoureuse ne dicte pas sa conduite future.

Il semblerait que les loups ne disposent pas de ce type de choix. Tout au long de la série, on présente Sam comme quelqu'un pour qui le respect des engagements a une importance primordiale. Il est certain qu'il prend son engagement

123. Stephenie Meyer, *Révélation* (Hachette Livre, 2008).

124. Stephenie Meyer, *Hésitation* (Hachette Livre, 2007)

envers la meute au sérieux. Une fois qu'il est imprégné d'Emily, pourtant, il ne semble pas avoir le choix de ses actions. Il ne peut pas décider que son engagement envers Leah est plus important que son attirance pour Emily. Ce n'est plus lui qui décide de son comportement.

C'est quoi, le libre arbitre, au juste ?

Il y a une autre façon, peut-être, de comprendre le libre arbitre. La décision d'un soldat d'obéir à son officier supérieur semble libre, parce qu'il semble qu'il aurait pu faire autrement. Il aurait pu refuser, s'il était prêt à en subir les conséquences. Mais cette option est-elle si évidente ? Beaucoup de philosophes en ont conclu que ce que fait une personne dans une situation donnée dépend de ses convictions et de ses désirs[125]. Supposons que la copine de Bella, Angela Weber, ait très faim et aille à une fête, qu'elle y trouve un choix de nourriture délicieuse à sa disposition. Si elle pense que ce sera sa seule possibilité de se nourrir ce soir-là, elle mangera peut-être. Si elle ne mange pas, elle a sûrement une bonne raison : elle croit peut-être que la nourriture est empoisonnée, ou encore, elle préfère danser que manger. Ou elle fait un régime. Son comportement dépendra de ses convictions (par exemple, la possibilité de manger plus tard, ou éviter de manger de la nourriture peut-être empoisonnée) et de ses désirs (vouloir surveiller sa ligne ou danser). Si son désir de manger est plus important que les autres à ce moment-là, et qu'elle n'a pas de bonne raison pour jeûner, elle mangera.

Ce que nous faisons dépend donc de notre désir le plus fort. De plus, nous n'avons aucun contrôle sur la puissance de nos désirs. Bella désire la nourriture humaine et le sommeil parce qu'elle est humaine, et que tous les humains ont envie de ces choses-là. Les vampires désirent le sang humain plutôt que la nourriture humaine parce que, eh bien, parce

125. John Stuart Mill, *Système de logique déductive et inductive*, 1843. Traduction française réalisée par Louis Peisse à partir de la 6e édition britannique de 1865. Paris : Librairie philosophique de Ladrange, 1866.

que sont des vampires ! On trouve l'origine d'autres désirs dans notre culture, dans l'environnement dans lequel nous vivons, ou dans notre éducation. Lorsque Carlisle Cullen était enfant, son père était un fervent chasseur de vampires. Cela peut sans doute expliquer les réactions de Carlisle lorsqu'il est mordu[126].

Il est vrai, bien entendu, que les désirs des gens, ou leurs convictions, peuvent changer. Bella n'a pas toujours désiré devenir vampire. Cette envie ne lui vient ni de son éducation ni de sa nature humaine. On a donc l'impression qu'elle a choisi ce désir. Mais ce n'est pas si simple. Une des principales motivations du désir de Bella de devenir vampire est la crainte que son existence humaine ne fasse courir en permanence des risques à ceux qu'elle aime. Victoria est une menace pour Charlie et pour n'importe quel autre vampire ou loup-garou qui pourrait se battre avec elle. Les Volturi représentent une menace encore plus grande. La seule façon pour Bella d'éliminer ces menaces est de devenir elle-même vampire[127]. Donc elle a de bonnes raisons d'acquérir ce désir, qui n'arrivent pas de nulle part. L'amour de sa famille et ses amis, et son désir de les protéger, ne sortent pas non plus de nulle part. Elle se préoccupe de protéger ses proches non seulement parce qu'elle est ainsi faite, mais aussi à cause de l'éducation qu'elle a reçue. Bien entendu, elle désire également devenir vampire parce qu'elle ne veut pas vieillir alors qu'Edward restera éternellement jeune. Vouloir rester jeune est sans doute une bonne motivation !

La leçon qu'on devrait peut-être tirer de tout cela est que personne n'est libre de ses choix. Certains philosophes l'ont cru, et disaient que le libre arbitre n'est qu'illusion[128]. Cependant, d'autres ont une idée différente. Pour eux, le libre arbitre ne concerne pas la question de savoir si on pouvait faire autre-

126. Stephenie Meyer, *Fascination* (Hachette Livre, 2005), p. 357-360.

127. Stephenie Meyer, *Tentation* (Hachette Livre, 2006), p. 539-545.

128. Voir par exemple Ted Honderich, *How Free Are You : The Determinism Problem* (New York : Oxford University Press, 1993) et Brand Blanshard, *The Case for Determinism in Neill Campbell, Freedom, Determinism and Responsibility : Readings in Metaphysics* (Upper Saddle River, NJ. Prentice Hall, 2003), p. 7-15.

ment, mais plutôt celle de l'approbation des désirs qui sont à l'origine des comportements. Le philosophe contemporain Harry Frankfurt apporte l'une des versions de cette théorie qui incite à la réflexion[129]. Frankfurt suggère que la plupart d'entre nous avons des désirs conflictuels. Nous approuvons seulement une partie de ces désirs. Nous souhaitons que ce soit les désirs approuvés qui occasionnent notre comportement, plutôt que ceux que nous désapprouvons. Nous sommes libres dans la mesure où notre comportement est déterminé par les désirs que nous approuvons.

Les Cullen fournissent un bon exemple de ce type de liberté. Étant des vampires, ils ont soif de sang humain. Lorsque Bella saigne en leur présence, ils doivent se couvrir le nez, retenir leur souffle ou quitter la pièce. (Carlisle est l'exception, dans ce cas-là, car il maîtrise remarquablement son désir.) Toutefois ils n'approuvent pas ce désir, ni le comportement qu'il provoque. Ils ne souhaitent pas prendre une vie innocente pour étancher leur soif. Ils choisissent donc de ne pas satisfaire leur soif, précisément parce que ne pas la satisfaire est une façon d'atteindre une sorte de vie morale, laquelle a beaucoup de valeur pour eux. À en juger par le concept de libre arbitre que nous venons d'examiner, ils sont libres. En fait, si la moralité compte autant pour eux, ils ne peuvent peut-être pas faire autrement. Les Cullen sont libres parce que leur comportement est dominé par les désirs qu'ils estiment, et non pas ceux qu'ils rejettent. Ils sont maîtres de leur soif du sang, au lieu d'en être esclaves.

Les Cullen perdraient leur libre arbitre si jamais ils cédaient à leur désir de sang humain. Boire du sang serait en contradiction avec les notions qui leur importent plus, telles que la vie humaine. Rosalie Cullen illustre ce conflit. Elle attend la naissance du bébé de Bella avec presque autant d'impatience que Bella elle-même. Sa peine de ne pas avoir pu avoir un enfant est un thème récurrent, ainsi que son ressentiment

129. Harry Frankfurt, « Freedom of the Will and the Concept of a Person », *Journal of Philosophy* 68 (January 1971), p. 5-20.

envers Bella lorsque celle-ci choisit, apparemment, d'abandonner le choix d'une vie humaine normale où elle pourrait avoir un enfant. Pourtant, au moment où le bébé va naître, Rosalie perd presque le contrôle de sa soif, et met en danger la vie de Bella et donc celle du bébé[130]. Du point de vue de Rosalie, être à l'origine de la mort de l'enfant serait la pire des choses qui puissent lui arriver, pourtant elle prend ce risque en perdant la maîtrise d'elle-même. Elle devient l'esclave de son désir, au lieu d'en être la maîtresse.

Les loups, le libre arbitre et l'autorité

Que devons-nous conclure au sujet des loups ? Ce nouveau concept de la liberté change-t-il notre avis sur la liberté éventuelle des loups ? Être libre, cela signifie que votre comportement est dirigé par les désirs que vous approuvez, ou que vous choisissez comme moteurs. L'autorité des Alphas ne correspond toujours pas à ce concept. Quand Sam décide que la meute devrait attaquer le bébé de Bella, Jacob trouve que c'est une mauvaise décision. Il pense que Sam fait erreur. En effet, il trouve immoral de s'attaquer aux Cullen. Mais ses réticences ne changent rien. Tant que Jacob est sous l'autorité de Sam, il ne peut pas agir selon son propre jugement. Il désapprouve, mais cela ne fait aucune différence.

La seule façon pour Jacob d'arriver à résister à cette autorité est de s'en emparer en devenant le mâle Alpha légitime. Regardons ce qui se passe ici. Ce n'est pas simplement que Jacob réalise qu'il n'est pas obligé d'obéir. On peut imaginer cela dans le cas d'un représentant de l'autorité religieuse. Admettons qu'un représentant religieux, un prêtre ou un rabbin, par exemple, vous demande de faire quelque chose qui ne vous semble pas juste. Vous pourriez penser que vous devez obéir, parce que le prêtre ou le rabbin a une sorte d'autorité sur vous malgré tout. Et imaginons que par la suite vous réalisiez que le représentant de l'autorité n'est

130. Stephenie Meyer, *Révélation* (Hachette Livre, 2008), p. 363.

pas légitime, qu'en fait c'est un prêtre qui a été démis de ses fonctions, par exemple. Dans ce cas-là vous pourriez changer d'avis sur l'obligation d'obéir.

Cependant, ce n'est pas ce qui se passe avec Jacob. Sa transformation est quasiment magique. Dès que Jacob s'empare de l'autorité légitime, Sam perd tout pouvoir sur lui. Ce n'est pas une décision de Jacob de ne pas obéir. On dirait plutôt que les ordres de Sam perdent toute influence sur le corps de Jacob, dès que celui-ci prend sa place légitime, comme si un pouvoir magique opérait. Cette altération surnaturelle s'étend même aux autres loups, qui sont à présent libres de décider quelle meute ils veulent rejoindre. Sans l'ombre d'un doute, ce revirement n'est possible que parce que Jacob est en effet l'Alpha légitime. Sans cela, aucun n'aurait pu agir selon son propre jugement[131].

Les loups, l'amour et le libre arbitre

L'imprégnation est une tout autre histoire. Il est clair que les loups n'ont aucun contrôle sur quand ou qui ils imprègnent. La question est de savoir si leur comportement est influencé par des désirs qu'ils approuvent ou qu'ils rejettent. Ou, pour le présenter autrement, les loups pourraient-ils résister aux désirs créés par l'imprégnation, comme les Cullen résistent à la soif du sang, si ces désirs étaient en contradiction avec un idéal plus important pour eux ? Est-ce qu'un loup pourrait se conduire d'une façon qui nuit au bonheur ou au bien-être de l'être aimé ? Jacob aurait-il pu sacrifier Renesmée s'il croyait qu'elle était réellement une menace pour les hommes, ou pour une autre chose à laquelle il tient ? Pourrait-il partir loin s'il pensait ainsi mieux servir les intérêts de Renesmée à long terme ? Ou l'imprégnation contrôle-t-elle totalement le comportement des loups, en dépit de leurs convictions et de leurs valeurs ? En sont-ils les esclaves ou les maîtres ?

131. Stephenie Meyer, *Révélation* (Hachette Livre, 2008), p. 219-228.

Stephenie Meyer ne nous donne pas suffisamment d'explications pour répondre pleinement à ces questions, mais il existe des indices. Le premier vient de Sam, qui est quelqu'un pour qui les engagements et la loyauté ont une grande importance. Il ne veut pas faire de mal à Leah, mais cela ne change rien. Une fois qu'il s'imprègne d'Emily, il va inévitablement blesser Leah, quels que soient ses sentiments ou ses obligations par ailleurs. L'imprégnation gouverne peut-être son comportement, même si ses actions sont en contradiction avec ses valeurs.

La situation est pourtant encore plus compliquée. Sam a d'autres engagements qu'il continue à respecter. Il se consacre au bien de la meute et des humains qu'il a juré de protéger. Apparemment il n'a pas de problème à faire la part des choses entre ces obligations-là et les désirs inspirés par Emily. Se battre contre des vampires est un travail dangereux. S'il arrivait quelque chose à Sam, Emily souffrirait sans doute énormément. Néanmoins, Sam n'a pas de mal à privilégier ses obligations à la meute et aux humains, son attraction pour Emily ne l'obnubile pas à ce point-là.

Tout cela ne prouve pas, cependant, que les loups de *Twilight* aient un libre arbitre. Peut-être que leur nature de loup fait de leur mission de protection une priorité que rien ne peut contrer. Les désirs qui accompagnent l'imprégnation ne sont peut-être que secondaires. Dans tous les cas, les loups ne seraient jamais vraiment libres, car il n'y a pas de place pour d'autres obligations. Ils doivent protéger la communauté, et privilégier les intérêts de l'être aimé, quel que soit le système de valeur d'un loup individuel. Même si cette idée était correcte, cela ne démontre pas que les loups ne sont pas libres.

Au début de la Réforme protestante, lorsque Martin Luther formulait une série de défis pour l'Église catholique romaine, il a dit : « Me voici donc en ce jour ; Je ne puis autrement »[132].

132. Ce cas figure dans Dan Dennett, *Elbow Room : The Varieties of Free Will Worth Wanting* (Cambridge, MA : Bradford Books, 1984), p. 133.

Luther indiquait que son engagement était si fort qu'il ne pouvait pas l'enfreindre. Rien n'avait d'importance plus grande pour lui. Effectivement, selon l'analyse de Frankfurt, pour juger du libre arbitre de Luther, il faut se demander si, décidant que ce ne serait pas prudent de défier l'Église, Luther aurait pu s'abstenir de poser ces défis. Bien entendu, il aurait pu. Il n'était pas contraint de les poser, quelles que fussent ses convictions. Lorsqu'il prétendait ne pas pouvoir faire autrement, il ne parlait pas d'une contrainte, mais soulignait la force de ses convictions.

L'imprégnation ne crée pas seulement de nouveaux désirs, mais aussi de nouvelles valeurs. Un loup imprégné désire passer du temps avec l'être aimé et le protéger. En outre, il en vient à approuver et à privilégier ces désirs-là. D'autres désirs contradictoires perdent de l'importance. Pour les vampires, les choses sont différentes. Lorsqu'ils se transforment, ils acquièrent un goût pour le sang humain. Mais, au moins pour certains, ce goût ne s'accompagne pas d'une altération de leur perspective morale. Ils ne commencent pas non plus à croire que tuer des humains innocents est une bonne chose. Donc acquérir le goût du sang ne modifie pas leurs valeurs, et est sans conséquences pour savoir quels sont les désirs qui méritent d'être approuvés. Pour les loups, par contre, une sorte de décalage des valeurs semble avoir lieu après l'imprégnation. Non seulement un loup imprégné souhaite le bien-être de sa chérie, mais ce désir devient le sien. Il devient la chose la plus importante pour lui, ou au moins l'une des choses les plus importantes, et tout ce qui est en contradiction avec ce désir perd son attrait.

Donc, est-ce que Sam blesse Leah ? Oui. Est-il du genre à honorer ses engagements ? Oui. Cela ne signifie pas pour autant qu'il n'est pas libre. Que lui est-il donc arrivé lorsqu'il s'est imprégné ? Son désir d'être avec Emily est devenu plus important que celui de ne pas faire du mal à Leah. Il n'est pas esclave de son nouveau désir, puisque être esclave signifierait être obligé de satisfaire ce désir, même au détriment de ce qu'il estime le plus. Rosalie, si elle avait succombé à son désir au prix de ce qui lui était le plus cher, serait devenue esclave. Mais Sam n'est pas esclave de son désir, car, bien qu'il n'ait pas envie de blesser Leah, son désir de ne pas lui faire de mal devient moins important que son désir d'être avec Emily. Il n'agit pas à cause d'un désir qu'il désapprouve. L'imprégnation l'amène plutôt à approuver ou à donner une importance plus grande à son désir d'être avec Emily, et rend son désir de ne pas faire du mal à Leah moins important.

Bien entendu, ce décalage des valeurs ne signifie pas que tous les autres engagements disparaissent, ou deviennent moins importants. Jacob aime encore Billy, même s'il s'est imprégné de Renesmée. Il aime aussi Bella, même si ce n'est plus comme avant. Ses amitiés avec Seth Clearwater, Quil Ateara et Embry Call sont toujours importantes pour lui. De plus, nous avons vu que Sam attache de l'importance à son engagement envers la meute et envers la communauté humaine. L'imprégnation change les valeurs qui sont en contradiction avec l'imprégnation elle-même.

Une dernière inquiétude

Reste une dernière inquiétude : l'altération des valeurs créées par l'imprégnation pourrait également paraître en contradiction avec le libre arbitre. Habituellement, lorsqu'une personne change d'avis, elle a l'occasion de réfléchir à sa décision avant de se prononcer. Elle peut approuver ou rejeter la nouvelle idée ou valeur, selon sa corrélation avec ses autres convictions. Cela n'a justement pas lieu lors d'une imprégnation. Le décalage des valeurs semble surgir de nulle part. Il ressemble de façon impressionnante à une violation du libre arbitre. Si l'on vous implantait une puce dans le cerveau qui vous conduit à donner de l'importance à des choses dont vous vous moquiez auparavant, vous auriez l'impression que l'on a porté atteinte à votre libre arbitre. Et ce cas n'est pas si différent de celui de l'imprégnation.

Un tel scénario n'est pourtant pas aussi évident qu'on pourrait le croire, même pour les humains. La réponse immédiate de Bella à sa grossesse est de se préoccuper du bien-être de l'enfant à naître. Elle évite de faire quoi que ce soit qui pourrait mettre en danger le bébé, même au risque de sa propre vie. Elle est même prête à faire certaines choses, comme de boire du sang, qui l'auraient dégoûtée auparavant. Ce changement sort de nulle part. Bella n'y a pas réfléchi ; elle n'a pas non plus eu l'occasion de le rejeter ou de l'approuver. Pourtant on n'y voit pas une violation de son libre arbitre. Carlisle a raison lorsqu'il dit que ce serait une atteinte au libre arbitre d'aller contre la volonté de Bella et de la faire renoncer à son enfant[133]. Elle agirait dans ce cas-là contre les valeurs et les engagements qui lui sont à présent les plus précieux, bien qu'elle ne les ait pas choisis en connaissance de cause.

Jacob pourrait-il donc abandonner Renesmée, comme Edward a abandonné Bella, s'il pensait que cela lui serait bénéfique ? Aurait-il pu la sacrifier, si elle s'avérait dangereuse pour ceux qu'il aime ? Nous ne pouvons pas répondre à ces questions avec certitude, car nous ne connaissons pas assez les autres engagements de Jacob, ni la situation exacte. Même si la réponse est négative, cela ne signifie pas pour autant que les loups n'ont pas de libre arbitre. Cela voudrait peut-être dire que Jacob, comme Luther, « ne peut pas autrement ».

133. Stephenie Meyer, *Révélation* (Hachette Livre, 2008), p. 247.

BELLA SWAN ET SARAH PALIN LES ANCIENS MYTHES NE SONT PAS FORCÉMENT TOUS VRAIS

Naomi Zack

Tout avoir

Les quatre tomes de *Twilight* constituent un récit cohérent d'une situation classique, l'histoire de l'évolution et de la transformation d'une jeune fille amoureuse d'un homme merveilleux plus mûr qu'elle, jusqu'à une relation de maturité et d'égalité totale. Ainsi, au début, Edward Cullen, né en 1901, dépasse de loin par ses compétences mentales et physiques Bella Swan, la lycéenne contemporaine et mortelle. Il est également plus beau qu'elle. Cependant, à la fin du quatrième tome, Bella, en tant que nouveau vampire, est plus forte physiquement qu'Edward, tout aussi intelligente et au moins aussi belle.

Du point de vue de Bella, Edward passe du statut de demi-dieu exalté, aimant, omnipotent et omniscient à celui de mari et amant dévoué, qu'elle peut protéger grâce à son don particulier de bouclier psychique. Edward admire et soutient chaque étape de l'évolution de Bella, et il accepte même l'amour de Bella et de leur fille pour Jacob Black, le loup-garou qu'il méprisait auparavant. Edward est tout à fait le « nouvel homme », sensible et compréhensif, face à Bella, une nouvelle femme capable, puissante et courageuse. Il est même soi-disant végétarien, dans le sens vampirique du terme, puisqu'il ne tue que des animaux pour boire leur sang, et non pas des humains.

Tous les idéaux occidentaux de l'amour romantique et du succès contemporain pour les femmes hétérosexuelles se trouvent exaucés pour l'héroïne de *Twilight* : elle épouse le vampire qu'elle aime et rejoint du coup une famille élargie riche, cultivée et affectueuse. Puis elle vit une grossesse au pas de course, en deux mois, devient vampire pour sauver sa vie et obtient des pouvoirs surhumains. Ça, c'est vraiment « ce que veulent les femmes » ! Si, comme je le suppose, la littérature d'évasion aussi captivante que *Twilight* a un rapport direct avec notre propre vie banale, certains de ces éléments fantastiques attestent des aspirations exactes des jeunes femmes de nos jours, qui veulent « tout avoir ». (Ou bien *Twilight* est une parodie sublime de la notion de « tout avoir », ce qui n'est pas du tout indiqué par l'auteur dans le texte.)

Tous les mythes sont vrais

L'élément le plus fantastique du quatuor *Twilight* n'est pas son contenu, que le lecteur accepte comme postulat de départ, mais la déclaration répétée de Bella que tous les mythes anciens sont vrais. Cette incantation, qui peut s'appliquer à Bella elle-même, fait habilement le lien entre le monde des vampires et des loups-garous et la vie quotidienne. Cela permet au lecteur, ou plus souvent à la lectrice, quelqu'un qui a une vie ordinaire et mortelle, de vivre l'histoire par procuration. Le genre des contes de fées est ainsi attelé aux désirs, espoirs et aspirations des femmes du début du XXIe siècle. Car même si la série *Twilight* est classée dans la lecture pour jeunes adultes, Stephenie Meyer signale qu'elle reçoit du courrier d'admiratrices âgées d'une trentaine d'années, elles-mêmes peut-être les « messagères » de leurs sœurs aînées, leurs mères ou leurs grand-mères.

Le cas Sarah Palin

Si j'étais adepte de la théorie du complot, je penserais que Bella a quelque peu défriché le terrain pour Sarah Palin auprès de beaucoup de jeunes femmes blanches. La série s'était déjà vendue à des millions d'exemplaires lorsque Palin a commencé sa compagne aux côtés du candidat à l'élection présidentielle John McCain en automne 2008. Toutefois, au moment où j'écris, il semblerait que Bella ait plus d'endurance que Sarah Palin, dans la mesure où l'équipe de Palin a perdu, et que Bella se réincarne sur grand écran. N'oublions pas, par contre, que Palin s'est retirée en Alaska, où elle est restée gouverneur d'un État riche de ressources naturelles, jusqu'à sa démission en juillet 2009. À long terme, elle triomphera peut-être tout autant que Bella de la réalité.

Une leçon pour les féministes sérieuses

Les soi-disant féministes ont beaucoup à apprendre de ces deux héroïnes populaires, qu'on ne peut se permettre d'écarter sauf si on veut ignorer les aspirations des femmes d'aujourd'hui. Les livres de la saga *Twilight* se sont déjà vendus à vingt millions d'exemplaires et le premier film a fait 150 millions de dollars de bénéfices en moins d'un mois. Cinquante millions d'électeurs ont voté pour McCain-Palin, ce qui fait pratiquement la moitié de l'électorat, malgré la victoire écrasante de Barack Obama dans le collège électoral et ses trois millions de votes de plus[134]. Bella comme Palin peuvent nous donner des indications sur l'innocence des rêves des jeunes femmes actuelles, laquelle frise l'ignorance, du point de vue de l'Histoire. En effet, le fait marquant des deux trajectoires est peut-être l'absence d'Histoire.

134. Les chiffres du film sont disponibles sur www.boxofficemojo.com/news/?id=2526&p=s.htm.

Par exemple, dans *Twilight*, Jacob Black vit à La Push, dans l'État de Washington, un lieu qui existe vraiment et que la vraie tribu Quileute habite depuis au moins huit cents ans. Pourtant ces gens ne sont mentionnés nulle part dans le battage médiatique autour de *Twilight*, et à ma connaissance il n'y a eu aucune tentative de reconnaître la liberté prise avec leur image dans les livres et les films. De la même façon, lors de son discours d'inauguration à la Convention nationale républicaine, Palin a fait référence généreusement au versant nord de l'Alaska comme source de ressources naturelles inexploitées. Elle paraissait inconsciente des effets des forages additionnels sur l'habitat naturel, les terres indigènes ancestrales et le réchauffement planétaire.

Il est difficile de ne pas penser que Bella comme Palin sont des primitifs Américains, pour ne pas dire des sauvages. Souvenez-vous de la photo qui a circulé sur Internet en automne 2008, de Palin à genoux avec l'une de ses filles, derrière un élan qu'elle venait d'abattre[135]. Cette photo rappelle de façon troublante une scène à la fin de *Révélation*, où Bella est interrompue en train de boire le sang d'un élan, avec sa fille à ses côtés. (Il va sans dire que lorsqu'elle devient vampire, elle adopte les pratiques soi-disant végétariennes de son mari et de sa famille.)

Les femmes ordinaires s'identifient à Bella et à Palin. Le personnage de Bella est très accessible, puisque la plupart des événements des quatre romans sont racontés par elle à la première personne. On en sait moins sur la vie intérieure de Palin, mais ses supportrices s'identifient à elle sans problème, sans doute grâce à son hétérosexualité épanouie et à ses origines ouvrières. Pour ces versions féminines actuelles de Horatio Alger[136], l'ascenseur social représente le gros lot, comme au loto. Ce qui importe au grand public, c'est de pouvoir s'identifier aux origines de l'héroïne. Elle n'est

135. Voir flickr.com/photos/19658365@N00/2831152708.

136. Auteur américain prolifique du XIXe siècle, qui a écrit beaucoup d'histoires de garçons pauvres des rues qui réussissaient le rêve américain de devenir riche et puissant. NDT.

pas obligée de gagner son gros lot à la sueur de son front, ni au mérite. Il suffit que cela en vaille la peine à leurs yeux. À ce sujet, certains critiques, qui n'aimaient pas Palin dès le début, ont fait tout un foin de l'hypocrisie de son relooking à plus de 150 000 $. Mais il y a peu de chance de choquer ses supportrices, qui ont pu développer des aspirations semblables à force de regarder des émissions de changement de look si fréquentes en ce début de siècle.

Quel est le message adressé aux féministes, ici ? Il semble évident que les intellectuelles féministes sérieuses ne sont pas conscientes de trois choses très importantes pour la majorité des jeunes femmes américaines : la pratique de l'hétérosexualité sous la forme de l'amour romantique épanoui et de la fécondité ; la beauté selon les normes actuelles promues par la société de consommation ; et l'accès au pouvoir dans le monde tel qu'il est, et non pas tel qu'il devrait être. La bonne nouvelle est que ces valeurs et ces espoirs ne paraissent pas être des attitudes psychiques d'un sexe opprimé et exploité. La mauvaise nouvelle est que cette configuration idéalisée est, par définition, presque inaccessible à tous les membres du public féminin : les chances pour la plupart des adolescentes de trouver l'amour, le vrai, avec un vampire ou de devenir gouverneur d'un État après avoir été « Miss » sont pratiquement nulles. La question est de savoir si les féministes devraient se distancer encore plus des femmes réelles en désavouant l'hétérosexualité idéalisée, la beauté selon les canons médiatiques et le pouvoir au masculin ; ou si elles devraient faire un effort plus conscient pour réduire la distance culturelle qui les sépare des masses.

Qui sont les véritables élitistes ?

Les féministes contemporaines n'ont pas l'exclusivité de la doctrine élitiste. Comme l'a fait remarquer le philosophe Richard Rorty (1931-2007), un problème peu reconnu de représentation des différences de classe dans l'enseignement supérieur persiste. Selon lui, « l'idée directive que nous utilisons le plus souvent, nous, socratistes, héritiers du siècle des Lumières, pour critiquer la conduite de divers interlocuteurs est qu'ils ont besoin d'enseignement pour surmonter leurs peurs primitives, leur haine et leurs superstitions »... Les étudiants sectaires, homophobes et intégristes qui entrent à l'université nous quitteront avec des avis qui ressemblent plus aux nôtres... Et les parents fondamentalistes de nos étudiants fondamentalistes sont convaincus que l'institution libérale américaine » entière est embringuée dans un complot. Les parents n'ont pas tort. À leur avis, nous, les professeurs libéraux, avons une attitude envers nos étudiants sectaires qui se rapproche de celle des professeurs de maternelle avec leurs élèves. Nous ne nous sentons pas sur un plan d'égalité avec eux... Nous n'envisageons pas de reformuler notre système de raisonnement afin de donner plus de poids à l'autorité des textes sacrés chrétiens. Au contraire, nous nous efforçons de convaincre ces étudiants des bienfaits de la laïcité. Nous choisissons des textes à la première personne sur la découverte de l'homosexualité pour nos étudiants homophobes pour la même raison que celle qui a poussé les enseignants allemands à distribuer *Le Journal d'Anne Frank* dans la période d'après-guerre. Afin de participer à notre conversation... il faut être éduqué. Nous allons donc continuer à essayer de vous discréditer aux yeux de vos enfants, de déprécier votre communauté religieuse fondamentaliste et de rendre vos arguments bêtes et non discutables. Nous ne sommes pas assez libéraux pour tolérer votre intolérance »[137].

Beaucoup d'intellectuels féministes pourraient reformuler « Nous ne sommes pas assez libéraux pour tolérer votre intolérance » en « Nous ne sommes pas assez pro-femmes pour tolérer les valeurs des femmes comme vous ». Et nous pourrions préciser que, contrairement à ce qu'affirmaient certains dans les médias, Palin n'est pas plus une véritable

137. Richard Rorty, « Universality and Truth », *in* Robert B. Brandom, *Rorty and His Critics* (Oxford, UK : Blackwell, 2000), p. 21-22. Notre traduction.

féministe que Bella une véritable végétarienne. Cette rhétorique sévère souligne plutôt une attention non pas pour les mots, mais pour ce qu'ils signifient. Le végétarisme signifie ne pas manger les animaux, et le féminisme signifie défendre les intérêts des femmes, et non pas uniquement leur identité sexuelle ou sexuée. Comme la plupart d'entre nous ne mangent pas de chair humaine, cela semble étrange de vouloir associer le terme « végétarisme » à un label positif pour ceux qui s'abstiennent de manger de la chair humaine. Et les féministes, pour la plupart des femmes, ont lutté si longtemps pour la reconnaissance du droit à l'avortement, ou même parfois pour la protection de l'environnement, qu'il semble étrange de récupérer le terme de féminisme, de réduire son sens jusqu'au simple « féminin », afin de pouvoir l'appliquer à quelqu'un qui milite contre l'avortement et exploite agressivement la nature.

La cause des femmes consiste en la poursuite d'objectifs sociaux qui pourraient bénéficier à de nombreuses femmes d'une façon plus ou moins égale. L'erreur des fans de Bella ou Palin réside moins dans le contenu de leurs aspirations que dans l'élitisme inhérent de ces aspirations. Combien de vampires pourraient vivre dans la région Pacifique-Nord-Ouest[138] des États-Unis, sans une diminution drastique de la population humaine ou animale ? Et combien de femmes pourraient être reines de beauté, mères de cinq enfants, tout en étant candidates à la vice-présidence et éventuellement même la présidence, sans mentionner la garde-robe de plusieurs centaines de milliers de dollars qu'elles devraient porter ? C'est dire que les styles de vie de Bella et Palin ne sont pas envisageables à long terme pour les masses. La contradiction sous-jacente dans ce phénomène est que toutes ces fans, qui le sont parce qu'elles veulent la même chose, ne peuvent pas toutes avoir ce que Bella et Palin ont.

Rorty a tort s'il veut laisser entendre que la différence principale entre les fondamentalistes américains et les professeurs

138. Les États de Washington et de l'Oregon. NDT.

d'université de leurs enfants se situe dans le contenu ou même dans la justification de leurs idées. La différence principale se trouve dans leurs valeurs, dans la mesure où ces valeurs structurent leur façon de vivre et permettent aux autres d'en faire de même. En d'autres termes, les fondamentalistes chrétiens américains ont-ils un style de vie durable, capable de bénéficier aux masses sur une base égalitaire ? Déjà, pour commencer, leur homophobie et leur engagement contre l'avortement semblent incompatibles avec le bonheur d'un nombre considérable de leurs propres enfants.

Comment donc les intellectuelles féministes peuvent-elles réduire la distance culturelle qui les sépare des jeunes femmes aspirant à posséder la même chose que ce que Bella et Palin sont supposées avoir ? Premièrement, il est important qu'elles s'emparent des opinions et des idéaux du grand public qui s'opposent fortement aux leurs et qu'elles essaient d'analyser ce qui est attirant dans ces idées : l'approche de la compassion. Deuxièmement, il est nécessaire, à mon avis, de distinguer d'une part les opinions et les idéaux qui ne sont valables que pour des individus dans des situations indépendantes, exceptionnelles et parfois isolées, et d'autre part les opinions et idéaux qui ont pour but de promouvoir le bien-être du plus grand nombre : l'approche kantienne. Troisièmement, il me semble également nécessaire de demander aux individus de réfléchir à la façon dont leurs opinions et idéaux sont réalisés dans leur propre vie, et quelles mesures ils pourraient prendre pour les atteindre : l'approche pragmatique.

Une leçon pour les féministes

La leçon la plus révélatrice pour les féministes dans le succès de Sarah Palin est que l'appartenance au sexe féminin ne peut pas être, à elle seule, un objectif politique. Ce qui doit être pris en compte, et c'est normal, ce sont les intérêts que représentent et promeuvent les candidats et les partis.

Tant que les intellectuelles féministes ne réussiront pas à expliquer clairement aux femmes quels sont leurs intérêts communs en tant que femmes, tout ce pour quoi les féministes ont travaillé jusqu'ici sera susceptible d'être neutralisé et récupéré par ceux qui sont au service d'objectifs autres que les intérêts communs des femmes. Du succès de Stephenie Meyer, les féministes doivent retenir que les jeunes femmes veulent tout avoir. À moins qu'on n'apprenne méticuleusement à ces jeunes femmes que tous les vieux mythes ne sont pas forcément vrais, elles seront prêtes à mettre de côté leur esprit critique et se laisseront embarquer dans un fantasme où manger des animaux s'assimile au végétarisme et où la mort éternelle s'assimile à la vie éternelle.

Tout avoir dans la vraie vie

Parce que quelques individus d'exception ont l'air d'avoir dans leur vie les éléments qui constituent ce « tout », l'idée que les femmes peuvent tout avoir est passée à l'état de mythe. De nombreuses jeunes femmes ont déjà « tout » par procuration à travers ce nouveau mythe. Mais on peut s'imaginer qu'elles sont d'autant plus attirées vers l'objet de leur identification qu'elles craignent de ne rien avoir elles-mêmes. Car en réalité, aux États-Unis, les femmes manquent de structures de garde d'enfants abordables et de couverture médicale universelle. Celles qui travaillent à l'extérieur, qui sont maintenant la majorité, ont toujours une deuxième journée de travail en rentrant à la maison, entre le ménage et les enfants. Les femmes sont les principales victimes de la violence domestique, ainsi que des agressions commises par des connaissances ou des inconnus. La moitié des mariages se terminent en divorce, et la crise économique actuelle accentuera sans doute la féminisation de la pauvreté.

Cependant, les femmes vivent aussi maintenant des vies nettement plus riches et plus longues que par le passé, et elles n'ont pas encore atteint tout leur potentiel. Au cours de leur longue vie, elles arriveront peut-être en effet à tout avoir, voire plus, mais à des moments distincts. Par exemple, si elles choisissent d'avoir des enfants et des carrières importantes, l'intensité portée à chacun de ces projets variera éventuellement à travers les décennies d'une vie mortelle beaucoup plus longue que celle de la pauvre Bella. Car notre héroïne se sent obligée de se marier, de mourir et de devenir elle-même vampire avant l'âge de dix-neuf ans, afin de ne pas avoir l'air trop vieille à côté d'Edward, qui en aura dix-sept pour l'éternité.

L'AMOUR DES VAMPIRES LE DEUXIÈME SEXE NÉGOCIE LE VINGT ET UNIÈME SIÈCLE

Bonnie Mann

Ce chapitre a démarré dans un moment d'affolement parental. Ma fille de treize ans, qui lit d'habitude des gros livres incompréhensibles, insistait d'une façon inhabituelle pour avoir le droit d'assister à la fête donnée un soir à minuit, à l'occasion de la sortie du quatrième tome de la série qu'elle était en train de lire. Remerciant le ciel pour cet engouement littéraire, je l'ai emmenée à contrecœur à la librairie Borders vers 22 heures, m'attendant à voir une douzaine d'adolescents un peu ringards, chocolat chaud à la main, qui attendaient minuit.

Le parking bondé fut le premier signe de mon entrée dans un monde connu de tous, sauf de moi. Le second signe fut la librairie, pleine à craquer de jeunes adolescentes rayonnant d'une excitation incandescente presque effrayante, pour la plupart habillées de robes de soirée noires décolletées, leur visage brillant comme la lune à travers un maquillage blanc pâle. Je me suis arrêtée sur le seuil de la porte et je me suis retournée vers Dee Dee, dont les beaux yeux humains, enfin, habituellement humains, brillaient déjà d'une lueur d'un autre monde. Je l'ai attrapée par le bras et je lui ai demandé : « Ça parle de quoi, exactement, ce livre ? »

Ce que j'ai compris de la vingtaine de mots qu'elle a daigné lâcher avant de se libérer était que les visages rayonnants et les robes noires avait un rapport avec la possibilité d'être aimé par un homme buveur de sang.

J'ai appris par la suite que j'avais accompagné ma fille à la fête de sortie de *Révélation*, le quatrième et dernier livre de la série vedette *Twilight*, écrit par Stephenie Meyer, une femme au foyer mormone devenue écrivain millionnaire. Ces histoires, une romance captivante entre Bella, une adolescente humaine et Edward, un vampire figé dans le temps, se sont vendues à plus de quarante millions d'exemplaires à travers le monde et ont été traduites en trente-sept langues.

J'ai dû accepter que l'amour des vampires était un « phénomène », comme notre nouveau président a dit de Sarah Palin au cours de la compagne présidentielle. Que signifiait le fait que des millions de filles fantasment sur des hommes refrénant à peine leur envie de les tuer ? En 2008 ?

Retour vers le passé

Lorsque j'ai ouvert le premier roman, *Fascination*, j'ai eu l'impression d'avoir fait un saut dans le temps. L'héroïne ressemblait d'une façon frappante à la représentation de la femme idéale du temps de ma mère, transposée au XXIe siècle. À dix-sept ans, Bella, enfant de parents divorcés, choisit d'aller vivre avec son père dans la petite ville de Forks dans l'État de Washington. Elle quitte Phoenix, en Arizona, afin de laisser à sa mère plus de temps avec son nouveau mari.

Bella adore Phoenix et déteste Forks, mais elle est spécialisée dans le sacrifice de soi. En effet, hormis son penchant pour le sacrifice et l'attraction qu'elle exerce sur les garçons, Bella n'a rien de spécial. Elle n'a pas d'intérêts ni de talents particuliers, à ce que l'on voit ; elle est incompétente face à presque tous les défis. Elle cumule les clichés d'incompétences féminines et de haine de soi. Elle n'a aucun sens de l'orientation, ni de l'équilibre. Elle a tendance à se faire des bleus et des égratignures juste en se déplaçant et ne se sent même pas capable d'explorer un bassin de marée sans y tomber[139]. Lorsqu'elle a besoin de faire quelque chose, surtout si ce quelque chose est mécanique, elle demande à un garçon et le regarde faire. Ses seuls domaines de compétence sont la cuisine et la lessive, qu'elle effectue sans se plaindre pour son père, qui est nul en cuisine malgré des années de vie solitaire (il devait être au bord de l'inanition lorsqu'elle a débarqué chez lui).

Quand Bella attire l'attention d'Edward Cullen, le vampire incroyablement beau et extraordinairement compétent, elle n'en revient pas : « J'avais beau me creuser la cervelle, je ne voyais pas du tout ce qui pouvait l'intéresser en moi ».[140] Honnêtement, ayant l'impression que Bella est le genre de fille que j'aurais pu oublier immédiatement après l'avoir rencontrée, j'étais plutôt d'accord avec elle. Lorsque Bella tombe amoureuse, elle ne pense plus qu'à l'amour. À la page 155, elle a déjà décidé que sa vie banale n'est pas un grand sacrifice par rapport au bonheur d'être avec Edward, et avant la fin du deuxième livre elle est prête à échanger son âme pour ce privilège.

Edward, en contraste avec Bella, est la virilité incarnée. Incomparablement beau, Bella vénère son corps sculpté dans le marbre qui paraît dix-sept ans, alors qu'il appartient à un vampire centenaire, figé dans le temps après avoir attrapé la grippe espagnole. Il sait tout, ayant eu cent ans pour tout apprendre. Il est allé partout et parle une multitude de langues étrangères. Il lit dans les pensées de presque tout le monde et il est assez fort pour casser un arbre en deux comme une allumette. Il court à la vitesse d'une voiture en marche et vient au secours de Bella la maladroite à maintes reprises. Lors d'une de leurs premières rencontres il la sauve d'un véhicule qui glisse vers elle sur du verglas en l'arrêtant

139. Stephenie Meyer, *Fascination*, p. 130.
140. *Ibid.*, p. 249.

à mains nues[141]. Il est satisfait de lui-même, confiant et torturé par son désir de boire le sang de Bella. Il appartient à une famille de vampires qui ont juré de s'abstenir du sang humain pour des raisons éthiques et qui sucent régulièrement le sang de grand gibier à la place. Les luttes morales d'Edward avec son désir instinctif de sang ajoutent à ses rencontres physiques avec Bella un danger érotique, mortel et moral. D'une galanterie sans pareille, il s'inquiète autant de préserver la vertu que la vie de Bella.

J'ai vraiment eu la forte impression d'être projetée dans le passé jusqu'à un monde désuet où les femmes étaient perçues comme des récipients vides du désir masculin et aptes au sacrifice. Cette expérience m'a incitée à réexaminer *Le Deuxième Sexe*, écrit par Simone de Beauvoir (1908-1986), qui est reconnu comme l'un des textes fondateurs de la philosophie féministe[142]. Simone de Beauvoir, à la différence d'autres auteurs existentialistes, n'a jamais traité de l'essence de l'amour. À la place, elle s'est demandé comment l'amour s'exprimait dans des situations concrètes, avec certaines personnes, à des moments donnés.

Pour Simone de Beauvoir en France en 1949, l'obligation pour la jeune fille de renoncer à elle-même et à son emprise sur le monde était la tragédie de l'adolescence féminine. Lorsqu'elle devient femme, elle apprend qu'elle est destinée à être un « être relatif » dont l'existence n'a de sens qu'en relation avec l'homme qui l'aime. Comme si Stephenie Meyer voulait fournir une illustration littéraire parfaite de cette affirmation, quand Edward abandonne Bella quelque temps dans le deuxième livre, Bella se décrit comme « pareille à une lune perdue – ma planète avait été détruite par le scénario d'un quelconque film catastrophe – qui continuait néanmoins à tourner en une toute petite orbite autour du vide créé par le cataclysme en ignorant les lois de la gravité »[143].

141. *Ibid.*, p. 68.

142. Simone de Beauvoir, *Le Deuxième Sexe* (Folio Essais n° 37 et 38, édition 2008).

143. Stephenie Meyer, *Tentation* (Hachette Livre, 2006), p. 213.

La mère de Bella s'émerveille de les voir ensemble, plus tard dans l'histoire : « Tu te déplaces comme si tu t'orientais systématiquement en fonction de lui. [...] À croire que tu es un satellite »[144].

Simone de Beauvoir pensait que pendant toute son enfance une fille apprend que « le monde se définit sans elle, et il a une figure immuable »[145]. Ce sont les hommes qui font l'histoire, la guerre et les meilleures œuvres d'art. Cette leçon aboutit à une situation de crise à l'adolescence. Elle écrit ainsi : « C'est une pénible condition que de se savoir passive et dépendante à l'âge de l'espoir et de l'ambition, à l'âge où s'exalte la volonté de vivre et de prendre une place sur terre ; c'est dans cet âge conquérant que la femme apprend qu'aucune conquête ne lui est permise, qu'elle doit se renier, que son avenir dépend du bon plaisir des hommes »[146]. En échange de son potentiel pour mener le monde et créer des valeurs, on lui propose, si elle a assez de chance et de beauté, l'amour d'un des meneurs du monde.

Il n'est donc pas étonnant que les fantasmes amoureux de l'adolescente comprennent une dimension de retraite vers la sécurité de la protection parentale. Après tout, devenir une adulte féminine contient une contradiction impossible. « Être féminine, c'est se montrer impotente, futile, passive, docile ». La jeune femme doit « renoncer à sa souveraineté »[147] alors que l'âge adulte signifie avoir la force et l'autonomie pour affronter le monde. Ce contraste pèse lourd dans les romans de Stephenie Meyer. Bella est sur le point de franchir tous les jalons de sa vie de femme : l'anniversaire de ses dix-huit ans, son diplôme de fin d'études, son premier rapport sexuel, le mariage et la maternité. Pourtant, pendant la plus grande partie de l'histoire, son vampire fait office de père, de mère, mais aussi d'amant. À partir du deuxième livre, un

144. *Hésitation*, p. 80.

145. *Le Deuxième Sexe* II (n° 38), p. 92.

146. *Ibid.*, p. 130-131.

147. *Ibid.*, p. 98.

loup-garou compétent et musclé, un dénommé Jacob, joue également le rôle de parent protecteur. Pendant que Bella passe des mains d'un vampire à celles d'un loup-garou et réciproquement, elle décrit l'expérience comme ressemblant à « mon enfance, lorsque Renée passait le relais à Charlie pour l'été »[148]. Sa faiblesse est celle d'un enfant, comparée à leur force d'adultes tout-puissants. Edward se confie à Bella : « Tu es si douce, si fragile. Je dois sans arrêt veiller à mes actes pour ne pas te faire mal. Je pourrais te tuer si facilement, Bella, par accident »[149]. Bella a apparemment besoin d'être portée partout et elle s'endort souvent dans les bras de son vampire, pour se réveiller bordée dans son petit lit pendant qu'il veille sur elle, ou qu'il lui joue la berceuse qu'il a composée pour elle. Elle arrive à exécuter sa première danse avec Edward parce qu'elle pose ses pieds sur les siens et que c'est lui qui les transporte à travers la salle[150]. Simone de Beauvoir a noté qu'une femme amoureuse « souhaite [...] ressusciter une situation : celle qu'elle a connue petite fille, à l'abri des adultes »[151].

L'inaptitude physique de Bella signifie également d'autres choses. Elle est une étrangère dans l'espace physique, comme si elle regardait par-dessus une haute clôture dans les domaines de l'action et du sens. Selon Beauvoir, l'adolescente renonce à la mode corporelle dominante dans son enfance, ce que le philosophe allemand Edmund Husserl (1859-1938) a décrit comme le « je peux », le corps au centre de l'action et de l'intention. Lorsque la jeune fille intériorise et assume le regard masculin, elle se positionne en tant que proie. Comme dans les contes de fées, elle devient « idole », « fée », « princesse lointaine », prisée par les hommes[152].

Dans *Twilight*, Bella remarque constamment que les garçons la regardent avec différents degrés de désir. Le regard

148. *Hésitation*, p. 238.

149. Stephenie Meyer, *Fascination* (Hachette Livre, 2005), p. 332-333.

150. *Ibid.*, p. 514.

151. *Le Deuxième Sexe* II, p. 543.

152. *Ibid.*, p. 127.

masculin confère un sens à son existence vide, en faisant d'elle le sujet de l'action masculine dans l'histoire. Simone de Beauvoir l'exprime ainsi : « L'amoureuse peut ouvrir les yeux, regarder l'homme qui l'aime et dont le regard la glorifie ; par lui le néant devient plénitude d'être et l'être est transfiguré en valeur »[153]. Bien entendu, si jamais l'attention masculine lui était retirée, son existence même serait en péril, car « l'absence de l'amant est toujours pour la femme une torture : il est un regard, un juge »[154]. En effet, lorsque Edward l'abandonne durant la plus grande partie du deuxième livre, elle s'effondre en une sorte de morte-vivante, et il faut le regard d'un loup-garou viril pour commencer à la ramener à la vie. Un point fort dans le pouvoir de séduction de cette histoire de vampires est qu'à part son absence dans *Tentation*, le regard d'Edward n'est jamais détourné de Bella. Dans un monde qui insiste encore lourdement en disant que la valeur primaire d'une jeune femme dépend de sa capacité d'éveiller le désir des hommes, Stephenie Meyer propose aux jeunes filles le fantasme d'un regard masculin qui est intense, constant et fidèle.

Quand j'ai réalisé la pertinence dans l'histoire de Stephenie Meyer de ce que Simone de Beauvoir a écrit il y a soixante ans, mon affolement parental s'est transformé en dépression profonde. Même si on essaie de faire passer le mythe de l'« éternel féminin » pour un mythe intemporel, pour Beauvoir il s'agissait d'une situation tout à fait concrète, à une époque et dans un lieu bien définis. La situation des filles aux États-Unis à l'aube du XXIe siècle ne peut certainement pas ressembler à celle des filles en France en 1949 ![155]

153. *Ibid.*, p. 548.

154. *Ibid.*, p. 557.

155. En France en 1949 cela ne faisait que cinq ans que les femmes avaient le droit de vote, sept ans que la dernière personne avait été exécutée pour avoir pratiqué des avortements illégaux, c'était seize ans avant que les femmes ne puissent travailler contre rémunération sans l'accord de leur mari et bien avant la mobilisation impressionnante des mouvements de femmes des années 1970.

À vrai dire, les barrières légales et formelles à l'égalité des femmes se sont en effet effritées. Dans un rapport sur l'inégalité hommes-femmes dans l'éducation, paru dans le *New York Times* en 2006, il a été constaté que « les femmes composent maintenant 58 % des inscrits pour les diplômes de 2 à 4 ans après le bac, et la majorité des élèves dans les universités et les écoles techniques. Les hommes obtiennent des résultats moins élevés que les femmes », et « les femmes récoltent une part disproportionnée des diplômes de grandes écoles »[156].

Nous considérons désormais la subordination des femmes comme un vestige du passé. Et pourtant, la philosophe contemporaine Susan Bordo affirme que dans notre culture envahie par les médias, plus le pouvoir masculin se retire de la loi et de la politique, plus il se concentre sur l'image du corps féminin et sur tout ce qui permet aux femmes de se voir comme des personnes à part entière[157].

Mary Pipher est une psychologue réputée pour son expérience de thérapeute auprès des adolescentes. Son ouvrage *Reviving Ophelia* a atteint la première place des meilleures ventes nationales de la liste du *New York Times* il y a une dizaine d'années. Elle confirme cette thèse : « Il arrive quelque chose de dramatique aux jeunes filles au début de l'adolescence... Elles perdent de leur ressort et leur optimisme et deviennent moins curieuses et ont moins tendance à prendre des risques. Elles perdent leur personnalité assurée, dynamique et « garçon manqué » et deviennent respectueuses, critiques à leur propre égard et déprimées. Elles se disent

156. Tamar Lewin, « The New Gender Divide : At Colleges, Women are Leaving Men in the Dust », *New York Times*, July 9, 2006. Notre traduction.

157. Plusieurs textes traitent de cette affirmation explicitement ou implicitement. Voir *Unbearable Weight : Feminism, Western Culture and the Body* (Berkeley : University of California Press, 1993) ; *Twilight Zones : The Hidden Life of Cultural Images from Plato to O.J.* (Berkeley : University of California Press, 1997) ; *The Male Body : A Look at Men in Public and Private* (New York : Farrar, Straus and Giroux, 1999).

très mécontentes de leur propre corps »[158]. Les mamans féministes sont particulièrement déroutées, car alors que « nous avons élevé nos filles afin qu'elles aient de l'assurance et de la confiance en elles... elles semblent anxieuses et obsédées par leur féminité »[159]. Nos messages d'égalité des chances, note-t-elle, sont diffusés dans un monde où ils s'écrasent contre des « valeurs de pacotille » d'une culture obsédée par une version étroite de la beauté féminine. Plaire aux garçons est toujours la meilleure voie dans le jardin secret de la collégienne américaine. Les femmes sont sans cesse représentées comme « à moitié habillées et à moitié intelligentes »[160] au cinéma et à la télévision, alors qu'à la maison et à l'école on explique aux filles en long, en large et en travers qu'elles peuvent devenir tout ce qu'elles veulent. Les filles rencontrent ce paradoxe à un moment où « elles n'ont pas encore les aptitudes cognitives, émotionnelles et sociales » pour s'en sortir, affirme Pipher. « Elles sont paralysées par des données compliquées et conflictuelles qu'elles n'arrivent pas à interpréter. Elles se débattent pour élucider l'insoluble et pour donner un sens à l'absurde »[161]. L'effort les accable. Pipher décrit sa propre fille et ses camarades, expliquant que parfois « elles semblaient écrasées... Beaucoup de jeunes filles confiantes et épanouies se transformaient en adolescentes en situation d'échec, tristes et en colère »[162].

L'écrivain Lynn Philips confirme que la plupart des jeunes femmes ne se débarrassent pas de ces conflits à la fin de l'adolescence. Au cours des études supérieures, les femmes se trouvent face à « un environnement plein de messages brouillés »[163]. On nous dit qu'une femme accomplie doit savoir

158. Mary Pipher, *Reviving Ophelia : Saving the Selves of Adolescent Girls* (New York : Riverhead Books, 1994), p. 19. Notre traduction.

159. *Ibid.*, p. 15. Notre traduction.

160. *Ibid.*, p. 42. Notre traduction.

161. *Ibid.*, p. 43. Notre traduction.

162. *Ibid.*, p. 11. Notre traduction.

163. Lynn M. Philips, *Flirting with Danger : Young Women's Reflections on Sexuality and Domination* (New york and London : New York University Press, 2000), p. 18. Notre traduction.

aussi bien plaire dans le sens traditionnel – elle est passive, agréable, enfantine et subordonnée, avec un penchant pour l'abnégation – qu'assurer, c'est-à-dire qu'elle doit savoir ce qu'elle veut sexuellement et professionnellement et tout faire pour l'obtenir[164].

Ce que les jeunes femmes apprennent sur la sexualité masculine est également paradoxal[165]. D'un côté les violeurs ou les maris violents sont des exceptions pathologiques par rapport aux hommes normaux. D'un autre côté, la sexualité masculine en général est dangereuse, la « libido des hommes est par nature irrésistible et agressive », et une jeune femme ne devrait pas commencer quelque chose si elle n'a pas l'intention d'aller jusqu'au bout.[166] Même de nos jours, les jeunes femmes disent perdre le sens de leur propre importance lors des rencontres sexuelles. Elles ont l'impression d'avoir « une sorte de responsabilité d'accepter ce que fait leur partenaire mâle, et même de faire semblant d'être excitée, afin de ne pas gêner son état d'excitation »[167].

Les jeunes femmes captent deux messages au sujet de l'amour hétérosexuel : d'une part, la notion omniprésente que l'amour triomphe de tout. Il est soi-disant le seul salut de la femme. D'autre part, il y a la notion que l'amour fait mal, que les femmes ne doivent pas attendre grand-chose des hommes, qui après tout viennent de Mars et non pas de Vénus[168].

Nous apprenons donc de ces auteurs que si l'inégalité légale a bien reculé, l'infantilisation des femmes en tant qu'objets du désir masculin s'est intensifiée. La subordination est en train d'être chassée du domaine public, mais elle a gardé son emprise dans le domaine privé, surtout dans le domaine le plus privé, celui où nous devenons nous-mêmes. Les messages culturels sont envahis de paradoxes. Et le jardin

164. *Ibid.*, p. 38-52. Notre traduction.

165. *Ibid.*, p. 52-61.

166. *Ibid.*, p. 58.

167. *Ibid.*, p. 109.

168. *Ibid.*, p. 69-76.

secret où les jeunes femmes démêlent ces réalités est dans une pagaille monstre.

Message féministe en filigrane

Le génie de Stephenie Meyer est qu'elle débroussaille ce jardin secret et donne aux filles une histoire qui a l'air de réconcilier toutes les contradictions. J'ai déjà beaucoup expliqué comment Bella ressemble à l'image de la femme que nous pourrions associer aux années 1950. Je n'ai pas encore dit ce sur quoi elle diffère.

Le plus surprenant dans l'histoire d'amour de Bella et Edward, ce n'est pas qu'il doive résister à son désir pressant de perforer la carotide de Bella, mais que ce soit lui, et non pas elle, qui freine leurs rencontres érotiques. Sachant qu'une perte de contrôle peut signifier la mort pour sa bien-aimée, Edward est obligé d'exercer un contrôle qui laisse Bella haletante de désir. Il repousse régulièrement ses avances alors qu'elle a une envie folle de lui arracher ses vêtements. Finalement il cède au désir sexuel alors qu'elle est encore humaine, mais uniquement après avoir obligé Bella à l'épouser. On apprend qu'elle avait « été élevée dans la crainte des robes blanches meringuées et des bouquets » par sa mère, et que « sur la liste noire de celle-ci, les mariages précoces dépassaient de loin le fait d'ébouillanter des chiots »[169]. Néanmoins, Bella fête ses dix-huit ans, reçoit son diplôme de fin d'études, épouse Edward pour assouvir son désir sexuel et tombe enceinte, presque simultanément.

Dans les entretiens de Lynn Philips avec de jeunes étudiantes, celle-ci remarque que ce qui manquait au méli-mélo du discours sur le sexe, l'amour et la sexualité étaient des récits de responsabilité masculine et de plaisir féminin sans sanction. Stephenie Meyer propose un discours de responsabilité masculine à ses lectrices, qui ont sans aucun doute rêvé de telles histoires. Comme me l'a récemment dit une

169. Stephenie Meyer, *Révélation* (Hachette Livre, 2008), p. 18, 30.

adolescente à la suite d'une rencontre désagréable avec un adolescent dans une voiture, « j'aimerais qu'il pige enfin ». Edward pige. Il sait que le sexe est dangereux pour Bella ; il lit chaque signe de détresse ou de joie avec une justesse et une sensibilité spectaculaires.

Stephenie Meyer ne livre pourtant pas à ses jeunes lectrices une histoire claire de désir féminin sans sanction. À un moment donné, elle semble même nous fournir une critique du plaisir hétérosexuel et de la maternité qui est la plus brutale que nous ayons vue en trente ans. Le premier rapport sexuel avec le vampire laisse le lit en miettes et Bella couverte de bleus. Elle tombe enceinte d'un enfant vampire qui risque de la détruire de l'intérieur ; chaque coup de pied du fœtus provoque une hémorragie interne. Affaiblie presque jusqu'à en mourir par cette grossesse accélérée, sur le point de n'être plus qu'« un corps brisé, déchiré, sanglant », Bella s'abreuve de sang humain, pris dans une réserve de don du sang par le père d'Edward, docteur et vampire, car rien d'autre ne calme « la petite meurtrière »[170]. Plutôt que de laisser la petite bête dévorer son chemin vers l'extérieur, une césarienne est pratiquée alors que Bella dégringole vers la mort. Edward est alors contraint d'injecter son venin à Bella pour la sauver, la transformant en vampire par la même occasion.

Il m'a fallu du temps pour le remarquer, car c'est enfoui très profondément, surtout dans les deux premiers livres, mais il y a un message féministe en filigrane dans ce quatuor vampirique. Bella annonce dans *Fascination* qu'elle « n'apprécie guère qu'il y ait deux poids, deux mesures » et elle écrit une dissertation pour son professeur d'anglais qui demande si « la façon dont Shakespeare dessine ses personnages féminins est [...] misogyne »[171]. Une invitation subtile au lecteur de se poser la même question au sujet des personnages de Stephenie Meyer. Nous découvrons que Bella veut être un vampire, pas seulement pour éviter de dépasser Edward en

170. *Ibid.*, p. 367, 369.

171. Stephenie Meyer, *Fascination* (Hachette Livre, 2005), p. 104, 160.

âge et vivre éternellement heureuse avec lui, mais aussi parce que dans le monde des vampires, il n'y a pas de différence marquée selon le sexe. Les femmes vampires ne montrent pas de déférence particulière envers les hommes. Elles sont dotées des mêmes super-pouvoirs qu'eux. Rosalie, la sœur d'Edward, est la meilleure mécano de la famille. Les femmes vampires sont clairement la réponse à la complainte de Bella la maladroite, à la fin de *Fascination* : « Il me paraît logique qu'un homme et une femme soient... à égalité. L'un d'eux ne peut passer son temps à se porter au secours de l'autre. D'une façon ou d'une autre, chacun est là pour sauver l'autre [...]. Je refuse de me cantonner au rôle de Lois Lane », continue-t-elle, « je veux aussi être Superman »[172]. Pour le lecteur aussi, l'ennui inspiré par l'énième sauvetage suscite l'espoir d'autre chose. « Je souhaitais devenir féroce et mortelle »[173]. Bella nous dit : « Tu verras, quand je serai vampire ! Je ne resterai pas sur le banc de touche, la prochaine fois ! »[174]

La transformation de Bella ressemble à un baptême du feu, presque littéralement, car la douleur d'être transformée en vampire brûle, pourtant elle n'est pas déçue. Elle réintègre de suite et avec conviction son corps, le « je peux » d'Edmund Husserl. « Au moment où j'envisageais de me redresser, j'étais déjà debout. Aucun laps de temps ne venait interférer entre la pensée de l'action, et l'action »[175]. Elle est plus rapide et plus forte qu'Edward. « Je sentais fort bien à présent la puissance impressionnante qui animait mes membres. J'étais certaine que, si je l'avais voulu, j'aurais été capable de creuser un tunnel sous le cours d'eau ; me frayer un passage à coups de poing et de griffes dans le sol rocheux ne m'aurait guère pris de temps »[176]. Au lieu d'être portée par Edward à travers la forêt, elle court à ses côtés. « Je courus non derrière lui, mais à son côté, à travers le labyrinthe de

172. *Ibid.*, p. 500.
173. Stephenie Meyer, *Tentation* (Hachette Livre, 2006), p. 274.
174. Stephenie Meyer, *Hésitation* (Hachette Livre, 2007), p. 544.
175. Stephenie Meyer, *Révélation* (Hachette Livre, 2008), p. 400.
176. *Ibid.*, p. 420.

verdure... Je guettais l'instant où je serais essoufflée, mais je respirais normalement. Je guettais la brûlure de la fatigue dans mes muscles, mais mes forces avaient l'air d'augmenter à mesure que je m'habituais à mon allure. Mes bonds s'allongeaient et, bientôt, Edward fut obligé d'accélérer pour ne pas être distancé. J'éclatai de rire, aux anges, quand je devinai qu'il prenait du retard sur moi »[177]. Ces prouesses physiques signalent avant tout un changement existentiel. « Désormais, je l'avais rejoint dans le récit »[178], dit Bella, triomphante, et les lecteurs aussi poussent un soupir de soulagement. Dans l'horrifiante rencontre finale entre le Bien et le Mal, ce sera Bella, et non pas les garçons, qui sera l'héroïne du jour.

Le prix de l'existence

Ce qui est réjouissant dans l'histoire de Bella, c'est qu'elle ne se termine pas comme les contes de fées, après le baiser qui ramène la princesse à la vie, ou le mariage au château. La fin du conte de fées tourne carrément au cauchemar, en fait, lorsque le fœtus moitié vampire menace la vie même de Bella. Cependant, cet amour autodestructeur se métamorphose petit à petit dans un style d'amour que Simone de Beauvoir aurait appelé authentique, un amour entre deux êtres libres et égaux. Bella traverse la tragédie de l'aliénation de soi et en vient à bout. Stephenie Meyer fait le tri dans les récits conflictuels de la passivité et du pouvoir féminins, de la pureté et du désir, de l'innocence et de la responsabilité, de la dépendance et de l'autonomie, et elle en fait une histoire où les uns mènent finalement aux autres.

Face à une vie d'adulte, comme ce que Beauvoir appelait « un être relatif », une fille peut se persuader qu'« il n'y a pas pour elle d'autre issue que de se perdre corps et âme en celui qu'on lui désigne comme l'absolu, comme l'essentiel »[179].

177. *Ibid.*, p. 423.
178. *Ibid.*, p. 489.
179. *Le Deuxième Sexe* II, p. 540.

Pourtant l'extase de cette méthode de perte de soi n'est pas masochiste, au fond : « Elle choisit de vouloir si ardemment son esclavage qu'il lui apparaîtra comme l'expression de sa liberté ; elle s'efforcera de surmonter sa situation d'objet inessentiel en l'assumant radicalement »[180]. Au paroxysme du sacrifice, ce que Simone de Beauvoir appelle le « rêve d'anéantissement » est en fait « une avide volonté d'être [...] la femme en se livrant tout entière à l'idole dont elle espère qu'il va lui donner tout à la fois la possession d'elle-même et celle de l'univers qui se résume en lui »[181].

Ce qui est décourageant dans les romans de Stephenie Meyer, c'est la réintégration d'une vieille promesse : assumez votre statut de proie, d'objet, et vous gagnerez votre liberté de sujet, de centre d'action et de signification. Cherchez votre existence aux yeux d'un sujet masculin souverain, et vous la trouverez. Les vieux contes laissent tomber l'héroïne dans un abîme. Nous ne savons pas ce qui arrive à la Belle au bois dormant, à Cendrillon ou à Blanche Neige après le baiser, la demande en mariage ou la cérémonie : leur « bonheur » ressemble à une mort invisible. Mais nous savons bien ce qui arrive à Bella, elle est littéralement déchirée par les besoins et les désirs des autres. L'auteur promet la résurrection comme une étape dans ce drame pas tout à fait humain, ainsi qu'une forte emprise sur le monde, et l'on imagine Stephenie Meyer en train de ressusciter à travers son écriture, qui la fait exister de nouveau.

Il y a un écart ici entre la promesse au lecteur et l'activité propre de l'auteur. Stephenie Meyer n'est pas passée du purgatoire de la non-existence féminine à la célébrité en se laissant vider de son sang. Un travail créatif acharné et volontaire l'a ressuscitée. Comment ouvrir la porte de l'imagination féminine pour les jeunes filles d'aujourd'hui, pour qu'elles retrouvent le chemin qui les ramène à elles-mêmes sans passer par l'abnégation féminine traditionnelle ? Est-ce que la seule

180. *Ibid.*, p. 540.
181. *Ibid.*, p. 544.

façon de faire passerait par les métaphores traditionnelles misogynes ? Si oui, nous devons féliciter Stephenie Meyer. Ses livres persistent à redonner vie à la promesse qu'une vie constructive résulte de l'abnégation de soi dans l'intérêt des autres et de l'union avec l'une des créatures exceptionnelles qui vivent l'aventure de la vie à la première personne. Elle promet à nos filles la même chose que l'on promettait à nos mères. Dans ce sens, le succès fou de *Twilight* est peut-être une source d'inquiétude.

PARTIE 3
HÉSITATION

EDWARD CULLEN ET BELLA SWAN
HÉROS BYRONIEN ET FÉMINISTE... OU PAS ?

Abigail E. Myers

Grand. Pâle. Beau. Mystérieux. Tous ces adjectifs décrivent Edward Cullen dans *Twilight*, mais ils s'appliquent aussi au traditionnel héros byronien littéraire. Stephenie Meyer, qui a une licence d'anglais de l'Université Brigham Young, a appelé son héros Edward d'après Edward Ferrars dans *Raison et Sentiment* de Jane Austen, et Edward Rochester dans *Jane Eyre* de Charlotte Brontë (1816-1855) – des héros byroniens tous les deux. Rochester, dans *Jane Eyre*, offre une comparaison particulièrement intéressante avec le personnage d'Edward.

Rochester est considéré depuis longtemps comme un héros byronien, un terme rentré dans le langage avec les œuvres du poète britannique George Gordon, Lord Byron (1788-1824)[182]. Lord Byron vivait au début du XIXe siècle, et était lui-même comme un personnage dans une de ses œuvres littéraires, telles que *Don Juan* (1818) ou *Le Pèlerinage de Childe Harold* (1824). Edward Cullen est-il aussi un héros byronien ? Et si oui, que peut-on apprendre sur Bella des réactions de Jane Eyre envers son Edward à elle ? Les réponses à ces questions nous renseignent sur les deux héroïnes et les placent dans les traditions littéraires de leur époque. Stephenie Meyer essaie-t-elle de recréer un héros byronien pour le public du XXIe siècle ? C'est ce que nous allons voir.

182. George Gordon est devenu Lord Byron à l'âge de dix ans, à la mort de son père. Il a arrêté d'utiliser le nom Gordon après cela, comme la coutume le voulait. Voir Frank D. McConnell, *Byron's Poetry* (New York : Norton and Company, 1978).

On n'est jeune qu'une fois, mais on peut être éternellement byronien

Le Dictionnaire des termes littéraires d'Oxford définit le héros byronien comme « un paria audacieux et rebelle, qui méprise les conventions, tout en souffrant d'un péché non identifié »[183]. Il est intelligent, passionné et d'une manière générale au-dessus de la moyenne de toutes les manières possibles, y compris en beauté, mais il est également tourmenté, mystérieux, imprévisible et il méprise l'autorité. En d'autres termes, c'est un « mauvais garçon », le genre de garçon contre lequel votre maman vous met en garde. Ou, dans le cas de la mienne, elle l'aurait fait si elle n'avait pas été occupée à draguer des sportifs professionnels. Mais ça, c'est une autre histoire...

La personnalité de Lord Byron, un « homme complexe, qui aimait bien discourir sur sa propre complexité »[184], fait souvent de l'ombre à ses propres succès créatifs. Lorsqu'un terme littéraire porte le nom de quelqu'un, ça laisse entendre qu'il était plutôt innovateur dans son domaine, et les épopées de Byron sont universellement considérées comme des classiques du genre. Byron était un rebelle connu pour ses prouesses amoureuses, son goût pour les fêtes somptueuses et les belles femmes ainsi que pour sa décision un peu étrange de se joindre, à la fin de sa vie, à la guerre d'indépendance grecque. Mais si c'est un genre que vous appréciez, *Le Pèlerinage de Childe Harold* est l'exemple du héros éponyme de Byron le plus cité. En lisant ces vers, on comprend tout de suite pourquoi :

> « Jadis en Albion vivait un jeune homme pour qui la vertu était sans attrait ;
> il passait le jour dans les désordres les plus honteux

183. Chris Baldick, *Oxford Dictionary of Literary Terms* (Oxford : Oxford University Press, 2008). Oxford Reference Online, OUP, St. John's University, www.oxfordreference.com/views/ENTRY.html?subview=Main&entrey=t56.e155. Notre traduction.

184. McConnell, *Byron's Poetry*, p. xi.

et affligeait les oreilles de la nuit des éclats de sa gaieté scandaleuse
S'il faut le dire, c'était un effronté libertin,
S'adonnant outre mesure aux orgies et aux profanes joies ;
Peu d'objets ici-bas avaient le don de lui plaire,
à l'exception des concubines, des compagnies charnelles,
des mauvais sujets de haut et bas étage.

***

Parfois, néanmoins, au milieu des plus bruyants transports de sa gaieté, d'étranges angoisses se trahissaient sur le front d'Harold, comme si sa conscience eût été troublée du souvenir de quelque mortelle haine ou de quelque passion déçue ;
mais c'est ce que tout le monde ignorait, ce que personne ne se souciait de savoir ;
car son âme n'était pas de celles qui, naïves et sans art,
se soulagent en épanchant leur douleur ;
et, quels que fussent les chagrins qui l'oppressaient,
il ne demandait des consolations ni à l'amitié,
ni aux conseils de personne »[185].

Hum. Ça ne vous rappelle personne ? Quelqu'un qui aime sortir la nuit et conduire vite, qui pourrait facilement se laisser aller et qui connaît quelques « mortelles haines » ? Ce poème pourrait décrire Edward Cullen, bien qu'il ait été écrit cent quatre-vingts ans avant l'arrivée de *Twilight* en librairie. Il y a une sorte d'immortalité implicite dans l'image du héros byronien ; le choix de donner des caractéristiques byroniennes à Edward, immortel en tant que vampire et héros byronien, suggère un autre niveau de lecture possible pour la série de livres qui a enflammé la génération actuelle des jeunes adultes aux États-Unis.

185. *Œuvres complètes de Lord Byron*, trad. Benjamin Laroche (Paris : Charpentier, 1838), p. 68, strophes 2 et 8.

Edward Rochester. Ce seul nom arrache des soupirs à des générations entières de lectrices de *Jane Eyre*, l'œuvre immortelle de Charlotte Brontë, publié en 1847 sous le pseudonyme de Currer Bell. C'est l'histoire d'une préceptrice pauvre mais passionnée, qui tombe amoureuse de son employeur sombre, mystérieux et torturé (cela vous rappelle quelque chose ?). *Jane Eyre* est un livre emblématique de la littérature victorienne britannique, qui inspire des films, des bandes dessinées et des romans contemporains depuis près de deux siècles[186]. Qu'est-ce qui fait d'Edward Rochester un héros byronien tant imité ? Vous devriez vraiment lire le livre. Mais au cas où vous seriez déjà dans la file d'attente pour des places à l'avant-première de *Tentation*, et que vous ne pouvez pas quitter votre place pour courir dans une librairie, je vais vous le raconter un petit peu[187].

Jane, la narratrice, va à l'école dans un pensionnat pour orphelines. Après ses études, elle est embauchée par une gouvernante vieillissante comme préceptrice pour une jeune fille, Adèle, dans le somptueux manoir de Thornfield. (Une jeune fille studieuse démarre une nouvelle vie loin de la maison, sans ami et avec un sens d'aventure et d'inquiétude, cela semble familier...) Le maître, lui dit-on, n'est que rarement à la maison. Elle passe la plus grande partie de son temps avec Adèle et les domestiques. Elle rencontre Edward Rochester, tuteur légal d'Adèle et propriétaire de Thornfield, en se promenant, après qu'il a eu un accident de cheval. Presque tout de suite, elle est tour à tour troublée puis attirée par Rochester : « Il avait encore quelque chose d'effrayant lorsqu'il appuyait sa tête massive contre le dossier rembourré du fauteuil, et que la lumière du feu, arrivant en plein sur ses traits de granit, éclairait ses grands yeux noirs ;

186. À mon avis, la seule adaptation de *Jane Eyre* qui vaille la peine est la mini-série de la BBC de 2006. Voir www.bbc.co.uk/drama/janeeyre/about.shtml.

187. Je vous conseille une page internet excellente, qui s'appelle Charlotte's Web, au sujet de *Jane Eyre* sur www.umd.umich.edu/casl/hum/eng/classes/434/charweb/index.html.

car il avait de fort beaux yeux noirs qui, changeant quelquefois tout à coup de caractère, exprimaient, sinon la douceur, du moins un sentiment qui s'en rapprochait beaucoup[188] ».

Rochester met Jane en garde tout de suite : « Je suis un pécheur vulgaire, plongé dans toutes les misérables dissipations que recherchent les riches pour égayer leur vie… Le seul remède possible, c'est une conduite meilleure, et je pourrais y arriver ; j'ai encore assez de force si… Mais pourquoi y penser, accablé et maudit comme je le suis ? Et d'ailleurs, puisque le bonheur m'est refusé, j'ai le droit de chercher le plaisir dans la vie, et je le trouverai à n'importe quel prix »[189].

Bien entendu, ce petit discours fait palpiter le cœur de Jane, et finalement notre héros et notre héroïne se déclarent leur amour éternel. Mais voilà le problème : Jane est une fille sage et Rochester un mauvais garçon. Un très mauvais garçon. Sans trop révéler l'histoire pour ceux d'entre vous qui campez encore devant le cinéma multiplex, Jane découvre finalement l'affreux secret de Rochester – tous les bons héros byroniens en ont au moins un – et elle lui dit, en termes victoriens très clairs, que tout est fini entre eux[190]. Pour être tout à fait sûre qu'il a compris le message, elle quitte Thornfield en cachette, n'emmenant presque rien et avec comme seul projet d'aller en calèche aussi loin que le lui permettra le peu d'argent qu'elle a en poche. Elle quitte Thornfield à l'aube en pensant à « ce tendre maître, qui maintenant ne pouvait dormir, attendait le jour avec impatience. Dès le matin, il m'enverrait sûrement appeler… je serais partie. Il me ferait chercher de tous côtés… poursuite inutile. Il se verrait abandonné, il sentirait son amour rejeté, il souffrirait… et sa souffrance irait peut-être jusqu'au désespoir, au désespoir sans

188. Charlotte Brontë, *Jane Eyre, ou les Mémoires d'une institutrice* (Hachette, Paris, 1868), traduit par Mme Lesbazeilles-Souvestre, p. 130.

189. *Ibid.*, p. 135.

190. SPOILER ! Le secret est que la première femme de Rochester est non seulement vivante et toujours sa femme, mais folle et enfermée dans le grenier à Thornfield. Jane ne découvre pas la vérité lors d'un cœur à cœur avec son futur mari mais – c'est atroce ! – au cours de la cérémonie de mariage. Voilà ce qui donnerait une raison à n'importe quelle femme de monter sur ses grands chevaux.

remède... Toutes ces pensées me vinrent aussi... et ma main, un moment, s'éleva... s'éleva jusqu'au bouton de la porte... Je la retirai pourtant, et me remis à fuir[191].

Mais quelle froideur ! Quel genre de fille douce et innocente prendrait le large comme ça ? Une gentille fille ne devrait-elle pas soutenir son homme, ou se languir de lui comme Bella Swan dans *Tentation* ? Pas celle-ci.

Jane Eyre : Préceptrice téméraire, fiancée fugueuse et héroïne féministe

Sandra M. Gilbert et Susan Gubar expliquent dans leur préface de *Jane Eyre* que dans ce livre « une narratrice déterminée parle de ses désirs de liberté avec une autorité surprenante pour 1847 »[192]. Effectivement, Jane est considérée depuis longtemps comme un personnage littéraire révolutionnaire, une instigatrice, un modèle pour les héroïnes féministes actuelles. Surprenant, n'est-ce pas ?

Après avoir étudié dans une école de filles stricte et conservatrice, Jane travaille comme préceptrice, occupation assez courante pour une jeune femme au XIXe siècle. Son récit se termine d'une façon assez conventionnelle pour les femmes en 1847. Jane elle-même est une femme accomplie, sachant dessiner, jouer du piano, coudre et j'en passe. Pour les lecteurs contemporains, l'image de l'héroïne féministe correspond peut-être à l'agent Scully, Hermione Granger, la présidente Laura Roslin, ou même à Bridget Jones ou Carrie Bradshaw[193] mais sans doute pas à une préceptrice du XIXe siècle. De nos jours, nous nous attendons à des héroïnes dures à cuire, armées jusqu'aux dents et sans chichis, ou bien à des femmes professionnelles, obsédées par les chaussures ou par

---

191. Charlotte Brontë, *Jane Eyre, ou les Mémoires d'une institutrice* (Hachette, Paris, 1855), traduit par Paul-Émile Daurand Forgues, p. 38.

192. Sandra M. Gilbert et Susan Gubar, éd., *The Norton Anthology of Literature by Women*, 2e édition (NY : Norton and Company, 1996).

193. Respectivement des personnages de la série *X-Files*, des aventures de *Harry Potter* (J. K. Rowling), *Battlestar Galactica*, des livres de Helen Fielding et de la série *Sex and the City*.

leur poids, mais certainement pas à une jeune femme guindée et discrète, qui ne sortirait jamais sans bonnet.

Et pourtant, nous aurions tort. Jane incarne un personnage féministe par sa détermination à rester fidèle à ses convictions morales, malgré les histoires que lui raconte l'homme auquel elle fait face, par sa foi dans la moralité et dans l'instruction, par sa volonté et sa capacité de subvenir à ses propres besoins et par sa loyauté envers ses amis. Par exemple, quand Edward Rochester essaie de persuader Jane de rester avec lui malgré son terrible secret, elle refuse. Jane sait que rester avec Rochester compromettrait les principes moraux auxquels elle croit profondément, même si elle sait qu'elle souffrira de quitter l'homme qu'elle aime :

« C'est à moi de m'inquiéter de moi-même. Plus je suis abandonnée, moins j'ai d'amis, moins j'ai de soutiens, et plus je me dois de respect. J'observerai la loi donnée par Dieu, sanctionnée par les hommes. Ces principes que j'ai reçus, que ma raison adoptait quand j'étais de sang-froid, y renoncerai-je parce que, dans un moment de folie, je cesse d'y croire ? Quelle serait donc leur valeur, si elle variait au gré de ces mouvements déréglés qui font battre mon cœur, circuler du feu dans mes veines, frémir mes lèvres et se troubler ma vue ?... Sur ce rocher inébranlable, je veux rester, je resterai, rocher comme lui »[194].

Lorsque Jane doit tout recommencer de zéro, elle décide calmement d'utiliser ses expériences et son éducation pour rester indépendante. Lorsqu'on lui demande si elle est instruite, elle est fière d'expliquer : « Oui, très, car je suis allée huit ans en pensionnat »[195]. Pourtant elle est prête à faire toute sorte de travail pour survivre. « Tout ce qu'une femme peut faire sans s'avilir, je le ferai, Monsieur, pour gagner ma vie »[196]. On propose à Jane un poste comme enseignante dans

194. Charlotte Brontë, *Jane Eyre; ou les Mémoires d'une institutrice* (Hachette, Paris, 1855), traduit par Paul-Émile Daurand Forgues, p. 110.

195. Charlotte Brontë, *Jane Eyre*. Notre traduction.

196. Charlotte Brontë, *Jane Eyre, ou les Mémoires d'une institutrice* (Hachette, Paris, 1855), traduit par Paul-Émile Daurand Forgues, p. 126.

une petite école rurale, ce qu'elle commente de la manière suivante : [le travail] « était en effet humble, mais c'était à l'abri, et j'avais besoin d'un refuge ; c'était laborieux, mais j'avais plus d'indépendance qu'une gouvernante dans une belle maison ; et j'avais peur au plus profond de mon âme de servir des étrangers. Le travail n'était pas ignoble, ni indigne, ni dégradant »[197]. On voit ici que, si Jane est fière de son niveau d'instruction, ce qui lui importe le plus est d'être indépendante et autonome. Bella a certaines de ces qualités, comme on le voit quand elle ne veut pas que Charlie, son père, lui achète une voiture à son arrivée à Forks, ou quand elle part toute seule en avion à Washington pour vivre avec Charlie, ou même quand elle rentre dans l'Arizona lorsque James la poursuit. De même, son intérêt pour Edward peut suggérer son intention de devenir indépendante, même si elle ne peut pas encore subvenir à ses propres besoins.

Enfin, comme toute héroïne féministe digne de ce nom, Jane Eyre fait preuve d'une grande loyauté envers ses amis, tout comme Bella (je ne dirais qu'un seul mot, qui se passe de commentaires : Jacob). Jane est choquée d'apprendre qu'elle a hérité une grosse fortune d'un oncle qu'elle n'a jamais rencontré, mais elle est bien plus enthousiasmée par le fait que la famille Rivers, chez qui elle était logée après sa fuite de Thornfield, lui soit apparentée. Elle choisit de partager sa fortune avec les autres membres de sa famille, en dépit de leurs protestations. « Je fus emmenée, par une série de réflexions que vous eussiez faites comme moi, j'en suis certaine, à me demander pourquoi je n'associerais pas à mes nouvelles destinées les protecteurs sans lesquels les bienfaits de mon oncle eussent été sans nul doute perdus pour moi... D'ailleurs, puisqu'un jour ou l'autre il faudrait me faire une famille... quelles sœurs vaudraient l'aimable

197. Charlotte Brontë, *Jane Eyre*. Notre traduction.

Diana, la bonne Mary ? De quel frère serais-je plus fière que de Saint-John ? »[198]

Alors que l'arme la plus dangereuse de Jane est sans doute son coup de fusain, et son éducation qui doit être l'équivalent d'un niveau de troisième ou de seconde en France, on voit facilement pourquoi les critiques et les lecteurs la voient comme héroïne féministe, un faire-valoir fascinant et inhabituel du mauvais garçon byronien Edward Rochester. Même s'il courtise les beautés gâtées et superficielles comme Blanche Ingram, c'est Jane, modeste mais posée et déterminée, qui gagne son cœur. Les filles gentilles gagnent sur toute la ligne dans *Jane Eyre*, emportant la richesse matérielle, les liens familiaux et l'amour romantique, en plus de la satisfaction morale et intellectuelle.

Quel est le rapport entre ces aspects de *Jane Eyre* et la saga *Twilight* ? Vous avez remarqué les parallèles superficiels avec Edward et Bella. Voyons comment les deux enfants étranges de Forks se comparent avec ces personnages vraiment immortels.

Le héros byronien : Disponible près de chez vous en perfection marbrée et finition brillante

Edward est l'objet de l'affection de Bella assez tôt dans la série *Twilight*. Il serait difficile de ne pas remarquer le beau mec boudeur qui ne mange jamais rien à la cantine du lycée, où il s'assoit avec sa famille très séduisante. Celui qui conduit une voiture de sport à l'école alors que la plupart des autres garçons conduisent des pick-up en ruines. Se demander s'il rentre dans le moule du héros byronien, cela revient-il à demander si un vampire boit du sang ?

Nous avons vu plus haut que les héros byroniens ne manquent pas de qualités. En général, ils sont intelligents, et Edward affiche vite ses connaissances lorsqu'ils travaillent

198. Charlotte Brontë, *Jane Eyre, ou les Mémoires d'une institutrice* (Hachette, Paris, 1855), traduit par Paul-Émile Daurand Forgues, p. 141.

ensembles en biologie[199]. Les héros byroniens sont courageux, comme Edward lorsqu'il sauve Bella de l'accident de voiture[200]. Et lorsqu'un héros byronien fixe son attention sur quelque chose, il est passionné, comme le confie Edward à Bella :

« 'Ça me rend... anxieux... d'être loin de toi.' Ses yeux étaient doux, mais leur intensité liquéfia mes os[201]. 'Je ne plaisantais pas, jeudi dernier, lorsque je t'ai priée de ne pas tomber à l'eau ou d'éviter de te faire écraser. J'avais la tête ailleurs, tellement je m'inquiétais pour toi ».[202]

En revanche, les héros byroniens sont aussi dangereux, si dangereux qu'ils ont tendance à vous l'avouer ouvertement. Tout à fait comme Childe Harold et Edward Rochester ! Ils ne cachent pas à quel point ils sont perturbés, ils s'en délectent, en parlent, ils écrivent à ce sujet et ils en scintillent dans une clairière ! Edward Cullen a sa place ici. « Tu ne comprends donc pas, Bella ? Que je me rende malheureux est une chose, mais je refuse de t'impliquer. Je ne veux plus t'entendre dire pareilles balivernes, ajouta-t-il en reportant ses yeux angoissés sur la route. C'est malsain, dangereux. Je pourrais te faire du mal, Bella, il faut que tu en aies conscience »[203]. Pfff, on dirait qu'il avait pompé cette tirade directement à Edward Rochester.

Et puisque aucun héros byronien ne se passe d'un atroce secret, Edward Cullen en a un : il est un vampire de plus de cent ans. Il se décharge de son fardeau un peu plus tôt que Rochester, et on peut applaudir Bella qui y voit clair bien plus rapidement que Jane Eyre :

« J'ai fait des recherches sur Internet.

- Et ça t'a convaincue ?

199. Stephenie Meyer, *Fascination* (Hachette Livre, 2005), p. 57.

200. *Ibid.*, p. 68.

201. Un trait commun byronien jusqu'ici non découvert : un regard intense. Cette découverte devrait me valoir au moins un prix Nobel !

202. Stephenie Meyer, *Fascination* (Hachette Livre, 2005), p. 206.

203. *Ibid.*, p. 208.

L'air à peine intéressé, ce que démentaient ses mains toujours aussi crispées sur le volant.

- Non. Rien ne correspond. La plupart de ce que j'ai trouvé était stupide. Et après...

- Quoi ?

- J'ai décidé que ça n'avait pas d'importance.

- Pardon ?

Son incrédulité me fit lever la tête. J'étais parvenue à briser son flegme soigneusement étudié. Il avait l'air un peu furieux aussi, comme je l'avais craint.

- Non, murmurai-je. Ce que tu es n'a pas d'importance.

- Que je sois un monstre inhumain te serait égal ?

Sa voix avait pris des accents moqueurs et cruels.

- Oui. »[204]

Bien entendu, le secret d'Edward est considérablement atténué par son « végétarisme ». Lui ainsi que les autres Cullen vivent du sang des animaux, qu'ils chassent dans la forêt autour de Forks. Cependant cela ne signifie pas que lui et sa famille de vampires aient totalement perdu leur intérêt pour le sang humain. Être en compagnie des humains est une lutte perpétuelle pour le clan entier, à l'exception de Carlisle Cullen, le patriarche, et le vampire végétarien qui se contrôle le mieux, comme il l'explique lorsque Bella se coupe à sa fête d'anniversaire dans *Tentation*[205].

Pour Edward, Bella est son plus grand défi. Même s'il veut la protéger et l'aimer d'une manière humaine, le désir de boire son sang ne le quitte jamais, malgré les conséquences inévitables : la mort de Bella en tant qu'humaine et sa transformation finale en vampire. Dans le chapitre 14 de *Fascination*, judicieusement intitulé « La raison et la chair », il explique à Bella comment il s'entraîne à se contrôler à son contact afin qu'ils puissent développer une relation qui ressemble à une

204. *Ibid.*, p. 202.

205. Stephenie Meyer, *Tentation* (Hachette Livre, 2006), p. 44-49.

relation habituelle humaine[206]. Malgré tout, le héros byronien lutte continuellement contre son passé, dans le sens figuratif et littéral, une faille qui est illustrée d'une façon fracassante lorsque Edward se mesure au clan de James, Laurent et Victoria, et qu'il expédie James, le partenaire de Victoria, à ses « frères », Emmett et Jasper, qui l'achèvent[207]. Edward est l'image même de la retenue courtoise lorsqu'il est avec la très humaine Bella, mais sa force surhumaine et son efficacité impitoyable de tueur sautent aux yeux de Bella avant la fin du premier tome.

En Edward, nous avons donc clairement affaire à un héros pour le moins faillible, sans même discuter de ses tendances obsessionnelles en ce qui concerne Bella[208]. Mais qu'en est-il de Bella, l'admiratrice intrépide des vampires et au final femme et maman vampire elle-même ? Est-elle une héroïne féministe dans la tradition souvent imitée, mais jamais égalée de Jane Eyre ? Examinons ensemble les preuves.

Peut-on encore être féministe lorsqu'on devient une vampire buveuse de sang pour son mari ?

Bella est une énigme pour les féministes. D'un côté, c'est une héroïne cultivée et indépendante, qui sait ce qu'elle veut et comment l'obtenir, comme notre amie Jane. Elle lit *Les Hauts de Hurlevent* ! Elle débarque presqu'au milieu de nulle part, quasiment seule, malgré l'amour d'une mère gentille mais un peu toquée. Et malgré de multiples raisons de ne pas s'engager, elle reste dévouée à Edward au point de passer par ses crocs et se transformer en ravissant vampire terrifiant. Voilà des arguments valables pour reconnaître en Bella une héroïne féministe fabuleuse et féroce, un modèle

206. Stephenie Meyer, *Fascination* (Hachette Livre, 2005), p. 322-329.

207. *Ibid.*, p. 488.

208. Pour une approche féministe captivante sur les soucis d'Edward dans ce domaine, voir « I was a Teenage Trend-Hater : Despising Twilight is Big for Fall », jezebel.com/5092089/i-was-a-teenage-trend+hater-despising-Twilight-is-big-for-fall.

de détermination inébranlable, d'indépendance tenace et de passion immortelle pour les jeunes femmes de la génération iPod.

Pourtant les critiques, les blogueurs, les fans et moi-même avons beaucoup à redire sur l'aptitude de Bella à servir de modèle à des millions de jeunes filles, et soyons honnêtes, de femmes adultes qui sont accros à la saga. L'une des plus persuasive, et désopilante, est la blogueuse Cleolinda Jones, dont le site, qui abrite des résumés et des commentaires de la série, a reçu des milliers de visites cette année. Par exemple, dans *Tentation*, Bella commence à passer du temps avec Jacob Black après la disparition d'Edward, un événement qui la rend morose voire suicidaire. Lorsque Jacob montre fièrement à ses amis les motos qu'ils sont sur le point de retaper – sans savoir que Bella a l'intention de tenter un « suicide par Harley » –, Bella fait le commentaire : « Il fallait sans doute avoir un chromosome Y pour apprécier l'intérêt de tout ça »[209]. Cleolinda Jones réagit, « parce que les fifilles ne peuvent pas s'amuser avec des trucs géniaux comme les motos. À moins de vouloir se tuer ».[210]

Cette observation ironique souligne le conflit majeur entre Bella et le féminisme : Edward devient petit à petit la seule raison d'être de Bella. Elle semble avoir peu d'intérêts ou de passions en dehors de lui. La gentillesse et l'affection que Jacob lui témoigne sont oubliées dès qu'Edward revient à la fin de *Tentation*. Ses amitiés avec certaines des filles au lycée sont superficielles et vite abandonnées : il n'y a que deux copines présentes à son mariage dans *Révélation*, et nous ne les revoyons plus après. Même ses relations avec son père, Charlie, un peu maladroit, mais affectueux et bourré de bonnes intentions, souffrent de sa relation avec Edward. À la différence de Jane Eyre, Bella ne partage pas

209. Stephenie Meyer, *Tentation*, p. 149.

210. Cleolinda Jones, Twilight II : Vampiric Boogaloo, Occupation : Girl, 15 mai 2008. cleolinda.livejournal.com/603861.html.

sa bonne fortune avec ses amis et sa famille. Edward est la seule chose qui compte.

Le plus troublant est que Bella accepte sans poser de questions les pires défauts d'Edward. Évidemment, il n'y a pas grand-chose qu'il puisse au fait d'être vampire, et il se contrôle de manière admirable dans ce domaine. Cependant, comme Cleolinda et d'autres l'ont fait remarquer, l'attitude d'Edward envers Bella rappelle d'une façon inquiétante une relation qui serait considérée abusive dans le monde réel. Il se faufile dans sa chambre la nuit pour la regarder dormir, au début, à son insu. C'est le genre de choses qui donnerait envie à la plupart d'entre nous d'appeler la police et de signaler un cas de harcèlement, à moins de lui taper dessus d'abord avec une batte de base-ball. À part ses vagues avertissements comme quoi il est « dangereux », il ne l'encourage pas à forger d'autres amitiés ou intérêts en dehors de lui-même, au contraire, il est même intensément jaloux dès qu'elle discute avec d'autres garçons. De plus, il insiste pour la suivre et l'accompagner presque partout. Finalement, lorsque Edward avoue au bout du compte le mensonge qui est le fil conducteur de l'action de *Tentation*, il semble s'offusquer quand Bella met autant de temps pour le croire. Cleolinda Jones grogne : « En plus, ça me casse les pieds qu'il soit en rogne parce qu'elle ne veut pas le croire. 'Comment ça ? Je t'ai raconté un gros mensonge sadique qui t'a rendue catatonique pendant six mois ! Et alors, pourquoi ne veux-tu plus me croire, là ?' »

Comme le héros byronien commun, Bella a des qualités, mais, comme le héros byronien encore, ce n'est pas forcément quelqu'un que vous choisiriez comme modèle ni comme amoureuse pour votre enfant. Il est difficile de comparer Bella à Jane Eyre et de rester convaincu que Bella est une héroïne féministe. S'il y a un personnage de l'époque qui me vient à l'esprit en pensant à Bella, ce serait plutôt Cathy Earnshaw, l'antagoniste destructrice des *Hauts du Hurlevent* d'Emily Brontë (si, si, la sœur de Charlotte). Il n'est guère étonnant que *Les Hauts du Hurlevent*, plutôt que *Jane Eyre*, soit le livre des sœurs Brontë que Bella préfère.

Harold l'exilé se remet en route, ou, au fond, Bella et Edward se méritent l'un l'autre

La différence majeure entre Edward Rochester et Edward Cullen est que Rochester tire une leçon de ses erreurs. Jane a le cran de lui montrer qu'elle ne supportera plus ses bêtises, et elle enfonce le clou en fuguant avant l'aube et en lui brisant le cœur. Rochester prend sincèrement conscience de son égoïsme et de son manque de lucidité. Il subit aussi une punition incroyable qui implique la mort, la destruction et l'infirmité, à cause de son absence de compréhension, de compassion et de prévoyance[211]. Jane ne lui revient que quand les circonstances qui l'avaient fait partir changent, et qu'elle reçoit la preuve que Rochester s'est véritablement repenti. C'est grâce à sa foi religieuse, son éducation et son autonomie – oui, d'accord, et grâce à un héritage bien commode, comme si elle avait gagné au loto de nos jours – que Jane arrive à s'en sortir sans Edward, et arrive ensuite à partager avec lui une relation fondée sur l'égalité et le respect mutuel.

Bella, en comparaison... ne fait pas le poids. Une réponse féministe à Edward Cullen serait, par exemple : « Écoute, tu as l'air d'être un vampire très sympa, mais si, pour être avec toi, je dois renoncer à ma famille, à mes amis et à mes projets d'enseignement supérieur, je préfère chercher une relation qui me permette d'avoir l'amour romantique, le sexe et tout le reste ». Et un vampire non abusif aurait été sincère en disant que la belle fille mortelle serait mieux sans lui.

211. Encore un SPOILER ! La femme démente de Rochester finit par se tuer en allumant un incendie qui réduit Thornfield en cendres et laisse Rochester aveugle. Cela semble une punition suffisante, me semble-t-il, pour une tentative de bigamie et pour avoir voulu convaincre une fille gentille comme Jane de devenir sa maîtresse.

Il aurait accepté qu'être mortelle, humaine et jeune signifie faire ses propres erreurs, et non pas être protégée de chaque menace possible, réelle ou imaginée.

Mais cela ne traverse pas l'esprit de Bella et d'Edward. La fin de leur histoire est vraiment une fin de conte de fées, non pas parce qu'ils vécurent heureux pour toujours, mais parce qu'elle manque de cause à effet, de responsabilité morale et de véritables relations. Si c'est ça, la fin d'un conte de fées pour Stephenie Meyer, nous devrions tous faire attention à prendre la saga *Twilight* pour ce qu'elle est : un conte de fées, qui ne mérite pas plus que *La Belle au bois dormant* que nous l'imitions. Le test ? Demandez-vous si *La Belle au bois dormant* est un modèle pour vous. À mon avis, vous aller répondre non. Alors, Bella est-elle une héroïne féministe ? À se demander aussi si les vampires perdront un jour leur goût pour le sang[212].

212. Je dédie cet essai au Dr Laurie Sterling du King's College, sans qui je n'aurais jamais repensé à *Jane Eyre* après une tentative désastreuse de le lire à quatorze ans. Ses cours lucides et passionnants sur *Jane Eyre* persuaderaient sans doute le public adolescent de Meyer de se plonger dans ce livre classique long mais enrichissant.

L'AMOUR ET LA SOCIÉTÉ PATRIARCALE

Leah McClimans et J. Jeremy Wisnewski

Au début de la série *Twilight*, les raisons pour se méfier d'Edward Cullen ne manquent pas. Déjà, il boit du sang. Il a l'air d'être le mâle dans toute sa splendeur, dans tous les sens du terme : il a du mal à contrôler ses pulsions et croit toujours savoir ce qui est le mieux pour tout le monde. Son désir de contrôle apparaît même dans son attraction initiale pour Bella. Réfléchissez : Edward n'a pas accès aux pensées de Bella, il n'a donc pas sur elle le même avantage qu'il a sur les autres. Elle refuse donc, même si c'est inconscient, de tomber sous son joug. Cette situation ne la rend que plus attirante aux yeux d'Edward, petit dictateur par excellence. Puisqu'il n'a aucun accès automatique à son esprit, cela aiguise son envie de savoir tout d'elle – et ainsi de la maîtriser.

Évidemment, peut-être que nous n'accordons pas le bénéfice du doute à Edward, mais qui nous en tiendra rigueur ? Sous le patriarcat, les hommes n'ont pas un bilan très brillant, c'est le moins que l'on puisse dire. Un patriarcat signifie une société comme la nôtre, caractérisée par des structures qui encouragent la dominance masculine. L'égalité est difficile à atteindre dans les relations entre les sexes. La société nous conditionne pour penser les relations humaines en termes de forts et de faibles, de gagnants et de perdants, de protecteurs et de protégés[213]. Il en résulte que les femmes et les jeunes filles, dont Bella, ont tendance à interpréter un

213. Bell hooks, *All about Love : New Visions* (New York : HarperCollins Press, 2001), p. 97. Notre traduction.

comportement autoritaire et dominateur de la part de leur époux ou de leur petit ami comme une attitude attentionnée et romantique. De même, les hommes (ou les jeunes hommes), dont Edward, interprètent souvent l'attitude de leur partenaire féminin comme irrationnelle et sotte[214]. Les féministes expliquent que ce manque d'équilibre sape, à la longue, la confiance, l'honnêteté et, en fin de compte, l'amour.

Ces modes de fonctionnement de domination et de subordination perdurent dans notre société, même si la plupart des filles sont éduquées aujourd'hui pour devenir des femmes qui se perçoivent en tant qu'individus avec un statut social égal. Se considérer comme individu égal n'est pas, malheureusement, la même chose que se voir comme membre égal dans une relation hétérosexuelle (ou dans n'importe quelle relation, d'ailleurs). Il y a peu de conseils sur comment bâtir une relation égalitaire. En effet, on pourrait même se demander, avec Andrea Dworkin, si une relation hétérosexuelle égalitaire peut exister[215]. Surprenant mais vrai, nous avons besoin de la saga *Twilight* justement à cause de ce manque d'assistance. Nous avons besoin de voir comment Edward apprend à devenir une personne meilleure, et à s'éloigner du cliché du mâle. À Forks, dans l'État de Washington, nous découvrons aussi bien les pièges du patriarcat que la possibilité d'un amour qui intègre la nécessité de l'égalité.

Les tendances mégalomanes d'Edward

Au cours de l'histoire, un vampire inconnu entre par effraction chez Bella pendant qu'elle est tenue en « otage » pour le week-end chez les Cullen. Les « gentils » vampires et les loups-garous de service déclarent l'alerte rouge. Jacob

214. Donna Chung, « Violence, Control, Romance and Gender Inequality : Young Women and Heterosexual Relationships » dans *Women's Studies*, International Forum 28 : 449, 2005.

215. Andrea Dworkin, *Intercourse : 20th Century Anniversary Edition* (New York : Basic Books, 2006).

Black arrive chez les Swan pour renifler l'odeur de l'intrus. En sortant, il décide d'inviter Bella à une sortie :

« Hé, tu crois pouvoir venir à La Push aujourd'hui ? Soirée feu de camp. Emily sera là. Tu rencontreras Kim. [...]

- Je n'en suis pas sûre, Jake. La situation est un peu délicate, en ce moment...

- Un peu de sérieux ! Personne n'oserait défier six... six gars comme nous. [...] Ses yeux étaient suppliants.

- Je vais essayer, cédai-je, sans beaucoup d'optimisme.

- Il est aussi gardien de prison, à présent ? La semaine dernière, j'ai vu un reportage aux infos sur les ados brimés et...

- OK, le coupai-je en attrapant son bras. Il est temps que le loup-garou déguerpisse. »[216]

Bien entendu, Jacob raconterait n'importe quoi à ce moment-là pour enfoncer Edward, mais il se peut qu'il tienne là une piste. Edward a vraiment tendance à jouer les petits dictateurs. Les féministes reconnaissent depuis longtemps que le patriarcat a pour conséquence des relations de domination/subordination. Un système qui favorise la domination masculine encourage également les hommes à craindre tout ce qui peut affaiblir cette domination. Il en résulte que les hommes essaient de maîtriser les situations où ils se sentent le plus vulnérables. Bella n'est peut-être pas la fille la plus jolie de Forks, mais elle semble être la plus désirable, et elle appartient à Edward. Ce n'est pas étonnant que les tendances dominatrices d'Edward proviennent le plus souvent de moments où il craint pour la sécurité de Bella, justement des situations qui pourraient l'enlever à lui. Lorsque Bella rencontre pour la première fois la famille Cullen, elle remarque un échange silencieux entre Carlisle et Edward. Elle interroge Edward un peu plus tard :

« Alors, qu'est-ce que t'a raconté Carlisle, tout à l'heure ? Demandai-je pour changer de sujet.

- Tu as aussi remarqué ça, n'est-ce pas ?

- Bien sûr.

216. Stephenie Meyer, *Hésitation* (Hachette Livre, 2007), p. 227.

- Il voulait m'annoncer des nouvelles, et il ignorait si j'avais ou non envie de les partager avec toi.

- Et ?

- J'y suis forcé, dans la mesure où je vais devoir être... insupportablement protecteur dans les jours ou semaines à venir, et que je ne tiens pas à ce que tu me prennes pour un tyran né.

- Que se passe-t-il ?

- Rien de très inquiétant pour le moment. Alice a juste vu la prochaine arrivée de visiteurs. Ils savent que nous sommes ici et sont curieux.

- Des visiteurs ?

- Oui... ils ne sont pas comme nous. Pour ce qui concerne leurs habitudes de chasse, s'entend. Ils ne viendront même pas en ville, avec un peu de chance, mais je n'ai pas l'intention de te laisser ici sans surveillance tant qu'ils n'auront pas déguerpi. »[217]

Bella n'a apparemment aucun choix sur la question, et Edward a l'intention de la protéger en contrôlant où elle va et qui elle voit. Et cela empire. Edward ne tarde pas à faire de la rétention d'information : souvenez-vous du début d'*Hésitation*, lorsqu'il lui ment sur la vision d'Alice au sujet du retour de Victoria. Il la manipule : on n'a pas oublié le voyage en Floride. Il prend sa voiture en filature, lui faisant peur au point qu'elle n'ose pas le regarder dans le rétroviseur. Il paie Alice pour la garder en otage le temps d'un week-end « entre mecs ».

Le comportement dominateur résulte peut-être du patriarcat, mais en retour il le renforce aussi. Plus Edward ressent le besoin de protéger Bella, plus il la considère comme faible et vulnérable. Par ailleurs, cette opinion ne se limite pas uniquement à la faiblesse physique de Bella, mais aussi à l'appréciation de ses capacités décisionnelles. Le meilleur exemple de cela est la dispute constante entre Bella et Edward concernant la transformation éventuelle de Bella

217. Stephenie Meyer, *Fascination* (Hachette Livre, 2005), p. 351.

en vampire. Edward écarte sans cesse la requête de Bella, la jugeant irrationnelle, mal informée et précipitée. Ou regardons ses raisons d'abandonner Bella dans *Tentation*. S'il la quitte, ce n'est pas parce qu'il en a assez de faire semblant d'être quelqu'un d'autre, mais parce que, comme il l'explique plus tard : « Je m'en suis allé uniquement parce que je voulais que tu aies la chance de vivre une existence normale et humaine. L'effet que j'avais sur toi était catastrophique – je te mettais en danger, je t'arrachais au monde qui est le tien, je risquais ta vie à chaque instant ».[218]

L'explication d'Edward semble pleine d'abnégation, mais Bella ne souhaite pas une vie « normale, heureuse et humaine », et elle ne veut pas qu'Edward parte. Combien de fois l'a-t-elle supplié de rester avec elle ? Combien de fois lui demande-t-elle de la transformer ? En fait, la vie « normale, heureuse et humaine » ressemble de plus en plus pour Bella au pire scénario possible. Pour quelle raison Edward croit-il systématiquement savoir mieux que Bella ce qui est mieux pour elle ? Ce ne sont certainement pas les antécédents de Bella en matière de prise de décisions. Elle sait prendre des décisions excellentes : lorsqu'elle voit que sa mère a besoin de voyager avec son nouveau mari, elle décide d'emménager chez son père, et cela s'avère être une bonne décision. Lorsque James la traque, c'est Bella qui décide de leur ligne de conduite, et son projet est beaucoup plus efficace que la proposition d'Edward de sauter dans la jeep et conduire sans s'arrêter. Il ne peut pas non plus s'agir d'un manque de maturité quelconque de Bella. Elle est incroyablement mûre. Elle s'est élevée pratiquement toute seule, elle a gardé un œil sur sa mère pendant dix-sept ans, et à présent elle s'occupe de son père qui est un désastre concernant les tâches ménagères. Quel est donc le problème ? Serait-il possible qu'Edward croie savoir mieux que Bella, parce que c'est... un homme ?

218. Stephenie Meyer, *Tentation* (Hachette Livre, 2006), p. 521-522.

Les réactions mitigées de Bella

Les féministes relèvent deux réactions à ce genre de comportement dominateur. D'une part, cela suscite la rancœur des femmes et des jeunes filles, qui recourent à des agissements clandestins comme mentir, filer en douce ou manipuler leur partenaire d'une façon différente. D'autre part, elles interprètent ce comportement comme un geste d'affection et d'engagement.

Nous voyons ces deux réactions en Bella. Elle se rebelle contre l'autorité d'Edward, tout en la considérant comme un signe de son amour pour elle. Le jour où elle s'échappe à La Push pour la première fois contre les ordres d'Edward, elle avait l'intention d'aller travailler. Quand elle découvre qu'elle a une journée libre, elle part sur les chapeaux de roues rendre visite à Jacob avant qu'Alice n'ait le temps de voir ses intentions. Pourtant, quelques jours plus tard, quand Edward convainc Alice de tenir Bella en otage, celle-ci appelle Jacob pour annuler leurs projets, et on comprend qu'elle considère le comportement d'Edward comme un signe d'amour :

« Disons que... hum, on m'a enlevée.

Nouveau silence, le temps qu'il comprenne.

- Je viens te chercher avec les autres, gronda-t-il.

Retenant un frisson, je m'obligeai à parler d'une voix légère.

- Tentant. Figure-toi qu'on m'a torturée. Alice m'a verni les ongles de doigts de pied.

- Je ne rigole pas.

- Tu devrais. Ils cherchent juste à me protéger.

Il grommela.

- D'accord, c'est idiot, mais ça part d'un bon sentiment, le calmai-je. »[219]

Bella ment sans culpabiliser parce qu'elle est convaincue que ce comportement dominateur est pour sa propre sécurité, mais on devine un certain ressentiment derrière ses paroles.

219. Stephenie Meyer, *Hésitation* p. 158.

Son besoin de mentir à un ami, ainsi que sa rancœur envers sa situation de « prisonnière » auraient dû être des signes révélateurs pour Bella que la relation avec Edward n'était pas forcément très saine.

Le chemin d'Edward

Les sociétés patriarcales favorisent l'inégalité entre hommes et femmes : les hommes sont forts et rationnels ; les femmes sont faibles et sottes. Pour beaucoup de théoriciens féministes, le comportement dominateur est une conséquence du patriarcat. Les hommes essaieront de maîtriser les situations où leur statut de dominateur est menacé. Le comportement dominateur renforce cependant les systèmes de domination et de subordination, puisque les femmes que les hommes essaient de contrôler sont supposées en avoir besoin pour être guidées, surveillées et protégées. De plus, le comportement dominateur est difficile à surmonter à cause de la tendance à l'interpréter comme romantique, alliée à l'envie d'y échapper en mentant et en manipulant les autres.

Ce qui est tragique, c'est que la domination n'est pas de l'amour, ce comportement constitue une barrière à l'amour. La domination nécessite que l'homme et la femme mentent et manipulent tous les deux leur partenaire, mais ce comportement, qui constitue un obstacle au respect et à la confiance, est en contradiction avec l'amour véritable. Pour la théoricienne féministe « bell hooks »[220], le respect et la confiance sont deux dimensions essentielles à l'amour ; pour appréhender l'amour, nous devons appréhender la sollicitude, l'engagement, la responsabilité, la confiance, le respect et la connaissance.

Toujours selon hooks, cette conception n'est possible que si nous rompons avec le patriarcat et que nous considérons

220. Cette intellectuelle américaine, de son vrai nom Gloria Jean Watkins, a choisi de mettre des minuscules pour le pseudonyme utilisé pour ses œuvres féministes militantes. On suivra sa consigne dans cet article. Elle a si souvent raison, qu'elle a sans doute raison pour cela aussi.

notre partenaire d'égal à égal. Pour Edward et Bella, cette rupture commence quand Bella remet en question la motivation de son amoureux pour l'éloigner des loups-garous :

« Par ailleurs, je me demande si tes réticences ne sont dues qu'à ton souci de ma sécurité, enchaînai-je.

- Pardon ?

- Tu n'es pas... Tu devines qu'il serait idiot d'être jaloux de lui, n'est-ce pas ?

- Ah bon ?

- Sois sérieux !

- Je suis tout ce qu'il y a de plus sérieux.

- Alors, ton attitude relève juste de stupidités du genre 'les vampires et les loups-garous seront toujours ennemis' ? D'une rivalité alimentée par la testostérone qui te...

- C'est toi qui m'importes ! Me coupa-t-il, furibond. Ma seule préoccupation, c'est que tu restes indemne. » [221]

Pourtant, malgré son assurance, Edward change d'avis une semaine plus tard. En rentrant de son week-end de chasse, il découvre que son projet de prise en otage de Bella par Alice n'a réussi qu'à moitié : Jacob l'a aidée à se faire la belle à l'arrière de sa moto et ils ont passé la journée ensemble à La Push. À la différence des autres occasions où Bella a passé du temps avec Jacob, Edward ne pique pas de crise. Qu'est-ce qui a changé ?

« Après mûre réflexion, j'ai conclu que tu avais raison, soupira-t-il. Mes réticences tiennent plus à mes... préjugés à l'encontre des loups-garous qu'à autre chose. Je vais essayer de me montrer plus raisonnable et de me fier à ton jugement. Si tu affirmes ne rien risquer là-bas, alors je suis prêt à te croire.

- Eh bien !

- Plus important encore... je ne tiens pas à ce que cette question nous sépare. »[222]

221. Stéphenie Meyer, *Hésitation*, p. 152.

222. *Ibid.*, p. 198.

En choisissant de se fier au jugement de Bella, Edward décide de la traiter comme une personne à part entière, capable de prendre de bonnes décisions. Il décide même de la traiter d'égal à égal. Il ne la considère plus comme une faible fille humaine, dont les choix sont incertains, mais plutôt comme quelqu'un dont les décisions et la logique doivent être prises au sérieux, même s'il n'est pas d'accord. De plus, Edward reconnaît que ce geste vers l'égalité est important pour préserver leur relation. Il a compris que ses tentatives de l'éloigner de Jacob finiraient par les séparer.

La décision d'Edward de se fier au jugement de Bella en ce qui concerne les loups-garous ne sonne certainement pas la fin de son comportement dominateur. Après tout, comme il le dit à Bella la première fois qu'ils vont ensemble à la clairière, il n'est qu'humain. On ne se défait pas des structures de dominance en une journée ni par une seule décision. Cependant, Edward va de plus en plus écouter les décisions de Bella, même s'il ne progresse pas toujours de façon régulière (souvenez-vous de toutes leurs conversations sur le sexe), et même parfois malgré lui (souvenez-vous à quel point il voulait que Bella se fasse avorter). Il progresse, néanmoins. À la fin d'*Hésitation*, il se rend enfin compte que son comportement a pu être parfois néfaste :

« Je me suis accroché comme un crétin à ce que j'estimais le mieux pour toi, et je n'ai fait que te blesser, profondément, trop souvent. Nous agirons à ta guise, parce que je passe mon temps à me tromper. Nous allons accéder à tes désirs, Bella. »[223]

L'amour parle

Cette égalité naissante amplifie l'intimité déjà très intense de Bella et Edward. Libérés du besoin de se mentir et de se manipuler, ils ont d'autant plus de liberté pour se parler en

223. *Ibid.*, p. 598.

toute franchise de leurs peurs, de leurs attentes et de leurs désirs. Une telle sincérité est la première étape dans le processus de l'amour, comme le décrit Hooks : elle signifie la confiance et le respect, et donc la rupture avec le patriarcat et la domination[224]. C'est un bon point pour Edward et Bella.

Hooks nous dit que la deuxième étape dans le processus de l'amour est la communication[225]. Elle est importante afin de percevoir l'élu de son cœur comme une personne qui, comme nous-même, a des craintes, des espoirs et des ambitions. Cette perception va à l'encontre d'une relation de domination et subordination. De plus, la communication est importante car elle nous permet de connaître notre partenaire, et donc de mieux comprendre comment l'aimer.

Malgré l'importance de la communication dans le couple, les médias et les romans ne nous donnent que peu d'exemples d'amoureux qui communiquent entre eux. Les comédies romantiques ne débordent pas de franche communication et la littérature classique ne met pas suffisamment l'accent sur l'importance de la communication dans la construction de l'amour. Oui, Monsieur Shakespeare, c'est de vous que l'on parle ! Roméo et Juliette n'ont pas grand-chose à se dire, sauf combien ils s'aiment, ce qui est assez étonnant, étant donné qu'ils ne savent absolument rien l'un de l'autre. Quant aux titres des journaux, ce n'est pas la peine de s'y référer. Les potins sur les couples célèbres laissent peu de place pour réfléchir à l'importance de la communication dans une vraie relation amoureuse égalitaire. Nous nous intéressons plus à l'étrange métamorphose métaphysique de deux personnes différentes en une personne monolithique, « Bennifer » ou « Brangelina »[226].

Ces exemples portent à croire qu'il est possible d'aimer une personne sans véritablement lui parler, voire sans la connaître du tout. On nous fait miroiter que l'attirance physique ou

---

224. Bell hooks, *All about Love*, p. 157.

225. *Ibid.*

226. Il s'agit des petits noms donnés par les médias aux couples célèbres Ben Affleck + Jennifer Lopez, ou Brad Pitt + Angelina Jolie.

le destin suffisent pour tomber amoureux. On laisse même entendre que bien connaître l'élu de notre cœur rendrait l'amour moins captivant, moins romantique.

Pourtant la relation de Bella et d'Edward peut fournir un remède à ces idées fausses sur l'amour et le besoin de communication. Leur relation est plus forte qu'un flirt ordinaire, car Bella et Edward ne font presque rien d'autre que discuter, discuter, et discuter. Nous pouvons apprendre beaucoup sur la façon dont l'amour évolue et perdure depuis leurs conversations.

Naturellement, Bella et Edward éprouvent une attirance immédiate l'un pour l'autre. Pour Edward, l'arrivée de Bella en cours de biologie lui tombe dessus comme un coup de foudre assoiffant. Dès son premier déjeuner au lycée de Forks, Bella est éblouie par la beauté d'Edward. Par contre, cette attraction ne représente que le début de leur relation.

Initialement, Edward a envie de tuer Bella pour boire son sang, après peu de temps, il n'y a plus seulement son odeur qui l'attire. Bella l'intrigue. Elle ne se comporte pas comme les autres. Elle ne raconte à personne ce qui s'est passé le jour où le fourgon de Tyler a failli l'écraser ; elle a renoncé à une vie heureuse sous le soleil de Phoenix pour vivre dans le climat pluvieux et froid de Forks, un endroit qu'elle déteste, vraisemblablement. De plus, elle s'approche assez pour remarquer beaucoup de choses, la couleur changeante des yeux d'Edward, par exemple. Mais comme il ne peut pas lire ses pensées, il est obligé de lui parler pour mieux la comprendre.

Au début, Bella pense qu'Edward n'est qu'un bel adolescent mystérieux, mais elle ne tarde pas à se demander ce qui se cache derrière cette apparence. Après tout, Edward ne se comporte pas comme les autres. Il semble la détester sans aucune raison ; il apparaît de nulle part et lui sauve la vie ; ses yeux changent de couleur tous les jours ; il parle de façon désuète et il est tout simplement trop beau et trop gracieux. Pour résoudre cette énigme, Bella va être obligée de lui parler.

Quiconque est convaincu que la communication rend l'amour moins passionnant n'a pas espionné les conversations de Bella et Edward à la cantine, ni leur discussion au restaurant à Port Angeles, ni dans la clairière. Au cours de ces discussions, ils commencent enfin à se voir tels qu'ils sont vraiment, et ils aiment ce qu'ils entraperçoivent : Edward, le vampire qui ne veut pas être un monstre (il est encore plus incroyable derrière cette façade) et Bella, la mortelle vulnérable mais courageuse, qui n'a presque pas de sens d'autopréservation. Bella comprend enfin la lutte interne d'Edward et ses changements d'humeur : ouf, il ne souffre pas de dédoublement de la personnalité ! Edward commence à entrevoir que Bella est plus coriace qu'elle n'en a l'air : elle ne va pas s'enfuir en hurlant.

Cette connaissance approfondie l'un de l'autre ne sonne pas le glas de leur histoire. Au contraire, elle la fait évoluer. D'une part, les conversations les aident à comprendre comment s'aimer : quelles sont les limites physiques pour le cœur de Bella et la maîtrise de soi d'Edward ? D'autre part, au cours de ces premiers débats, ils arrivent à dépasser les clichés du « vampire » ou de l'« humain ». Une fois que Bella se rend compte qu'Edward est un vampire, et qu'elle décide que cela n'a aucune importance, et une fois qu'Edward accepte que Bella tient autant à lui que lui à elle, ils peuvent alors passer un court moment à profiter de leur bonheur ensemble, à se tenir la main, s'embrasser et rire.

Les risques et la transformation

Toutefois, tout change dès que leur relation les met en danger. Lorsque James et ses compagnons réalisent que Bella est humaine, et qu'Edward la défend, le temps du jeu est fini. Soudainement, les différences entre Bella, l'humaine, et Edward, le vampire, occupent le devant de la scène, et ces différences sont rapidement assimilées à des inégalités. Bella est faible, fragile et vulnérable alors qu'Edward est fort, rapide et dangereux. Plus ces inégalités sont soulignées et plus les conversations entre les deux héros, jusque-là fréquentes et intimes, diminuent. Edward décide même de quitter Forks sans en parler à Bella. Puisque la communication va à l'encontre d'une relation de domination et de subordination, il n'est peut-être pas surprenant que Bella et Edward arrêtent de discuter. En effet, ce n'est que lorsque Bella sauve Edward des Volturi et rééquilibre la donne que nous revoyons le même style de conversations que nous avions vues auparavant.

Après le voyage en Italie, au cours de ces conversations sur le sexe et le mariage, les vampires, les âmes, les loups-garous, la sécurité, Victoria et les Volturi, Edward et Bella reconnaissent qu'ils ont des différences bien au-delà de leurs chromosomes. C'est pourtant aussi dans ces entretiens que nous voyons leur amour se développer et s'approfondir. En explorant leurs différents besoins et désirs, ils nous montrent que la communication peut rapprocher les gens, en dépit des désaccords et de la souffrance. Edward et Bella se rapprochent en apprenant à se traiter en égal. Edward comprend petit à petit que son attitude envers Bella et envers les loups-garous est déplacée. À deux, ils apprennent à faire des compromis et ils explorent les questions épineuses du sexe, du mariage et de la vie de vampire.

Bella et Edward ne ressortent pas de *Révélation* tels qu'on les a connus dans *Fascination*. Les différences les plus remarquables ne proviennent pas du venin qui transforme Bella en vampire, mais plutôt de leur franchise et de leur communication accrues. Évidemment, Bella et Edward sont toujours loin d'avoir une relation parfaitement équilibrée – Edward a toujours des tendances dominatrices et Bella n'a toujours pas une image très nette d'elle-même – mais ce sont ces imperfections qui rendent crédible cette histoire incroyable, et ce sont les efforts soutenus des héros pour résoudre ces imperfections qui nous donnent de l'espoir pour nos propres relations amoureuses.

PARTIE 4
RÉVÉLATION

LE « VRAI » DANGER
LE RÉEL CONTRE L'IMAGINAIRE POUR LE PUBLIC FÉMININ

Rebecca Housel

Les titres des journaux hurlent « Jeune femme de dix-huit ans abattue par son mari après son accouchement ». Vous continuez à lire et vous apprenez que la femme avait subi un lavage de cerveau dans d'une secte étrange, buveuse de sang, dont les membres se font passer pour une « famille », tout en n'ayant aucun lien de parenté entre eux. Le mari de la jeune femme était beaucoup plus âgé qu'elle et cachait un passé violent. De plus, vous apprenez que son mari la traquait avant le mariage, l'espionnait en cachette depuis les bois qui entourent sa maison, rentrait par une fenêtre mal verrouillée pour la regarder dormir à son insu. Une fois que la jeune femme d'à peine 17 ans a entamé une relation avec cet homme et sa famille, on l'a encouragée à se marier avec lui tout de suite après son bac. On a signalé que la jeune femme était rentrée de sa lune de miel enceinte et couverte de bleus. Son mari ne se réjouissait pas de sa grossesse et voulait qu'elle avorte. Elle a refusé, et finalement il a arraché le bébé de son ventre, la vidant de son sang jusqu'à ce qu'elle arrête de respirer.

Quelle histoire perverse, n'est-ce pas ? Et pourtant, il s'agit de la trame du phénomène littéraire ado-préado connu sous le titre *Twilight*. Sous la plume romantique et littéraire de l'auteur Stephenie Meyer, ce récit, qui correspondrait en réalité à une histoire horrifiante de violence à l'encontre des femmes, histoire bien trop familière dans l'actualité, devient un fantasme dangereusement romancé pour un public constitué principalement de jeunes filles et de femmes.

À quoi fait face réellement le public féminin de *Twilight* ? Les statistiques actuelles sur la violence à l'encontre de la femme, aux États-Unis et ailleurs, racontent une histoire atroce. Elles suggèrent aussi que mettre en valeur ce genre d'histoire est dangereux, voire irresponsable. En étudiant les théories de Jean Baudrillard (1929-2007) sur les effets de la simulation du réel, ainsi que les découvertes de la psychologue contemporaine Jean M. Twenge sur ce qu'elle appelle la « Génération Moi », à savoir ceux qui sont nés entre le début des années 1970 et la fin des années 1990, nous comprendrons mieux comment et à quel niveau la culture populaire de *Twilight* s'enchevêtre à la philosophie. Et on ne sait jamais, il se peut que la raison soit plus forte que l'engouement actuel pour les vampires, évitant ainsi à des millions de jeunes femmes de devenir des victimes lors de la recherche illusoire de leur propre Edward.

Venons-en aux faits

Si on a fait la part des choses entre la réalité et l'imaginaire, qui le public féminin trouvera-il en cherchant Edward ? Je peux vous assurer qu'il ne trouvera pas un beau et riche vampire à la recherche de son âme sœur. Il trouvera plutôt un détraqué possessif et violent, tout à fait le genre d'homme qui contribue chaque année aux statistiques suivantes des États-Unis :

85 % des femmes qui sont harcelées dans leur vie intime connaissent leur harceleur ; 76 % de femmes tuées par leur compagnon ont également subi ce harcèlement de la part de ce compagnon[227].

Selon le Bureau des crimes à l'encontre des femmes au ministère de la Justice américain, le dernier compte rendu

227. Voir National Center for Victims of Crime, www.ncvc.org.

sur le harcèlement intime montre qu'en douze mois, environ 3,4 millions de femmes de plus de dix-huit ans ont été victimes de harcèlement. Seules 60 % signalent ce genre de harcèlement aux forces de l'ordre[228].

La violence à l'encontre des femmes est une véritable pandémie, dont l'étendue est difficile à imaginer. L'Organisation Mondiale de la Santé a publié une étude sur dix pays, qui indique que jusqu'à 71 % des femmes ont subi des violences de la part d'un mari ou d'un compagnon. Elle note que la violence à l'encontre des femmes « pose un important problème de santé publique et n'est autre qu'une violation des droits de la personne humaine » et que « la violence exercée par un partenaire intime est une des formes les plus communes de violence à l'encontre des femmes »[229].

Mais que signifie le terme « harcèlement intime » ? Que veut dire exactement la violence à l'encontre des femmes ? Le ministère de la Justice américain considère qu'il y a harcèlement dès lors que l'on peut constater deux ou plus des comportements suivants :

— des appels, des lettres ou des e-mails non sollicités à la victime ;

— se présenter à un endroit où le harceleur n'a pas de raison d'être

présent pour voir, suivre, espionner ou interpeller la victime ;

— attendre la victime chez elle, à son école, à son travail, au magasin ou à d'autres endroits fréquentés par elle ;

— offrir des objets non sollicités à la victime ;

— suivre ou espionner la victime.

Edward Cullen répond au moins à trois de ces comportements. Peu importe que Bella apprécie ses attentions, cela ne prouve que sa naïveté et son manque d'expérience.

228. www.ovw.usdoj.gov.

229. www.who.int/mediacentre/factsheets/fs239/fr.

N'importe quel homme qui rentre chez vous la nuit par la fenêtre pour vous regarder dormir est un harceleur, peu importe sa définition. Notons bien que les définitions utilisent le mot « victime ». Dans la vraie vie, Bella serait considérée comme victime de harcèlement, un comportement criminel qui dégénère souvent en violence contre la victime, et qui peut même entraîner la mort. Le public le voit dans l'histoire d'Edward et Bella, mais sous à travers le filtre romancé et édulcoré de Stephenie Meyer.

En 2005, année de parution du premier tome de *Twilight*, 1 181 femmes ont été assassinées aux États-Unis par leur compagnon, une moyenne de trois femmes par jour. Les jeunes femmes comme Bella représentent une part disproportionnée des victimes de la violence domestique. Plus de dix ans après la loi contre la violence à l'encontre des femmes aux États-Unis, le VAWA (Violence Against Women Act) de 1994, les statistiques pour 2005 montrent que ces trois femmes par jour tuées par leur compagnon représentent un tiers de toutes les femmes assassinées dans le pays entier. C'est tout simplement scandaleux ! Et si on prend en compte l'influence des livres de Stephenie Meyer sur des millions de filles ados et pré-ados, on peut s'attendre à ce que ces chiffres restent au moins stables, ou bien augmentent, lorsque le jeune public féminin grandira et cherchera « l'homme de ses rêves », influencé en partie par le fantasme d'Edward. Toujours pas convaincu ? Ce n'est pas fini.

Le ministère de la Justice américain propose une définition de la violence à l'encontre des femmes, aussi appelée « violence domestique ». Celle-ci intégrerait la violence physique, sexuelle, émotionnelle, économique et psychologique. Nous savons que Bella a des bleus sur tout le corps après sa première relation sexuelle avec Edward. Nous savons aussi qu'à cause de sa liaison avec lui, sa vie est sans cesse menacée, entraînant coupures, bleus, et même os brisés.

Le stress de ce genre de situation peut causer des blessures psychologiques, même pour des personnages fictifs.

Le ministère de la Justice définit l'abus psychologique comme l'utilisation de la peur et de l'intimidation en menaçant de se faire du mal à soi-même, à son/sa conjoint(e), aux enfants, ou à la famille et aux amis de son/sa conjoint(e), mais aussi l'éloignement forcé de la famille, des amis, du travail et de l'école. En tant que lecteurs, si nous arrivons à prendre du recul par rapport à l'histoire de *Twilight*, n'est-ce pas exactement ce qui arrive à Bella ? Ne commence-t-elle pas à s'isoler de sa famille et de ses amis ? Sa relation avec Edward nécessite carrément sa mort pour qu'elle puisse vivre avec lui. En d'autres termes, Bella doit changer complètement sa propre personne, son lieu de résidence et son entourage. Elle modifie ses projets d'études et s'isole de sa famille.

L'abus émotionnel dont Bella est victime consiste en la dévalorisation de son amour-propre en tant qu'être humain mortel. Elle désire, elle réclame même la mort. Dans son imagination, la mort équivaut à la transformation qui l'unira pour toujours à Edward. Mais en réalité, la mort n'est pas ainsi. La mort est irréparable, définitive. Beaucoup de femmes victimes de violence domestique ne signalent même pas les faits car, comme les victimes d'enlèvement qui souffrent du syndrome de Stockholm, les abusées établissent un rapport affectif avec leur abuseur.

Étant donné qu'il s'agit d'une relation intime ou « amoureuse », ces femmes sont vulnérables à ce que le ministère de la Justice appelle l'abus économique. Bella aussi est victime de cela. On parle d'abus économique lorsque l'abuseur rend ou tente de rendre une victime financièrement dépendante en conservant la maîtrise des finances. Bella ne vient pas d'une famille aisée, à la différence d'Edward. Il lui offre de nouvelles voitures et des vêtements de marque, l'emmène faire des voyages coûteux sur un coup de tête et propose entre autres de lui payer ses études dans une grande école américaine. Cela paraît généreux. On pourrait se dire que c'est le geste d'un centenaire pour compenser la mort inévitable de Bella. Mais dans les faits, la « générosité » fait partie de son effort pour isoler Bella, la rendant complètement dépendante de lui.

De même, la tentative de suicide d'Edward s'intègre dans la définition de l'abus émotionnel et de la violence globale à l'encontre de Bella, une jeune fille mortelle d'un foyer à faibles revenus, de parents divorcés et sans la surveillance d'adultes, la victime parfaite. Mais Bella est également victime de sa génération.

Bella et la « Génération Moi »

Dans son livre *Generation Me*, Jean M. Twenge parle d'une série d'études psychologiques traitant d'une dérive dans l'éthique sociale (c'est-à-dire dans une philosophie ou une culture universellement acceptées), des personnes nées entre les années 1970 jusqu'à la fin des 1990, ceux que le livre appelle la « Génération Moi » ou la « GénMoi »[230]. Selon Twenge, la GénMoi tourne autour du « moi ». Stephenie Meyer, née en 1973, est du début de la GénMoi. Pourtant, elle n'en est pas moins influencée par l'effort social commun visant à mettre en valeur l'individu, dont elle fait à présent partie et qui est transmis par tous les moyens, aussi bien les programmes individualisés en primaire que la culture populaire autour de nous, et les livres ainsi que la version cinématographique de *Twilight*. Mais qu'y a-t-il de mal à se sentir exceptionnel et à s'occuper de soi ?

Pour les membres de la GénMoi, les problèmes commencent à l'âge adulte, ou lorsqu'ils commencent à faire l'apprentissage de la vie d'adulte, pendant l'adolescence ou la préadolescence. Les recherches de Twenge indiquent que

230. Jean M. Twenge, *Generation Me : Why Today's Young Americans Are More Confident, Assertive, Entitled – and More Miserable than Ever Before* (NewYork : Free Press, 2006). On peut faire remarquer qu'une autre étiquette, utilisée pour ceux nés après 1963 et au début des années 1970, est « GenX ». Les « GenX » sont réputés être des paresseux qui réussissent bien contre toute attente. La GenX est souvent associée, par exemple, au boom des « dot.com ». À la base, les premières populations de GénMoi, nées à la fin des années 1960 ou au début des années 1970, sont à la frontière des GenX et GénMoi. De mon expérience personnelle, je dirais que nous gagnons sur les deux tableaux !

la GénMoi rassemble le plus grand nombre de jeunes sous antidépresseurs et le taux le plus élevé de suicides[231]. GénMoi a aussi une tendance très nette au narcissisme, ce qui nous rappelle Bella d'une façon très perspicace et pertinente.

Le narcissisme, terme forgé par Sigmund Freud (1856-1939), décrit un dysfonctionnement psychologique ou un trouble de la personnalité consistant en un amour-propre excessif. La condition tient son nom du mythe de Narcisse, qui regardait son reflet dans une mare avec tant de concentration et d'intérêt qu'il ne pouvait plus rien faire d'autre. Il va sans dire qu'il en est mort[232]. Bien que Freud ait pensé qu'une certaine dose d'amour-propre est saine, le narcissisme engendre un manque d'empathie, un sens exagéré que tout vous est dû et un égoïsme excessif. Seul compte ce qui touche à soi, plus rien d'autre n'a d'importance. À travers toute la série, Bella fait preuve d'un narcissisme classique dans ses choix. Sa personnalité est à l'image de la GénMoi, mais elle révèle également le cœur du problème GénMoi : tourné exclusivement vers le « moi » et vers ses propres désirs, le membre de la GénMoi souffre d'une grosse déception lorsque la réalité corrige cette image de soi surdimensionnée. Le membre de la GénMoi n'a pas besoin de l'approbation des autres, puisque pour lui son statut exceptionnel coule de source. Malheureusement, le reste du monde n'est pas toujours en accord avec les perceptions du GénMoi, ce qui peut engendrer une profonde déception, la dépression et même, comble de l'ironie, le doute de soi.

Twenge soutient que la génération du baby-boom (ceux nés entre 1945 et 1963), à qui on faisait également référence à un moment comme la « Génération Moi », a une vision très différente du « moi ». L'image de soi des baby-boomers ne leur a pas été fournie par les parents, les professeurs ou l'entourage, ils l'ont gagnée par un dur travail : « J'écris bien

231. *Ibid.*, p. 104.

232. Narcisse était ensuite transformé en fleur du même nom. Il faut noter cependant qu'il existe de multiples versions de l'histoire de Narcisse avec des variations sur le thème de l'amour-propre et de la mort.

parce que j'ai travaillé et que j'ai réussi à me faire publier dans une revue nationale », par contraste au point de vue GénMoi : « J'écris bien parce que je suis exceptionnel et l'avis des autres m'importe peu ; je n'ai pas besoin de me faire publier pour savoir que j'ai du talent ».

Le divorce fait partie de la dérive de notre éthique sociale vers l'individualité et loin du devoir théorique. « Mon engagement envers mon mariage est moins important que mon bonheur ». Pour les enfants du divorce, la compensation peut être aussi bien une récompense douce qu'une punition. Les parents divorcés qui essaient de donner une vie aussi normale que possible à leur enfant font souvent tout à fait l'inverse et créent une contradiction unique en son genre. Ils gâtent leur enfant afin d'essayer de lui donner le sentiment qu'il est exceptionnel, malgré les difficultés de la famille. Renée, la mère de Bella, aime sans doute Bella, mais elle fait des choix qui l'excluent. Pour se sentir exceptionnelle en tant qu'individu, Bella doit déménager à l'autre bout du pays, loin de son foyer, de son école et de ses amis. Afin de continuer à se sentir exceptionnelle, malgré le rejet d'un de ses parents et la perte de tout ce qui lui était familier et qui renforçait son sentiment d'être exceptionnelle, elle doit se créer un nouveau réseau social avec des étrangers, ce qui n'est pas facile, ou trouver un moyen de se distinguer de la foule. Bella arrive à se distinguer justement par sa relation avec Edward.

Comment Bella peut-elle être narcissique, alors qu'elle a l'air de se focaliser en permanence sur sa médiocrité, sa maladresse, son manque d'intérêt ? Il est pourtant évident pour le lecteur que Bella est complètement opposée à cette image, étant donné l'attention qui lui portent les garçons du lycée, vivants et morts-vivants. En effet, Bella insiste sur combien elle se trouve quelconque, mais elle est toujours concentrée sur elle-même. Son choix même de passer du temps avec Edward provient au début de la curiosité, sans plus. Elle se rend compte rapidement qu'Edward est dangereux, mais elle continue à graviter autour de lui car elle le veut. Même après l'épisode presque fatal avec James, Bella continue de choisir ce que les psychologues pourraient appeler une « relation toxique » avec Edward, parce qu'elle privilégie ses désirs. Son père désapprouve le choix d'Edward. Même son écervelée de mère est inquiète. Ses nouveaux amis sont aussi réticents. Mais Bella continue malgré tout. Elle commence à rechercher activement la compagnie d'Edward. Lorsqu'elle découvre qu'il a pris l'habitude de la regarder dormir et qu'il l'a suivie en cachette, elle est flattée. Les actions d'Edward nourrissent les tendances et le centre d'attention narcissiques de Bella et de la GénMoi. Ce genre de vulnérabilité est le défaut du narcissisme.

Les excès d'amour-propre et de complaisance envers soi-même peuvent engendrer des choix dangereux, voire fatals, dans le désir d'agir comme on veut simplement parce que l'on en a envie. Il n'y a pas de concept du devoir, de la famille, des sentiments des autres, ni de comment certaines discussions peuvent changer irréparablement la vie de personnes que Bella est censée aimer. L'idée fixe de Bella est la manière d'obtenir celui qu'elle veut (Edward) et ce qu'elle veut (rester avec Edward pour l'éternité). Dans sa poursuite de l'immortalité, privilège qui lui est dû simplement parce qu'elle en a envie, Bella justifie ses désirs par sa croyance que sa mort ne la rendra que plus exceptionnelle[233]. Du GénMoi classique : « Je vais mourir, mais ce n'est pas grave car je serai encore plus exceptionnelle que je ne le suis déjà, et c'est tout ce qui compte ». Bien sûr, être exceptionnel n'est pas la seule chose qui compte, et c'est bien là que la réalité frappe les GénMoi de plein fouet.

C'est le moment de regarder les idées de Jean Baudrillard sur les dangers de simuler la réalité.

---

233. Meyer insiste au cours de la saga *Twilight* sur le fait que Bella remet en question son destin. Bella dit souvent qu'elle est destinée à mourir jeune et elle utilise ce poncif pour essayer de persuader Edward de la tuer. Sa conviction qu'elle va mourir jeune n'est que ça : une conviction. Elle n'est fondée sur rien de plus concret que la tendance de Bella à se trouver dans le mauvais endroit au mauvais moment, ce qui est souvent dû à sa relation avec Edward.

Twilight dans le désert du réel

Un simulacre est une fausse image ou une représentation traduite de la réalité via un médium tel que la littérature, le cinéma, la télévision, l'art, la musique, la radio ou autre. Une grande partie de notre culture consiste en une collection de ces représentations de la réalité, ces simulacres. La simulation de la réalité engendre le simulacre, et le simulacre brouille les limites entre ce qui est réel et ce que nous croyons réel[234]. Oui, la GénMoi est toujours en marche, ici aussi. En effet, aussi bien la GénMoi de Twenge que le simulacre de Baudrillard proviennent d'un décalage universel de la pensée sociale entre le modernisme et le postmodernisme. En bref, le modernisme tire son origine d'un consensus social qui veut qu'il n'y ait qu'une vérité, alors que le postmodernisme est fondé sur l'idée que toute perspective non seulement a de la valeur mais est valable : de multiples vérités sont à présent acceptables et acceptées. Considérons cette idée à la lumière des concepts de Twenge sur la différence entre les baby-boomers et les GénMoi. Les baby-boomers, nés dans le sillon de la Seconde Guerre mondiale, faisaient partie d'un groupe social éthique qui prônait le devoir, et mettait en avant la communauté.

La GénMoi, au contraire, se focalise sur elle-même et sur la validité et la valeur de ses perspectives personnelles[235].

La saga *Twilight* de Stephenie Meyer fait partie du simulacre perpétué par la culture populaire. Les personnages simulent des adolescents ordinaires, des parents, voisins, amis et famille comme on en connaît tous. Les cadres existants, comme l'Arizona, Washington ou encore l'Italie, contribuent à rendre encore plus crédible la simulation de la vie réelle.

234. Jean Baudrillard, *Simulacres et Simulation*.

235. Classiquement, les parents des GénMoi sont des baby-boomers. Cependant, il est envisageable que les enfants nés à la fin des années 1980 soient les enfants des premiers GénMoi. Ce sont quand même les baby-boomers qui ont créé les supports sociaux que Twenge cite dans son livre comme étant la raison principale de l'égocentrisme des GénMoi. Bien entendu, le lecteur doit être conscient que les études ne sont fondées que sur une partie de n'importe quelle population et ne représentent pas avec exactitude chaque individu associé à une génération particulière.

Même les rapports entre les personnages semblent réalistes et plausibles. Pourtant la simulation n'est pas réelle, et c'est là que se trouve le piège. Les vampires n'existent pas. Les loups-garous n'existent pas. Les bons harceleurs et assassins n'existent pas. Un simulacre est une copie sans original. Baudrillard prévient que le simulacre devient une « liquidation » de la réalité[236] et il n'est pas le seul à voir les choses ainsi.

Le livre de Loren Coleman *The Copycat Effect : How the Media and Popular Culture Trigger the Mayhem in Tomorrow's Headlines* (2004) – ce que l'on peut comprendre par « L'effet d'imitation : Comment les médias et la culture populaire déclenchent le désordre dans les gros titres de demain » – examine plusieurs phénomènes de société comme les sectes, les suicides d'adolescents et les fusillades dans les écoles. Ce sont des histoires qui sont « vendeuses » pour les médias, et engendrent ce que Coleman appelle l'« orientation mortelle » des actualités de nos jours[237]. *Twilight* pourrait aussi correspondre à ce profil. Bien sûr, l'histoire d'amour adolescente et l'allure du vampire adoucissent l'histoire. Pourtant la simulation de l'histoire, qui est particulièrement puissante sur grand écran, peut faire croire au jeune public que les relations abusives « saines » existent vraiment. On présente un simulacre d'amour, et la réalité disparaît. La réalité de la relation avec un « vrai » homme comme Edward, telle que nous l'avons vue à travers les statistiques ahurissantes de la violence à l'encontre de la femme, est loin de la « vérité » présentée dans *Twilight*. Il n'y a rien de romantique dans le harcèlement. Il n'y a rien d'amoureux dans les bleus. Il n'y a absolument rien de romantique ou d'aimant dans le meurtre.

Comme tout un chacun, j'aime les belles histoires. Je ne mets pas ici en garde contre l'écriture de livres comme *Twilight* ni contre la création de films sur des thèmes similaires. Je mets en garde le public féminin qui peut être dupe des

236. Baudrillard, *Simulacres et Simulation*, p. 2.

237. Loren Coleman, *The Copycat Effect : How the Media and Popular Culture Trigger the Mayhem in Tomorrow's Headlines* (New York : Pocket Books, 2004), p. 7-11.

idées de réalité présentées par ces livres ou par ces films. Il n'est pas nouveau de reconnaître le pouvoir de ces livres et de ces films. On les a utilisés pour promouvoir des idées sociales, ou même la propagande. Les premiers cinéastes ayant fondé des studios comme Paramount et MGM à Hollywood ont délibérément inséré des idées sur l'acceptation et l'assimilation pour le public de masse, en espérant une acceptation de masse[238]. Des livres comme *Sexe, Drogue et Pop-Corn* de Chuck Klosterman illustrent comment une vedette de cinéma comme John Cusack est devenue un simulacre, la représentation de ce que devrait être un « vrai » petit ami pour les femmes de la GenX et pour les premières GénMoi[239]. Le livre de Twenge sur la GénMoi examine en détail à quel point les médias et la culture populaire peuvent influencer le public, et ce, dès l'âge de dix-huit mois. Il est important de ne pas négliger le fait que certains membres du plus jeune public féminin de *Twilight* sont en train de s'approprier la simulation, pas en tant que simulation mais en tant que quelque chose d'accessible et de réel. Heureusement, l'espoir fait vivre, surtout au cinéma, ne perdons pas espoir pour le jeune public.

La nouvelle lune se lève

Dans les discussions autour du phénomène *Twilight*, plusieurs questions reviennent : Bella est-elle une héroïne féministe ? Peut-on dire qu'elle s'assume et qu'elle poursuit ses désirs, ou qu'elle se soumet au pouvoir d'un homme plus âgé, un prédateur ? Qui doit-elle choisir, entre Jacob Black et Edward Cullen, et pourquoi ? De telles questions n'ont pourtant pas de sens sans comprendre le concept caché de *Twilight*.

238. Neal Gabler, *An Empire of Their Own : How the Jews Invented Hollywood* (New York : Anchor Books, 1989).

239. Chuck Klosterman, *Sexe, Drogue et Pop-Corn* (Éditions Naïve, 2008).

Avant de considérer Bella en tant qu'individu, nous devons étudier ses origines, comment la société dans sa totalité a formé l'individu. Puisque Bella est un personnage fictif, créé par la vraie Stephenie Meyer, il semble logique de suivre plutôt les attitudes sociales qui ont formé l'individualité propre de Stephenie Meyer. Malcolm Gladwell, dans son livre *Le Point de bascule*, appelle cette idée « le pouvoir du contexte »[240]. Gladwell démontre comment de toutes petites idées deviennent des phénomènes de société, avec un « point de bascule » où l'idée est reprise par un groupe social plus large. Il examine l'importance de la compréhension du contexte ou du parcours d'une idée, d'une personne ou d'une situation, en vue de comprendre les tendances de la société. Le concept de *Fascination*, ainsi que les suites, les films et les produits dérivés, ont clairement connu un point de bascule ayant entraîné une popularité incroyable.

Stephenie Meyer a créé en Edward le fantasme féminin par excellence, un « garçon » qui est en fait plus vieux et plus mûr qu'il n'en a l'air. Il aime Bella pour ce qu'elle est et non pas pour son apparence physique. Il veut dormir à ses côtés mais pas de façon sexuelle. Il est protecteur et extraordinairement riche, doté d'une famille aimante qui le soutient et accepte Bella sans hésiter, malgré de vastes différences d'éducation et de moyens. Qu'y aurait-il à redire ? Voilà pourquoi les filles de huit ans à quarante-huit ans sont folles d'Edward. Et pourtant, il existe un danger inhérent à assimiler la version romancée de l'homme « idéal » dessiné par Stephenie Meyer. Le personnage d'Edward correspond à la description d'un type d'homme qui représente un danger mortel bien réel pour les femmes. Il rappelle plutôt les harceleurs possessifs qui sont les auteurs de la violence faite à l'encontre des femmes partout dans le monde.

N'importe où, en dehors du monde fantastique de *Twilight*, Edward serait incarcéré. Le père de Bella, chef de

240. Malcolm Gladwell, *Le Point de bascule : Comment faire une grande différence avec de très petites choses* (Transcontinental, 2003).

police, aurait déjà mis en place une injonction d'éloignement contre lui. Edward suit même le schéma psychologique des abuseurs, en oscillant entre des périodes merveilleuses de bonheur et des périodes d'abus sévère. Il est obligé d'être cruel avec Bella afin qu'elle saisisse ce qu'il veut lui faire comprendre puis tente de se suicider lorsqu'il croit qu'elle a tourné la page. Il ne peut s'empêcher de lui infliger des bleus lors de leur premier rapport sexuel et se voit contraint de la tuer après l'accouchement pour la sauver. Dans le contexte du monde de Stephenie Meyer, les actions illégales et immorales d'Edward sont justifiées, mais le public féminin doit comprendre que dans le monde réel, Edward n'est pas le petit ami idéal. Dans la réalité, ce serait plutôt Jacob.

Jacob encourage Bella à rester elle-même, en dépit de ses propres intérêts et désirs. Il ne la menace jamais. Il la soutient quoi qu'il arrive, même lorsque les choix de Bella sont en contradiction complète avec ce qu'il souhaite. Il la respecte en tant que personne et veut sincèrement son bonheur, même si pour cela il doit la regarder devenir la chouchoute d'une famille de vampires. Jacob est le seul qui tienne tête à Bella lorsqu'elle met sa vie en danger en recherchant la compagnie d'Edward. Il est prêt à mettre en péril l'amitié la plus précieuse car il est un ami véritable pour elle[241].

Les filles, c'est ce genre d'homme qu'il faut rechercher ! Si vous cherchez Edward, vous ne trouverez que les yeux au beurre noir, le viol, la torture et éventuellement la mort. Vous pouvez croire une Bella vivante, qui a trouvé un « vrai » Edward, vous ne voulez pas de ça. Vous voulez le respect, le soutien, l'amitié, tout ce qui constitue en somme l'amour véritable. Heureusement, mon Edward n'a pas réussi à me tuer, malgré ses efforts, et j'ai pu trouver mon Jacob. Ne vous laissez pas duper par le bel emballage du simulacre de *Twilight*. Ne laissez pas une poignée de publicitaires et de

241. Puisque le yin et le yang sont des flux, même lorsque Jacob est en désaccord ou en colère, il s'agit de l'extension naturelle de ce flux. En d'autres termes, tout yin contient un peu de yang et réciproquement. Les deux sont inséparables dans leur coexistence. Il ne peut y avoir l'un sans l'autre. Voir chapitre 18, « Le Tao de Jacob ».

directeurs marketing à la recherche d'un point de bascule influencer votre définition de la réalité. En bonne adhérente de la GénMoi, je comprends combien il est facile de se faire berner et de chercher à satisfaire ses propres désirs de ce que devrait être la vie. J'ai eu la chance de dépasser l'âge de dix-huit ans et de garder intacte ma mortalité, et je n'hésite pas à dire tout haut que vivre longtemps est une bonne chose ; vivre longtemps avec un Jacob est fantastique. Vous voulez encore mieux ?

Il est plus enrichissant que vous ne pouvez vous l'imaginer de prouver que vous êtes exceptionnel, au lieu de le considérer comme un dû. Les fantasmes n'ont que l'apparence de l'exceptionnel. Cherchez à « scintiller » pour de vrai ; vous n'avez pas besoin d'une peau de diamants pour cela. Vous n'avez pas besoin de vêtements de marque ni d'une voiture chic. Vous avez juste besoin d'un défi à relever. Et maintenant c'est le cas.

L'AUBE D'UNE IDOLE
NOTRE ATTRACTION FATALE ENVERS LES VAMPIRES

Jennifer L. McMahon

Twilight, dans la plus pure tradition littéraire sur les vampires, fait l'éloge et critique simultanément la créature qui s'y trouve en point de mire. Il est facile de comprendre ce qui ne plaît pas dans les buveurs de sang, mais qu'est-ce qui les rend si attirants ? La réponse est simple : l'accomplissement des désirs. Le désir humain est à la base du mythe vampirique. Même si les vampires restent horrifiants par leurs transgressions, nous souhaitons néanmoins leur ressembler. Pourquoi ? Nous allons voir que la philosophie existentialiste propose une explication à notre fascination pour les vampires et suggère que c'est un amour que nous ferions mieux d'enterrer.

Une peur mortelle ?

Le philosophe existentialiste Martin Heidegger (1889-1976) pensait que les êtres humains craignent la mort plus que tout. Bien que d'autres choses puissent inspirer la peur, rien ne la suscite autant que notre mortalité. De fait, pour Heidegger la plupart de nos craintes courantes sont des succédanés pour notre peur de la mort[242]. Ainsi, les êtres humains font de l'existence une inquiétude unique qui a pour principale origine la conscience de notre mortalité. Cette conscience

242. Martin Heidegger, *Being and Time*, trad. par Joan Stambaugh (Albany : State University of New York Press, 1996), p. 177.

est la base de l'« angoisse » existentielle[243]. Tout au long de leur vie, les êtres humains recherchent une « fuite devant la mort » ou au moins « la tranquillité au sujet de la mort », et l'angoisse que suscite la mortalité nous inspire une envie d'immortalité[244]. Voici où se trouve l'attrait pour les vampires. Ils sont immortels et incarnent notre désir d'échapper à la mort. Le sang est un symbole puissant de la vie, les êtres qui en boivent contrôlent la vie et symbolisent les dieux immortels que nous souhaitons tous être, selon Jean-Paul Sartre (1905-1980)[245].

Twilight illustre clairement notre angoisse de la mortalité. À la fin de *Fascination*, lorsque Edward sauve Bella, celle-ci se plaint qu'il n'ait pas laissé le venin de James la transformer en vampire. Quoiqu'elle soit heureuse d'avoir échappé à une mort violente, elle se désespère car son sauvetage n'est que temporaire. En la sauvant, il la condamne à la mort éternelle. Bella s'écrie : « Je vais mourir, [...] je m'en rapproche à chaque seconde qui passe »[246]. Bien que Jacob et Edward essaient de la convaincre que la mort est naturelle, elle ajoute : « J'aspirais à troquer mon statut de mortelle pour celui d'immortelle »[247]. Elle demande : « Qu'est-ce que l'état de mortel avait de si formidable ? » et regrette « l'idée centrale » d'Edward, celle de la garder humaine. Elle décrit la transformation en vampire de façon positive, presque religieuse, comme une « transmutation qui me libérerait de mon statut de mortelle »[248].

Même si notre propre mortalité est généralement notre préoccupation principale, nous souffrons aussi de la mortalité des autres. Nous désirons leur immortalité aussi bien parce que nous serions blessés par leur mort que parce que nous souhaitons que ceux que nous aimons vivent « une

243. *Ibid.*, p. 232.

244. *Ibid.*, p. 35, 235.

245. Jean-Paul Sartre, *L'Être et le Néant* (Gallimard, 1957), p. 626.

246. Stephenie Meyer, *Fascination* (Hachette Livre, 2005), p. 502.

247. Stephenie Meyer, *Hésitation* (Hachette Livre, 2007), p. 119, 271.

248. Stephenie Meyer, *Hésitation* (Hachette Livre, 2007), p. 86.

longue vie bien remplie » Ce désir d'étendre l'immortalité aux autres est bien illustré dans la série *Twilight*. Carlisle Cullen façonne les membres de sa famille non seulement pour briser sa solitude, mais aussi pour les sauver de ce qu'il décrit comme l'« horrible [...] gâchis »[249] de la mort prématurée. Il travaille comme médecin, aussi bien comme pénitence que pour sauver des vies humaines[250]. De même, l'angoisse de Bella au sujet de « l'âge galopant » de Renesmée est l'expression de sa crainte que son enfant lui sera enlevé par la mort. Bella fait part d'un bonheur indescriptible en découvrant qu'elle, Edward et Renesmée « avions l'éternité »[251]. Évidemment, Edward et Bella ont l'intention de s'aimer, non pas « jusqu'à ce que la mort nous sépare », mais pour l'éternité. Il est clair que ces vampires symbolisent notre désir d'échapper nous-mêmes à l'horreur de la mort et d'en épargner nos proches.

Des transformations fatales

L'attrait pour les vampires n'est pas simplement fonction de leur immortalité. Il compense également d'autres angoisses, notamment la peur de vieillir. L'âge peut faire peur en tant que présage de la mort, mais il suscite aussi l'anxiété en lui-même. Sartre a examiné l'angoisse de l'individu devant l'incarnation, angoisse qui est enracinée dans le fait que les humains sont en même temps conscience et corps. Il pensait que « le corps est nécessaire encore » pour la conscience[252], mais que la conscience s'en sent séparée. En fait, la conscience n'a de coïncidence avec rien. D'une part ce manque de liens rend possible la sensibilité et la liberté, mais d'autre part il provoque un sentiment de dissociation entre le corps et la conscience. Le corps est sujet aux changements

249. Stephenie Meyer, *Hésitation* (Hachette Livre, 2007), p. 170 .
250. Stephenie Meyer, *Fascination* (Hachette Livre, 2005), p. 363.
251. Stephenie Meyer, *Révélation*, p. 747.
252. Jean-Paul Sartre, *L'Être et le Néan*t (Gallimard, 1957), p. 375, p. 411.

ainsi qu'à la décrépitude. L'esprit, le centre de contrôle, ne peut qu'assister avec inquiétude au vieillissement progressif du corps et à la détérioration simultanée de ses propres fonctions. Ce processus engendre le sentiment aussi bien de « nausée » que de terreur[253].

Le vieillissement suscite l'angoisse non seulement parce qu'il dépasse le contrôle conscient et diminue nos capacités, mais aussi parce que nous idéalisons la jeunesse. Nous condamnons la vieillesse parce qu'elle nous transporte d'un état idéal vers une fin non désirée. Albert Camus (1913-1960) a merveilleusement bien exprimé ce sentiment : « Un jour vient, et l'homme constate [...] qu'il appartient au temps, et à cette horreur qui le saisit, il y reconnaît son pire ennemi »[254]. La marche du temps nous dégoûte particulièrement parce que de nos jours « la jeunesse n'est plus considérée comme un état transitoire... mais plutôt comme une aspiration, un état exalté, dans lequel, si on le pouvait, on resterait perpétuellement »[255].

Twilight se fait l'écho de notre inquiétude au sujet du vieillissement et de notre désir d'y échapper. Puisque Bella aspire à une relation à long terme avec un vampire immortel, elle s'inquiète davantage de vieillir que la plupart des adolescents. Elle dit souvent que l'âge est un sujet délicat pour elle, et lorsqu'elle découvre que non seulement Edward et sa famille, mais aussi Jacob sont préservés des méfaits de l'âge, elle crie en colère : « Tu... ne... vieillis... pas » [...] Alors je serai la seule à décrépir ? Parce que je prends une fichue ride tous les jours ! Nom d'un chien ! Qu'est-ce que c'est que ce monde injuste ? »[256]

L'angoisse de Bella face au vieillissement est aussi exprimée dans un rêve au début de *Tentation*. Elle rêve que sa

253. *Ibid.*, p. 425.

254. Albert Camus, *Le Mythe de Sisyphe*, Gallimard, p. 28.

255. Joseph Epstein, *The Perpetual Adolescent*, dans *The Writer's Presence*, édité par Donald McQuade et Robert Atwan (New York : Bedford, St. Martin's Press, 2009), p. 368. Notre traduction.

256. Stephenie Meyer, *Hésitation* (Hachette Livre, 2007), p. 129.

grand-mère Marie rencontre Edward. Le rêve se transforme en cauchemar lorsque Bella se rend compte que c'est elle, la dame « vieille, ridée et fanée » à côté du vampire « figé pour l'éternité dans ses dix-sept ans »[257]. Elle se réveille terrorisée, et angoissée : « J'étais plus vieille – je le sentais. J'avais vieilli au jour le jour, sauf que là, c'était différent, quantifiable, pire »[258]. Pour Bella, l'âge est synonyme de gaspillage et elle parle de l'horreur d'avoir trente ans. Elle dit à Edward qu'être figée pour toujours à dix-huit ans est « le rêve de toute femme »[259]. À la fin de la saga, Bella est transformée en vampire et libérée de l'indignité du passage du temps. Il semble évident que l'attrait des vampires se situe autant dans leur jeunesse éternelle que dans leur immortalité.

Incassables

La mortalité et le vieillissement ne sont pas les seuls problèmes liés à l'incarnation dans un corps humain. Les corps ont d'autres « faiblesse(s) humaine(s) »[260] que nous cherchons à surmonter. Bien que nos corps soient capables d'énormément de choses, ils sont aussi vulnérables. Nous souffrons de la chaleur et du froid. Nous nous blessons facilement. Nous pouvons nous casser un os en tombant. Des accidents sans gravité nous envoient aux urgences. Notre vulnérabilité physique peut susciter l'envie d'un corps surhumain comme celui des vampires.

Twilight met à jour cette angoisse à propos du corps humain. Il est facile de compatir avec Bella, adolescente charmante mais comiquement maladroite[261]. Comme Edward et Jacob le lui rappellent à maintes reprises, elle n'est « pas assez forte »[262], et fragile. Bella en convient. Elle répète plu-

257. Stephenie Meyer, *Tentation* (Hachette Livre, 2006), p. 16.

258. *Ibid.*, p. 16.

259. Stephenie Meyer, *Révélation* (Hachette Livre, 2008), p. 41.

260. Stephenie Meyer, *Révélation* (Hachette Livre, 2008), p. 439.

261. Stephenie Meyer, *Fascination* (Hachette Livre, 2005), p. 42.

262. *Ibid.*, p. 327 et *Révélation*, p. 202.

sieurs fois qu'« être humain est trop dangereux »[263]. Dans de nombreuses scènes, *Twilight* met en contraste la vulnérabilité aux blessures des êtres humains et l'invulnérabilité des vampires. Les blessures de Bella aux mains de James, sa coupure au doigt qui a failli lui coûter la vie lors de sa fête d'anniversaire, et les bleus qu'Edward lui inflige involontairement durant leur lune de miel attirent l'attention sur la faiblesse des êtres humains aussi clairement que sur la notion que les humains sont des proies.

En incarnant « l'indestructibilité virtuelle »[264], les vampires de *Twilight* illustrent notre désir profond pour des corps moins vulnérables. Les humains sont des êtres de chair « fragiles », « chauds », « cassables » alors que la peau des vampires est « dure », « froide » et comparée à du marbre. Les vampires ne sont pas exposés aux dommages corporels, ils ont plutôt tendance à les infliger. Le contact avec les vampires provoque des bleus, casse des os et peut même cabosser le métal. Bien qu'ils ne soient pas immunisés contre la destruction, « il n'existe que très peu de façons de nous anéantir »[265]. Les vampires et les loups-garous sont quasiment indestructibles.

Bon sang !

Outre leur indestructibilité, les vampires attirent aussi par leurs pouvoirs spéciaux. Comme les super-héros des comics Marvel, les vampires de *Twilight* possèdent une force et une vitesse surhumaines. Ils traversent l'Océan à la nage et courent des centaines de kilomètres sans difficulté. Ils franchissent des canyons en sautant comme des chats et écrasent des rochers sans effort. Bella témoigne de ce désir en cherchant à échanger son corps faible et humain contre un corps avec des « super-pouvoirs »[266]. Elle désire

263. *Tentation*, p. 547.
264. *Révélation*, p. 21.
265. *Fascination*, p. 360.
266. *Révélation*, p. 475.

ardemment les sens exacerbés, l'esprit aiguisé et les dons des vampires. L'un des dons particuliers des vampires est la beauté. La caractéristique la plus souvent évoquée d'Edward à travers la saga *Twilight* est sans doute son aspect physique. L'auteur le décrit fréquemment comme étant d'une beauté dévastatrice. Et il n'est pas le seul. La beauté est un attribut standard des vampires. Bella désire en partie devenir vampire car elle sait que sa transformation la rendra très belle. Nous aimons les vampires puisqu'ils représentent un canon de beauté très répandu, auquel nous aspirons, « un idéal si éloigné de notre quotidien que ses modèles semblent appartenir à une autre espèce »[267].

Les vampires alimentent aussi notre soif de nous distinguer. Sartre et les existentialistes s'accordaient pour dire que notre besoin de nous sentir essentiels est l'une des causes majeures de l'angoisse humaine. Dans *Fascination*, Bella exprime son inquiétude face au sens de sa vie, lorsqu'elle nie avoir des capacités spéciales et doute qu'elle puisse être l'objet d'un amour éternel. Elle conquiert néanmoins le cœur d'Edward, lui inspirant une affection si forte qu'il déclare, tel Roméo, qu'il ne vivra pas sans elle. Par ailleurs, elle se retrouve l'enjeu d'une bataille épique et la sauveuse inattendue des Cullen devant les Volturi. Le personnage de Bella fait appel à notre désir inné d'échapper à l'anonymat et d'atteindre une importance suprême.

Les loups solitaires

Les êtres humains cherchent également à échapper à leur vulnérabilité face aux autres. Cette faiblesse est moins évidente que notre désir d'éviter la blessure ou l'anonymat, mais elle est tout de même commune à tous. Heidegger et Sartre affirmaient tous les deux que l'être humain est fondamentalement social. Si Heidegger soutenait que nous avons

267. Daniel Harris, *Celebrity Bodies in The Writer's Presence*, édité par Donald McQuade et Robert Atwan (New York : Bedford, St Martin's Press, 2009), p. 427. Notre traduction.

l'habitude de trouver un réconfort auprès des autres, Sartre était plutôt conscient de l'angoisse que nos relations avec autrui peuvent susciter. Les relations avec d'autres personnes soulèvent l'inquiétude en raison du danger que représentent les autres, et de la dépendance particulière qui peut s'instaurer entre deux êtres[268]. D'autres personnes peuvent nous blesser physiquement et psychologiquement. Ils peuvent nous enlever ce que nous désirons ou s'interposer dans nos projets. Nous ne savons pas qui représente une menace, parce que nous ne savons pas ce que pensent les autres.

Les philosophes appellent cette question « le problème de l'esprit d'autrui ». Les gens peuvent nous dire ce qu'ils pensent, mais ils ne le font pas systématiquement, ce qui ne nous plaît pas. Certains vampires, par contre, savent lire dans les esprits. Ceux de la saga exercent un attrait encore plus grand grâce à ce don. Chacun a des limitations, mais ils arrivent tous à savoir ce qui se passe dans l'esprit des autres à l'exception de Bella. Son esprit fonctionne comme un bouclier. La combinaison de Bella et des vampires articule un désir compréhensible par rapport à autrui : souvent, nous souhaiterions savoir ce que pensent les autres, mais sans qu'ils soient capables de lire dans notre esprit.

Évidemment, l'esprit n'est pas la seule source d'inquiétude dans nos relations interpersonnelles. L'« autre » peut nous inspirer de l'angoisse à cause de la relation de dépendance qui s'instaure entre nous. Les existentialistes se préoccupent particulièrement de cette dépendance et cette angoisse. Notre dépendance aux autres est un état permanent. Sartre prétendait même que nous dépendions des autres pour définir notre propre identité. Mettant en cause la notion traditionnelle du moi essentiel, il explique comment notre engagement vis-à-vis des autres promeut l'auto-réflexion nécessaire à l'établissement d'une identité personnelle. Selon lui, cette identité est établie à l'origine par l'intériorisation, puis par l'appropriation critique des caractérisations objectives des autres.

268. *Ibid.*, p. 367.

Notre dépendance aux autres ne constituerait pas un problème sans la nature de la conscience, c'est-à-dire le fait de ne pas s'identifier. Subjectivité et fonctionnement humains fondamentaux proviennent de notre capacité de dissocier notre identité et nos perceptions. Cependant, lorsque quelqu'un nous dépeint comme « maladroit » ou « talentueux », « en forme » ou « gros », il nous décrit comme quelque chose de fixe, et non pas comme quelque chose de libre. Cela est compréhensible, chacun établit une relation avec l'autre en tant qu'être corporel. Néanmoins, étant donné que la conscience a tendance à résister aux caractérisations qu'elle n'a pas choisies elle-même, le fait d'être jugé par les autres comme un « objet ordinaire » est source d'irritation et d'angoisse.

Twilight exprime très clairement cette angoisse. L'inquiétude adolescente de Bella, sa crainte constante que les autres la trouvent différente ou sans attrait, sont des exemples exagérés de la préoccupation vis-à-vis d'autrui que la majorité d'entre nous ressent toute la vie. Que ce soit en tant que nouvelle venue à Forks ou en raison de sa maladresse en cours de gym, Bella montre que son amour-propre dépend de la reconnaissance et de l'acceptation par les autres et que cette dépendance la rend fragile.

Une partie de la fascination que nous éprouvons pour les vampires vient du fait que leurs relations diffèrent radicalement des nôtres. La plupart des vampires sont des solitaires ; ils n'ont pas besoin des autres comme nous. Par contre les vampires ont besoin des humains : pour se nourrir. Bella remarque après sa transformation que son besoin constant de Jacob a disparu, « l'impression de manque lorsqu'il n'était pas là avait presque disparu, maintenant. Une faiblesse humaine, sans doute »[269]. Les vampires incarnent le désir de s'élever à un niveau supérieur de l'existence, où nous ne sommes pas influencés par un souci constant des autres. Les autres sont réduits à des moyens, voire à des mets. Les vampires

269. *Révélation*, p. 439.

ne sont pas obligés de refréner leurs pulsions pour obtenir la reconnaissance sociale. Ils symbolisent plutôt notre désir de liberté absolue, d'être maître[sse] de la situation, de se saisir de quelqu'un et de le réduire au statut de sujet.

Des fringales inavouables

Mordre des êtres humains et s'abreuver de leur sang nous semble séduisant pour d'autres raisons bien moins ragoûtantes que le contrôle social. Bien que la consommation violente de sang humain soit la raison de l'horreur associée habituellement aux vampires, c'est également une des raisons essentielles de leur attrait. La transgression des tabous du meurtre et du cannibalisme dans notre société fait des vampires un symbole de notre désir de soumission absolue à l'instinct. Ce souhait semble en contradiction avec le désir de maîtrise, et Sartre considérait ces désirs divergents comme ancrés dans notre conscience humaine malheureuse. En effet, les humains diffèrent des animaux par leur conscience réfléchie, qui leur donne connaissance de leurs instincts. Même si nous ne sommes que des animaux très évolués, en proie à des pulsions naturelles, nous possédons la capacité de décider si nous devons ou non agir sous l'emprise de ces pulsions. Cette conscience nous libère, mais elle nous charge en même temps d'un fardeau.

Les êtres humains cherchent souvent à échapper à leur nature en se posant en sujet ou en objet pur, en agent libre ou en « chose », car pour l'être humain, la liberté est souvent source d'angoisse. Sartre appelait ces réactions « la mauvaise foi ». Notre désir de maîtrise absolue exprime le désir de nous élever au niveau du sujet pur. Notre désir de soumission à nos instincts exprime le désir d'échapper à notre liberté.

Les vampires fascinent par leur incarnation à la fois de maîtrise et de capitulation. Ils représentent simultanément

« la dépendance et la voracité »[270]. Ils sont aussi bien maîtres des autres que sujets de leur soif. Par leur capitulation absolue à leurs appétits, les vampires expriment notre souhait secret de nous abandonner à nos instincts. Ils incarnent notre désir de céder à nos pulsions agressives, de rassasier nos appétits et, bien entendu, de nous « perdre » dans les plaisirs comme le sexe sans la brûlure de la conscience[271].

Que de plaisirs coupables ! Ce n'est pourtant pas le cas de tous les plaisirs de *Twilight*.

Des péchés pas si mignons de Twilight

Les vampires de *Twilight* se distinguent des vampires traditionnels de façon importante. Ils sont insensibles à l'ail, et invulnérables aux pieux dans le cœur. Ils ne dorment pas dans des cercueils ; en fait, ils ne dorment pas du tout. La lumière du jour ne leur est pas non plus fatale. Elle les fait simplement scintiller. La différence la plus importante est qu'ils ne sont pas vraiment monstrueux. Les clans Cullen et Denali s'avèrent être des vampires gentils et doux. Ce qui les distingue le plus du buveur de sang stéréotypé est leur façon de restreindre leur soif naturelle de sang humain. Les Cullen nous semblent particulièrement captivants parce qu'ils sont exonérés de pulsions meurtrières, ce qui atténue notre sens de culpabilité à l'égard de leur pouvoir de séduction. Ils incarnent ainsi l'ambivalence que nous ressentons vis-à-vis de nos appétits.

Depuis Platon, les philosophes ont démontré que nos appétits peuvent compromettre notre raisonnement. Sartre prétendait que nos appétits et nos désirs étaient des aspects essentiels de notre être, même si la conscience refuse de s'identifier à eux. Elle les considère plutôt comme des forces étrangères menaçant de l'intérieur son autonomie. Nous avons

270. Susan Sceats, « Oral Sex : Vampiric Transgression and the Writing of Angela Carter » in *Tulsa Studies of Women's Literature 2*, n° 1 (Spring 2001), p. 107. Notre traduction.

271. Voir Sartre, *L'Être et le Néant*.

peur de perdre notre identité et notre humanité à cause de nos pulsions physiques.

Les vampires fascinent en montrant nos désirs à la fois de dominer et de céder à nos pulsions. Il est clair qu'ils symbolisent nos angoisses sur les appétits. Les vampires sont des êtres qui sont définis par leur soif. Cette soif les dépouille de leur humanité. Ils deviennent des monstres en cédant à leurs pulsions, et ils incarnent la crainte tacite de céder à nos appétits, compromettant ainsi notre identité et mettant en danger les autres.

Twilight illustre cette crainte aussi bien par le danger que les vampires constituent pour les êtres humains que par l'inquiétude qu'Edward et Jacob expriment concernant la transformation de Bella. Plus préoccupée par le désir que par la mort, Bella craint que sa transformation ne la rende « prisonnière de [sa] propre soif »[272]. Comble de l'ironie, elle est déjà captive de son désir. Elle est constamment victime de sa soif bien humaine d'Edward, se jetant à ses pieds à chaque occasion. Son abandon nous tourmente et nous ravit en même temps. La maîtrise de soi d'Edward nous enchante aussi. Malgré son puissant désir pour Bella, il exerce sa retenue, expliquant qu'« on appelle ça la victoire de la raison sur la chair »[273]. Edward n'est pas victime de ses pulsions. Il incarne notre désir d'assujettir nos appétits à notre raison.

Puisque les Cullen font preuve de retenue et s'efforcent d'épargner les humains, nous culpabilisons moins de les aimer. Pour autant, notre culpabilité n'est pas complètement effacée. *Twilight* met en scène des vampires attirants, mais dépeint aussi notre ambivalence envers eux. Stephenie Meyer se sert de divers moyens pour atteindre cet objectif. Comme dans les histoires classiques de vampires, elle utilise l'imagerie gothique, la caractérisation négative des personnages et la violence graphique pour jeter des soupçons sur ses sujets scintillants. Dès le début de la saga, Forks est décrite dans

272. *Hésitation*, p. 86.
273. *Fascination*, p. 323.

des termes menaçants. Le nom même de la ville, qui décrit aussi bien un outil pouvant percer la chair qu'un point de décision important, renforce la description négative de cet endroit irrévocablement terne avec son « climat éternellement lugubre »[274].

De même, lorsque Stephenie Meyer décrit la beauté des vampires, cette beauté est inhumaine. Bien qu'ils soient dotés d'une séduction physique puissante, ce sont également des incarnations dérangeantes de la mort. Ils ont le teint « diaphane »[275], d'« une pâleur de craie » et ils ont des ombres comme des bleus sous les yeux. Leur peau est cireuse et froide. Leur cœur ne bat pas, ils ne respirent pas. Ce sont des cadavres ambulants. *Twilight* nous rappelle que les vampires sont aussi sinistres qu'ils sont séduisants. Ils incarnent la mort qu'ils peuvent provoquer. L'une des scènes les plus perturbantes de la saga est celle de *Tentation*, où des touristes sont emmenés au massacre tels des agneaux à l'abattoir. À ce moment, notre horreur des vampires se réveille, alors qu'elle avait été dissipée par le portrait romantique que Stephenie Meyer donne d'Edward. L'auteur remet aussi en question l'attrait des vampires par la haine de soi de ces créatures. Edward fait référence à lui-même plusieurs fois comme une créature déplorable et il avoue même : « Je ne veux pas être un monstre »[276]. Rosalie est du même avis et conseille à Bella de rester humaine. Bella elle-même exprime des doutes. Elle a peur de se transformer en monstre nouveau-né, et cette crainte renforce la notion que la vie des vampires n'est pas aussi savoureuse que ce que l'on pourrait croire.

Tous mordus des vampires ?

Du point de vue existentialiste, la remise en question du mythe des vampires dans *Twilight* est incroyablement

274. *Fascination*, p. 13.
275. *Fascination*, p. 30.
276. *Ibid.*, p. 205.

positive. Bien que les angoisses qui motivent notre attirance pour les vampires soient compréhensibles, les philosophes existentialistes n'approuveraient pas le désir de renoncer à notre humanité. Rosalie non plus : « Tu as le choix qu'on ne m'a pas laissé, et tu optes pour le mauvais ! »[277] Bien qu'elle nous impose des défis difficiles et des angoisses, l'existence est « l'absolu, par conséquent la gratuité parfaite » et « un plein que l'homme ne peut quitter »[278].

Twilight affirme la supériorité des vampires, au lieu d'essayer de réduire leur attrait en soulignant leur inhumanité. Dans *Révélation*, les inquiétudes initiales de Bella sur sa transformation sont dissipées. Elle se réveille émerveillée par la beauté du monde qui l'entoure, dotée de pouvoirs et de sens exacerbés[279]. Elle peut courir toute la journée et faire l'amour toute la nuit. Au lieu d'une soif atroce, Bella découvre que « la joie était à présent l'élément constitutif le plus important de ma vie »[280]. Elle craignait que la relation physique avec Edward ne soit moins bien après sa transformation, alors qu'en vérité, tout comme le reste de sa vie de vampire, elle aurait dû se « douter que ce serait encore mieux »[281].

La transformation en vampire offre à Bella l'accomplissement de tous ses désirs, en particulier une évasion de la faiblesse et de l'humanité, des « années de médiocrité »[282] qu'elle associe à la vie humaine. Elle obtient la vie et l'amour éternels. Elle a un enfant et sauve son espèce. Elle est égale ou supérieure en tout point aux vampires qui incarnaient auparavant ses désirs. Elle atteint un niveau égal de l'amour éternel d'Edward, la maîtrise de soi de Carlisle, le dévouement maternel d'Esme, la beauté de Rosalie, la force d'Emmett, la loyauté d'Alice et l'influence sur les autres de Jasper. Elle

277. *Hésitation*, p. 175.

278. Jean-Paul Sartre, *La Nausée* (Folio, 1938), p. 184-5, p. 188.

279. *Révélation*, p. 397.

280. *Ibid.*, p. 537.

281. *Ibid.*, p. 491.

282. *Ibid.*, p. 534.

n'éprouve pas le besoin de tuer les humains, elle n'est même pas un monstre. Si on en juge par l'expérience de Bella, il n'y a rien de mal à échanger son humanité contre des crocs.

Du point de vue existentialiste, le défaut de *Twilight* réside dans le plaisir que Bella exprime en devenant vampire. Il s'agit d'une romance et non pas d'un film d'horreur. Son récit captivant d'amour improbable nous amène, par sa séduction, à aimer les vampires plus que nous ne devrions. Edward se retrouve dans le rôle d'un Roméo innocent et plein d'abnégation, plutôt que dans celui d'un monstre fascinant mais violent. *Twilight* fait pencher la balance en faveur des vampires et nourrit un dégoût malsain pour la vie humaine, au lieu de préserver un certain équilibre entre les deux.

Au fond, qu'y a-t-il de mal à aimer les vampires ? Après tout, ils ne sont pas réels. Ils ne mordent pas véritablement. Si notre engouement pour la littérature vampirique nous amuse, et nous aide en plus à dissiper nos angoisses, tant mieux. Mais quand même, *Twilight* contribue-t-il à gérer nos angoisses, ou plutôt à les exacerber ? Nos inquiétudes sur notre condition sont naturelles, mais le choix de Stephenie Meyer de célébrer le renoncement à l'humanité de Bella renforce l'idée que la condition humaine est défectueuse. À la différence de certaines œuvres qui soulignent la solitude désespérée et la corruption morale des vampires, *Twilight* les idéalise. La philosophe contemporaine Cynthia Freeland parle d'un « frisson ambigu[283] » qui pourrait nous amener à une étude critique de notre fascination pour les monstres, mais *Twilight* ne provoque pas ce frisson. Plutôt que de nous encourager à apprécier ce que nous avons et à faire des changements qui sont à notre portée, il encourage un fantasme d'évasion qui avilit l'existence humaine.

Nietzsche considérait que la tendance à rabaisser l'existence naît d'une « fatigue de la vie » et d'un « instinct de vengeance » sur les éléments qui nous fatiguent. La vie peut nous

283. Cynthia Freeland, *Realist Horror dans Aesthetics : The Big Questions*, édité par Carolyn Korsmeyer (Oxford : Blackwell Publishing, 1998), p. 287. Notre traduction.

lasser, mais quand cette lassitude s'exprime en « hostilité », elle est en « opposition dangereuse à la vie »[284]. Nietzsche expliquait que nous avons besoin d'affirmer la vie, plutôt que de nous y opposer. En ce sens, *Twilight* est problématique, car il rabaisse la vie humaine et fait étalage de rêves impossibles qui pourraient nous coûter la vie, même si ce n'est pas par la violence. Ces rêves nous affaiblissent doucement en détournant notre attention et notre appréciation de la vraie vie. Au lieu d'alléger nos angoisses, il les renforce en encourageant notre fascination pour des idéaux hors d'atteinte.

À la différence de Bella, nous n'avons pas la possibilité de nous réveiller à la vie éternelle, ou de trouver l'amour immortel. Pour autant que nous le sachions, nous n'avons qu'une vie, et cette vie et nos amours sont malheureusement à durée déterminée ! Il serait donc plus sage d'abandonner notre souhait de vie et d'amour éternels, et de nous rendre compte que les aspects de la condition humaine qui nous font souffrir sont également ceux qui nous définissent en tant qu'individus. Nous savourons le temps car nous en manquons, nous sommes sensibles à cause de notre vulnérabilité, compatissants grâce à notre dépendance et forts dans notre fragilité. Nous pouvons nous conduire en monstre, mais nous sommes bien plus monstrueux lorsque nous ignorons notre humanité que lorsque nous l'embrassons.

En éveillant et exacerbant notre appétit pour l'inhumanité, les vampires humanistes de *Twilight* sont plus séduisants et finalement plus dangereux que les vampires pervers traditionnels.

284. Voir Friedrich Nietzsche, *Crépuscule des idoles*, 1889.

LA SÉMIOTIQUE VAMPIRIQUE DE BELLA

Dennis Knepp

Twilight est bien des choses. C'est une histoire de vampires. C'est une histoire d'amour. Et une histoire d'initiation. Lorsque Bella Swan découvre qu'Edward Cullen est un vampire, elle découvre un monde caché.

Comme les auteurs de science-fiction et de fantasy, les philosophes décrivent souvent des mondes cachés. La philosophie de l'apprentissage, de la découverte et de la connaissance s'appelle l'épistémologie. Et la sémiotique est la partie de l'épistémologie qui examine les différents indices pour découvrir les choses cachées. La sémiotique est finalement l'étude des signes, puisque les indices sont des signes qui indiquent une direction et nous fournissent des informations. Bella, bien entendu, apprend à lire les signes qui conduisent vers « les vampires ».

Les signes autour du fourgon bleu de Tyler

Dans le chapitre 3 de *Fascination*, intitulé « Phénomène », le fourgon bleu foncé de Tyler Crowley glisse sur le verglas sur le parking de l'école et manque de justesse de tuer Bella. Contre toute attente, Edward réussit à la sauver, alors qu'un instant avant, elle l'a vu clairement « à quatre voitures de moi,

[il] avait les traits tordus par une grimace horrifiée »[285]. Voilà un mystère : comment Edward a-t-il pu sauver Bella ? Celle-ci rassemble plusieurs indices en réponse à ce mystère. Elle remarque qu'Edward est froid. « Ma tête heurta le bitume gelé, une masse solide et froide me cloua au sol »[286]. « Je tentai de me lever, mais la main glacée d'Edward m'en empêcha »[287]. Elle voit l'empreinte de la main d'Edward sur le fourgon : « Deux longues mains blanches jaillirent devant moi pour me protéger, et le fourgon s'arrêta en hoquetant à quelques centimètres de ma figure, les grandes paumes s'enfonçant par un heureux hasard dans une indentation profonde qui marquait le flanc du véhicule »[288]. « Lorsque les brancardiers m'avaient emportée, j'avais remarqué sans l'ombre d'un doute que le pare-chocs de la voiture marron était profondément enfoncé – une forme qui n'était pas sans évoquer le contour des épaules d'Edward. Comme s'il s'était arc-bouté contre l'auto avec assez de force pour en tordre le métal »[289]. Elle entend Edward la supplier de ne pas demander comment il a pu réussir cela. « L'or de ses iris flamboya. 'S'il te plaît, Bella' »[290]. Elle entend aussi la confusion de Tyler lorsqu'elle lui dit que c'est Edward qui l'a sauvée : « Cullen ? Je ne l'ai pas vu... Enfin, tout s'est passé si vite. Il va bien ? »[291] Ces indices amènent Bella à penser qu'Edward n'est pas tout à fait comme les autres lycéens. Finalement, elle apprend que la froideur, les empreintes, les paroles, sont autant d'indices qui pointent vers les vampires.

La froideur, la bosse sur le fourgon et la demande d'Edward ne sont pas des événements dus au hasard. Ce sont des signes qui indiquent une direction à suivre et qui donnent à Bella des informations sur un monde caché de vampires.

285. Stephenie Meyer, *Fascination* (Hachette Livre, 2005), p. 67.
286. *Ibid.*, p. 68.
287. *Ibid.*, p. 70.
288. *Ibid.*, p. 68.
289. *Ibid.*, p. 71.
290. *Ibid.*, p. 70.
291. *Ibid.*, p. 73.

Effectivement, ils suivent un schéma ordonné : un, deux et trois.

Ces signes suivent la triade d'icône, indice et symbole. Une icône est le symbole le plus simple, la sensation la plus légère : Edward est froid. Un indice est le résultat de l'interaction physique : l'empreinte de la main d'Edward sur le fourgon. Un symbole est un signe qui n'a de sens que parce que quelqu'un a fait le lien avec cette signification : les paroles d'Edward et de Tyler.

1 Icône : sensation simple : Fraîcheur ;
2 Indice : interaction entre deux choses : l'épaule d'Edward cabosse le véhicule ;
3 Symbole : des paroles qui retirent leur sens de l'interprète : « Bella, s'il te plaît ».

Le philosophe de la priméité, secondéité, tiercéité

Le plus grand théoricien de la sémiotique est probablement Charles Sanders Peirce (1839-1914)[292]. Ce personnage haut en couleur aurait davantage eu sa place dans *Entretien avec un Vampire* d'Anne Rice que dans *Twilight* de Stephenie Meyer[293].

Isabella Swan et Charles Peirce sont aussi différents que deux personnes peuvent l'être. Par exemple, Bella n'a que peu d'intérêt, voire aucun pour les vêtements et les fêtes et ne veut même pas assister au bal de fin d'année ! Peirce, au contraire, raffolait des beaux vêtements et voyageait beaucoup en Europe, même lorsqu'il ne pouvait pas se le permettre

292. Depuis les années 1980, le *Peirce Edition Project* travaille avec assiduité avec l'Indiana University Press pour éditer une édition chronologique des œuvres de Peirce, qui représentera une référence pour tous les étudiants de Peirce. 20 ans plus tard, ils n'ont publié que sept des trente tomes prévus. Il manque encore beaucoup d'éléments des dernières années de sa vie. Une édition plus petite et plus pratique en deux tomes est déjà sortie, heureusement. Je me référerai au tome 2 : *The Essential Peirce : Selected Philosophical Writings*, volume 2 (1893-1913), édité par le *Peirce Edition Project* (Bloomington et Indianapolis : Indiana University Press, 1998), et en particulier à l'essai de 1894 « What is a sign ? », p. 4-10.

293. La meilleure biographie de Peirce (prononcer « purse ») est celle de Joseph Brent Charles, *Sanders Peirce : A Life* (Bloomington et Indianapolis : Indiana University Press, 1998). Toutes les données sur la vie de Peirce dans ce chapitre proviennent de ce livre.

financièrement[294]. Pour Bella, utiliser un médicament contre la toux pour dormir est proche de l'abus de stupéfiants. En contraste, Peirce consommait régulièrement de la morphine, de l'éther, de l'opium ou de la cocaïne, tous légaux à l'époque, pour combattre divers problèmes mentaux, dont des troubles bipolaires[295]. Malgré les événements surnaturels survenus dans sa vie, Bella se conforme sans difficulté aux contraintes du lycée, alors que Peirce, exclu de plusieurs écoles, a fini sa scolarité pratiquement dernier de la classe et n'était pas capable de conserver un poste d'enseignant malgré les puissantes relations de sa famille[296]. Tout le long de sa vie, dans une époque victorienne très guindée, Peirce avait du mal à se conformer à la moralité conventionnelle, et sa réputation d'« immoralité » lui a souvent porté préjudice.

Malgré ces différences, la théorie de la sémiotique de Peirce est utile pour décrire les découvertes de Bella. Heureusement, on juge le travail d'un philosophe sur ses propres mérites et non pas sur sa vie. Bien que la vie de Peirce ne soit pas particulièrement exemplaire, il se peut que sa sémiotique soit cohérente ! S'il s'agit d'une bonne théorie des relations entre les signes, on devrait aussi pouvoir l'appliquer à la lecture des signes par Bella :

Une icône est la priméité. Il s'agit de l'expérience la plus simple : la couleur, l'odeur, le goût de quelque chose. C'est une sensation sans réflexion aucune. Peirce dit que les icônes « servent à transmettre la notion de ce qu'ils représentent, simplement par imitation »[297]. On peut citer en exemple la couleur du ciel, l'odeur d'une rose.

Un indice est la secondéité. Il correspond à l'interaction entre deux choses. Une girouette révèle le sens du vent parce que c'est le vent qui la dirige. Un thermomètre indique

294. *Ibid.*, p. 25 : « Il s'habillait très bien, tant qu'il le pouvait, avec une élégance nonchalante ». Henry James a exprimé son point de vue sur le style personnel de Peirce d'une façon laconique dans une lettre pour son frère William, de Paris, en 1875, où il mentionne qu'il a rencontré « M. Chas. Peirce, qui porte de beaux vêtements, etc. ». Notre traduction.

295. *Ibid.*, p. 14.

296. *Ibid.*, p. 19-20.

297. *Peirce Edition Project*, p. 10. Notre traduction.

la température parce que la chaleur ou le froid agit sur le mercure qu'il contient. Indiquer la lune de son doigt est un lien entre deux choses. Les pronoms démonstratifs, « celui-là » et « celui-ci » aussi. Un œil au beurre noir indique une bagarre parce que... bref, vous avez saisi.

Un symbole est la tiercéité. Dans ce cas, le signe (1) indique l'objet (2) parce que quelqu'un (3) a établi une connexion. Un morceau de métal rouge en forme d'octogone, avec les lettres S-T-O-P en blanc n'a aucun sens jusqu'à ce que quelqu'un le lise et arrête sa voiture. Il faut faire le lien entre le panneau et le sens « stop ». Un symbole a besoin d'un lecteur qui fait ce lien. Les meilleurs exemples de symboles sont les mots, mais il y en a d'autres. Si vous voyez quelqu'un avec la peau très pâle, habillé en noir, avec du rouge à lèvres rouge vif et du vernis à ongles noir, dont les cheveux sont peignés pour couvrir un œil, vous vous direz sans doute « gothique ». Pourquoi ? Parce que vous savez faire un lien entre ces signes (vêtements noirs, peau pâle, lèvres rouges, etc.) et cette signification (gothique). Cette mode vestimentaire ne signifie pas gothique en soi, il faut faire le lien.

Le signe de la croix

Parfois, le même objet peut correspondre aux trois types de signes. Le meilleur exemple dans la saga *Twilight* est la croix qu'Edward montre à Bella dans la maison Cullen. Premièrement, c'est une icône. Souvenez-vous de la couleur distinctive du bois « dont l'antique et sombre patine tranchait sur le fond clair du mur »[298]. Deuxièmement, c'est un indice, elle pointe sur l'église anglicane de 1630 dont elle est originaire. Troisièmement, c'est un symbole, bien plus que deux morceaux de bois. Peirce écrit que « les symboles grandissent »[299] et ceci en est un exemple formidable. La croix chrétienne a de nombreuses significations et associations.

298. *Fascination*, p. 353.

299. *Peirce Edition Project*, p. 10. Notre traduction.

Le fait que ces vampires exhibent une croix chrétienne bien en évidence chez eux indique à Bella que ce ne sont pas des vampires ordinaires. De plus, le fait que cette croix en particulier provienne de l'église du père de Carlisle donne une information supplémentaire à Bella à leur sujet : ils ont des origines chrétiennes.

Les signes d'un bon vampire

Peirce est devenu fanatique des triades. Il a divisé sa triade d'origine (icône, indice, symbole) en d'autres triades. Par exemple, un symbole peut être subdivisé en « mot », « phrase » et « argument ». Le mot clé pour *Twilight* est vampire. La phrase clé pour *Twilight* est « Edward est un vampire ». Et l'argument clé pour *Twilight* est le raisonnement de Bella, qu'Edward est un bon vampire, puisqu'il essaie de la protéger.

Comme si cela ne suffisait pas, Peirce est allé encore plus loin. Ainsi, un argument peut encore être subdivisé en trois catégories : l'abduction ou hypothèse, la déduction et l'induction[300]. Une hypothèse est une conjecture, une explication possible d'événements inhabituels. Bella devine qu'Edward est un vampire. Plus précisément, elle devine qu'il est un bon vampire. Cette conjecture explique des événements inhabituels. L'hypothèse de Bella se développe comme suit :

Edward se comporte comme un vampire, mais pour une raison incompréhensible il ne m'attaque pas.

Si Edward était un bon vampire, il serait logique qu'il ne m'attaque pas.

Donc, il y a de bonnes raisons de supposer qu'Edward est un bon vampire.

Remarquons que cet argument n'inspire pas une confiance absolue. Ce n'est qu'une conjecture. Votre professeur de logique le rejetterait comme un mauvais argument, car les prémisses ne soutiennent pas véritablement la conclusion.

300. Voir www.cvm.qc.ca/encephi/CONTENU/PHILOSO/peirce.htm.

D'autres conjectures seraient possibles : Edward n'a simplement pas très faim en ce moment, par exemple. Mais cela n'a pas d'importance. Une hypothèse ne doit pas obligatoirement être correcte à cent pour cent. Il faudrait juste plus de preuves pour appuyer la conjecture.

La deuxième catégorie d'argument, la déduction, détermine quelles preuves chercher. La déduction résulte de l'hypothèse. On peut imaginer que Bella a formulé les déductions suivantes lors de son voyage à Port Angeles :

Si Edward est un bon vampire, alors il me sauvera des agresseurs.

Si Edward est un bon vampire, alors il ralentira afin que j'aie moins peur.

Si Edward est un bon vampire, alors il me nourrira lorsque j'aurai faim et il me laissera dormir lorsque j'aurai sommeil.

Ces affirmations « si... alors... » résultent de l'hypothèse de Bella qu'Edward est un bon vampire. Elle sait à partir de cette hypothèse quelles preuves chercher pour confirmer ou infirmer son hypothèse.

La dernière catégorie d'argument, l'induction, confirme ou infirme les déductions résultant de l'hypothèse. Edward sauve en effet Bella des agresseurs à Port Angeles. Il emmène en effet Bella au restaurant lorsqu'elle a faim. Il ralentit la voiture lorsqu'elle lui dit qu'elle a peur. Il la laisse dormir lorsqu'elle en a besoin. Ces inductions confirment l'hypothèse qu'Edward est un bon vampire.

La sémiotique vampirique n'est pas infaillible

La confirmation de l'hypothèse ne signifie quand même pas que l'hypothèse soit totalement correcte. Il existe toujours une possibilité que des informations complémentaires la réfutent. On pourrait trouver une autre façon d'interpréter les preuves. Il s'agit peut-être d'une ruse de la part d'Edward, qui jouerait avec Bella afin de l'amener à baisser sa garde, pour qu'il puisse la manger à son aise. Bella pourrait se tromper. Peirce appelle ce phénomène le faillibilisme : l'art d'accepter que même une hypothèse bien confirmée peut se révéler fausse[301].

Bella apprend cette leçon à ses dépens à la fin de *Fascination*. Alors qu'elle se terre à Phoenix avec le frère et la sœur d'Edward, elle reçoit un coup de fil de James, le méchant vampire qui la traque. Le raisonnement de Bella suit le schéma familier de la triade sémiotique de Peirce :

D'abord l'icône : la voix féminine.

Ensuite l'indice : c'est la voix de sa mère. De plus, le méchant vampire prétend détenir sa mère. Cela entraîne les pensées de Bella sur sa mère comme un doigt qui pointe sur un objet.

Enfin, il y a les symboles, les mots exacts utilisés. Bella entend les mots prononcés par sa mère. Elle comprend les menaces du vampire. Et elle formule un plan d'action.

L'argument qui s'ensuit est subdivisé en trois catégories. D'abord l'hypothèse : (1) Ma mère a des ennuis. (2) Si je me rends, ma mère sera libérée. (3) Donc je dois me rendre.

Ensuite il y a les déductions. Ce sont les phrases « si... alors... » qui résultent de son hypothèse. Si Bella doit sauver sa mère, alors elle doit se rendre seule au studio de danse. Si elle doit y aller seule, alors elle doit semer le frère et la sœur d'Edward. Si elle fuit Alice et Jasper et se rend toute seule au studio de danse, alors sa mère sera sauvée. Ces déductions amènent Bella à un certain plan d'action : elle sait à présent ce qu'elle doit faire.

Pour les inductions, par contre, c'est une autre paire de manches. En essayant de confirmer les déductions de son hypothèse : « Je dois me rendre pour sauver ma mère », Bella découvre qu'elle est tombée dans un piège. La voix de sa mère n'était qu'un enregistrement. C'était une ruse ! Les preuves réfutent donc son hypothèse. Il s'avère que se

301. « Ainsi l'enquêteur scientifique doit être prêt à tout instant à abandonner sommairement toute théorie, même celles auxquelles il a consacré plusieurs années d'études ». *Peirce Edition Project*, p. 25. Notre traduction.

rendre ne sauvera pas sa mère. La sémiotique ne garantit pas la vérité. Les signes peuvent nous induire en erreur.

La valse sémiotique : un, deux, trois, un, deux, trois, un, deux, trois...

Une fois que l'on a assimilé le rythme de la valse sémiotique, il est facile de voir des schémas de trois partout. Le Père, le Fils, le Saint-Esprit. Le passé, le présent, le futur. La mère, le père, l'enfant. La position, la vitesse, l'accélération. Humain, vampire, loup-garou.

Il est néanmoins difficile de saisir l'utilité de tout cela. Ne pourrait-on pas diviser le monde aussi facilement en groupes de quatre ? Ou de cinq ? Emmanuel Kant (1724-1804) divisait le monde en douze catégories, et Aristote (384-322 avant J.-C.) en comptait dix. Pourquoi ce chiffre magique de trois ?

Peirce lui-même se débattait avec cette question et s'efforçait constamment de prouver que trois était le chiffre magique. J'avoue ne pas trouver ses arguments très convaincants, et je ne les énumérerai pas ici. Je propose plutôt de considérer la priméité, la secondéité et la tiercéité comme une hypothèse, une simple conjecture. Nous devrions établir les déductions et expérimenter les inductions. C'est-à-dire qu'à partir de cette conjecture, nous devrions trouver ce qui doit suivre et évaluer si c'est ce qui arrive. Et nous devrions être des faillibilistes, prêts à rejeter cette hypothèse si les résultats ne correspondent pas à notre attente. Peirce n'aurait pas voulu que l'on accepte sa théorie sans preuve. Il aurait souhaité qu'on la mette à l'épreuve.

Tentez donc l'expérience. Je vous ai fourni trois exemples dans ce chapitre de *Fascination*. Pourquoi trois, l'avez-vous compris ? Il reste encore trois autres tomes. Examinez donc une scène où Bella découvre ou apprend quelque chose, et essayez de déterminer si la scène correspond au schéma de l'icône, de l'indice et du symbole.

L'ESPACE, LE TEMPS ET L'ONTOLOGIE VAMPIRIQUE

Philip Puszczalowski

Qui ne souhaiterait pas être l'un des vampires de *Twilight* ? Imaginez tout ce que vous pourriez voir et faire si vous n'aviez pas à craindre la mort. Gravir une montagne ? Aucun souci ! Descendre les chutes du Niagara sans tonneau ? Pas de problème. Sauter d'un avion sans parachute ? C'est du gâteau ! Être un vampire est le rêve de tout accro à l'adrénaline. On pourrait tromper la mort à chaque occasion et faire plein d'expériences merveilleuses. Mais il y a un petit problème avec ce scénario.

Dans *Twilight*, nous apprenons que les vampires sont « figés » dans l'état où ils sont morts. Comment donc peuvent-ils bouger à des vitesses incroyables et soulever des voitures par-dessus des adolescentes à l'odeur appétissante ? D'où viennent leurs pouvoirs surnaturels ? Après tout, les êtres humains ne sont pas capables d'exploits pareils !

L'ontologie est la branche de la philosophie qui traite de la nature de l'être ou de l'existence. Lorsque nous demandons ce que signifie être un vampire, nous posons une question ontologique. Nous voulons savoir ce qui fait qu'un vampire est un vampire. Comment distingue-t-on un vampire d'un humain ? Il y a des différences physiques évidentes comme la pâleur de leur peau, leur beauté exquise et leur besoin de s'abreuver de sang pour vivre, mais ces éléments seuls ne suffisent pas à différencier un vampire d'un humain. Après tout, nous connaissons tous quelqu'un un peu comme ça. Ces traits contribuent en effet à distinguer les deux espèces, mais il faudrait chercher plus loin si nous voulons expliquer leur force et leur rapidité surnaturelles.

L'espace et le temps kantiens

Dans la *Critique de la raison pure*, Emmanuel Kant (1724-1804) considère que la connaissance se divise en deux catégories, *a priori* et *a posteriori*. Cette dernière est la connaissance acquise par l'expérience. La couleur d'un objet est un exemple de connaissance *a posteriori*. Nous savons que la voiture d'Edward est une Volvo argentée parce que nous l'avons vue. La voiture d'Edward pourrait aussi bien être bleue, pourtant. La couleur est une propriété accessoire, ce qui signifie que la couleur n'a aucune conséquence sur la voiture. Nous pouvons l'imaginer de n'importe quelle couleur, ce serait quand même la voiture d'Edward.

La connaissance *a priori* est une connaissance que nous possédons indépendamment de l'expérience. Si nous séparons toutes les propriétés superflues de la voiture d'Edward, telles que sa couleur, sa forme, sa texture et ainsi de suite, il nous reste finalement une propriété inséparable de la voiture : son « extension ». Cela signifie simplement que quel que soit l'aspect extérieur d'une voiture ou sa taille, elle prend forcément de la place. Il est impossible d'imaginer un objet physique sans que celui-ci occupe un espace certain. Selon Kant, l'extension est donc une forme de connaissance *a priori*. Nous savons que les objets doivent occuper l'espace sans avoir besoin de rencontrer chaque objet. Ce qui indique que nous devons avoir la notion de l'espace avant de pouvoir percevoir un objet quelconque.

La connaissance *a priori* s'applique au temps, comme à l'espace. Le temps est au centre de concepts tels que la progression et le mouvement. Lorsque Bella conduit son fourgon de chez Charlie à l'école, la distance qu'elle couvre peut être divisée en morceaux successifs. D'abord elle est chez Charlie, ensuite elle est à une rue de là, puis deux et ainsi de suite, jusqu'à son arrivée au lycée. Cette progression n'a de sens que si on la comprend en termes d'avant et d'après, c'est-à-dire en fonction du temps qui passe. De même, le mouvement est le changement de lieu au cours du temps. Évidemment, on ne pourrait pas changer de lieu s'il n'y avait pas de temps pour le faire. Comme pour l'espace, on ne peut pas imaginer l'absence du temps. On peut concevoir une période de temps sans aucun objet, mais pas un objet sans le temps. Un objet ne pourrait pas exister s'il n'existe pas un certain temps. Donc, comme l'espace, le temps est quelque chose que nous apportons pour donner du sens au monde qui nous entoure[302].

Kant a révolutionné la façon dont nous considérons l'espace et le temps, en expliquant que l'espace et le temps ne font pas partie du monde, mais existent plutôt dans notre esprit. Notre perception du monde résulte de la structure de notre cerveau et de sa compréhension, et non pas de la véritable structure du monde. Lorsque Bella est encore humaine, sa perception du monde est limitée. Par contre, après sa transformation en vampire, elle perçoit le monde différemment. Ses sens exacerbés lui permettent de voir des particules individuelles de poussière flottant dans l'air et d'entendre le son des autoradios sur la quatre-voies à des kilomètres de là. Le monde lui-même n'a pas changé. La poussière et les sons existaient déjà quand Bella était humaine et ils restent identiques lorsqu'elle devient vampire, c'est Bella qui a changé. Les limitations physiques de sa vie humaine ont disparu.

302. Pour une explication plus approfondie, voir Emmanuel Kant, *Critique de la raison pure* (Flammarion, 2006), traduction d'Alain Renaut.

Kant, Dracula et les vampires de Twilight

« Qu'est-ce que c'était un an,
pour un immortel ? »[303] *— Bella*

À bien des égards, les vampires de la saga *Twilight* diffèrent de ceux des mythes traditionnels. Au lieu d'examiner toutes les légendes vampiriques, concentrons-nous sur celui qui est devenu l'archétype des vampires modernes : le comte Dracula. Le personnage de Dracula est inspiré des légendes vampiriques européennes, et puisqu'il a servi à son tour de modèle pour la plupart des vampires modernes, cela semble un bon choix.

Dracula a beaucoup de points communs avec les vampires de *Twilight* : il est immortel, il a besoin de s'abreuver de sang pour vivre et il a une force physique phénoménale[304]. On ne saura pas si Dracula est plus fort qu'Emmett Cullen, mais personnellement, au bras de fer, je parierais plutôt sur Emmett. Dracula a aussi le pouvoir d'hypnotiser ses victimes, un pouvoir proche de celui d'Edward.

Il y a pourtant des différences marquées entre Dracula et les vampires de *Twilight*, notamment l'aversion de Dracula pour les crucifix et des objets sacrés qui n'ont aucun effet sur les Cullen. La grande différence entre les vampires de Stephenie Meyer et d'autres vampires modernes est que les Cullen et leurs congénères peuvent sortir durant le jour. Alors que Dracula était simplement affaibli par la lumière du jour, le folklore vampirique moderne renforce cette faiblesse, rendant la lumière du jour fatale pour les vampires[305]. Peu après l'incident à Port Angeles, nous apprenons que la plupart des légendes sur les faiblesses des vampires relèvent du mythe. Ce n'est que lorsque Edward montre la clairière cachée à Bella que nous apprenons l'effet de la lumière du jour sur les vampires. Plutôt que de s'enflammer, leur peau

303. *Tentation*, p. 69.

304. Bram Stoker, *Dracula* (J'ai Lu Fantastique, 2005).

305. Cela est évident dans de récentes séries de télévision telles que *Buffy contre les vampires*, *Angel* ou encore *True Blood*.

scintille au soleil. Cette rupture avec le folklore vampirique moderne crée une distinction intéressante entre l'ontologie des vampires de Stephenie Meyer et celle des vampires dans la tradition de Dracula.

Bien que Dracula ne vieillisse pas, il subit le passage du temps. Les vampires comme Dracula ne peuvent pas sortir dans la journée sans s'affaiblir ou se consumer. Les vampires de *Twilight* ne sont pas restreints par le soleil, il n'existe donc pour eux aucune division temporelle entre le jour et la nuit. Leur vie n'est pas menacée par la lumière du jour, ils l'évitent simplement pour garder le secret de leur existence. Rester à l'abri du soleil est une restriction volontairement imposée par eux-mêmes et que les Volturi se chargent de faire respecter. Il ne s'agit pas d'une restriction ontologique. Les vampires de *Twilight* sont donc des créatures bien plus intemporelles que les successeurs de Dracula. L'absence de contraintes dues au temps externe peut-elle expliquer qu'ils ne vieillissent pas ? Peut-être, mais puisque nous, nous ne pouvons pas réfléchir en dehors de l'espace-temps, ceci n'est que pure spéculation.

Comme le temps, l'espace n'a que peu de sens pour les Cullen et leurs congénères. Une rapidité surnaturelle permet aux vampires de traverser très vite de grandes distances. Ils n'ont pas besoin de respirer, ce sont donc d'excellents nageurs. Et leur force incroyable leur permet de franchir ou de déplacer n'importe quel obstacle. En tant qu'humaine, Bella est limitée par l'espace : elle met beaucoup de temps pour parcourir de longues distances à pied. Edward, par contre, peut traverser de courtes distances en un clin d'œil. Souvenez-vous de la fois où il a sauvé Bella de sous les roues du fourgon de Tyler Crowley. L'espace externe est comprimé au point d'être un détail.

Des capacités qui dépassent l'espace-temps : Alice, Edward et Aro

Certains des vampires de *Twilight* possèdent des capacités particulières. Alice Cullen, par exemple, voit dans l'avenir. En plus des destins des humains et des vampires, elle peut prévoir les fluctuations de la Bourse (cela n'a pas l'air mal, non ?). La vitesse et la force surhumaines, passe encore, mais comment des dons particuliers pareils sont-ils possibles ?

Le fonctionnement des visions d'Alice est intimement lié au concept de l'espace-temps. Lorsqu'elle voit un futur événement potentiel, il se passe deux choses. D'abord, elle voit un événement futur au présent, ce qui signifie que le futur se superpose au présent dans son esprit. Le temps est comprimé de telle façon que la période de temps entre le présent et le futur est éliminée. Ensuite elle voit un événement spatial dans un espace différent, immédiat. Lorsque Alice et Jasper emmènent Bella au motel pour la cacher de James, Alice le « voit » au studio de danse alors qu'elle-même se trouve à l'hôtel. Comme pour le temps, elle vit un événement dans l'espace comme s'il se superposait à un autre car la distance entre les deux s'effondre. En suspendant l'espace et le temps, Alice brouille la frontière entre le présent et le futur.

Le don de lecture dans les esprits d'Edward manipule également l'espace. Au lieu d'être confiné à son propre esprit, Edward est capable d'entendre les pensées des autres. Son don fonctionne « à distance », lui permettant d'entendre non seulement les pensées de ceux qui sont dans la même pièce, mais aussi de personnes se trouvant à plusieurs kilomètres. En résumé, Edward replie l'espace entre ses pensées et celles des autres.

Aro, l'un des chefs des Volturi, possède une version plus puissante de ce don. Il est capable de comprendre tout l'esprit d'une personne simplement en la touchant. Il sait ce qu'elle pense à cet instant, mais aussi tout ce à quoi elle a jamais pensé. Alors qu'Alice peut prévoir l'avenir de quelqu'un,

Aro peut regarder son passé. Il replie le passé et le présent, tandis qu'Alice replie le présent et le futur.

Le passé, le présent et le futur n'ont pas de sens face à l'éternité, et l'espace ne présente pas d'obstacle. Cela peut nous mettre sur la voie pour comprendre l'ontologie des vampires : ils n'existent pas dans l'espace-temps de la même façon que nous.

Quand deux mondes entrent en collision

« Tu es de ces gens qui attirent les ennuis comme un aimant. »[306] — *Edward*

L'un des thèmes principaux de la série *Twilight* est le conflit entre le monde d'Edward et celui de Bella. Le monde d'Edward a un sens pour lui avant qu'il ne rencontre Bella, et le monde de Bella, même s'il est terne, a un sens pour elle avant la rencontre avec Edward. Ce n'est que lorsqu'ils entament leur relation que les problèmes commencent pour chacun. Edward existe dans un monde qui est dangereux pour les humains, tandis que Bella existe dans un monde qui généralement ignore tout des vampires. Mais les dangers que Bella rencontre face à de méchants vampires comme James et Victoria ne sont que les manifestations d'un problème plus profond, à savoir, le conflit entre l'imposition de l'espace-temps kantien de Bella et la suspension de ce même espace-temps par Edward.

Remarquons à combien de reprises Stephenie Meyer décrit Bella comme mauvaise en sport et maladroite, alors qu'Edward et sa famille sont athlétiques et gracieux. Alice a toujours l'air de danser lorsqu'elle bouge, alors que Bella a du mal à ne pas trébucher en faisant trois pas. Même leurs styles de conduite sont le reflet de ce conflit. Bella a son propre fourgon, lent et lourd, alors que les Cullen pilotent des voitures de course. Bella semble totalement limitée par l'espace, alors que les Cullen le transcendent.

306. *Fascination*, p. 124.

Bella n'a que trop conscience de cette disparité. Elle fait souvent remarquer que le temps passe très vite lorsqu'elle est avec Edward, laissant une image floue du temps et de l'espace. On pourrait croire que la vitesse de son monde accélère lorsqu'elle est avec Edward, pour ralentir quand ils se quittent. Ce sentiment est courant, en particulier quand on conduit. Souvenez-vous, il vous est sûrement arrivé de ne pas vous être rendu compte de la vitesse à laquelle vous conduisiez, jusqu'à ce que vous quittiez l'autoroute. Il en va de même pour Bella. Quand elle est avec Edward, elle ne remarque pas le temps qui passe, mais dès qu'elle le quitte, elle retourne à une vitesse « normale » et a l'impression que tout est ralenti. Bien sûr, l'euphorie d'un nouvel amour peut expliquer en partie cette constatation, mais elle résulte peut-être aussi de la dangereuse interaction entre le monde limité de Bella et celui d'Edward. Le conflit entre les deux mondes atteint son apogée au point décisif de *Révélation* : la grossesse de Bella.

Jusque-là, la disparité entre les deux mondes n'était jamais arrivée jusqu'au point de l'affrontement. Bien sûr, Bella a souvent été en danger lors de ses escapades dans le monde des vampires, mais son monde est resté séparé de celui d'Edward. Quand les Cullen quittent Forks au début de *Tentation*, Bella est anéantie, mais elle n'est pas en péril. Sa vie continue, tout comme celle d'Edward. Mais, lorsqu'elle est enceinte, les différences entre le monde non kantien d'Edward et celui de Bella ne peuvent plus rester superficielles. Sa grossesse crée un conflit physique, biologique et ontologique direct entre le monde des humains et celui des vampires, conflit qui risque de la tuer. Si Bella poursuit sa grossesse jusqu'au bout, il y a de fortes chances qu'elle en meure. Malheureusement, au moins au début, les humains et les vampires ne semblent pas compatibles.

La convergence des mondes d'Edward et de Bella offre de nouvelles possibilités qui n'existent pas dans le monde des humains. Quand elle tombe enceinte, elle arrive à terme en quelques semaines, au lieu de quelques mois. Pour les humains, en principe, cela dure neuf mois. Des changements aussi importants, et aussi rapidement, sont dangereux pour la santé de la mère, comme pour celle du bébé. Ce n'est donc pas vraiment étonnant qu'à mesure de l'approche du terme, Renesmée inflige des blessures de plus en plus graves à sa mère, jusqu'à lui briser les os. L'espace-temps kantien du monde de Bella est engagé dans une lutte à la vie, à la mort avec le monde intemporel des vampires, et, comme nous le savons, le monde de Bella perd la bataille. Ce n'est qu'en transformant Bella en vampire, levant ainsi les limitations de l'espace temporel, qu'Edward peut la sauver.

Cette étude nous montre que si l'ontologie des vampires implique la suspension de l'espace-temps de Kant, les êtres humains sont sévèrement désavantagés. Et il s'avère que Bella avait bien raison d'insister pour devenir un vampire !

JEUNES, SOYEZ FORTS STEPHENIE MEYER, LES VAMPIRES ET LE MORMONISME

Marc E. Shaw

Stephenie Meyer et moi avons plusieurs choses en commun : nous étions tous les deux en même temps à l'Université Brigham Young[307] ; nous y avons étudié l'anglais, et à un moment donné nous avons aussi certainement porté tous les deux la même brochure en format de poche. Comme tous les jeunes membres de l'Église de Jésus-Christ des Saints des Derniers Jours (Église SDJ ou Mormone), Stephenie Meyer a probablement étudié un livret distribué à tous les jeunes hommes et femmes. *Jeunes, Soyez Forts* résume les choses à faire et celles à éviter pour ceux qui s'efforcent de vivre leur foi mormone[308]. Le livret conseille sur un grand nombre de sujets, y compris les flirts, la musique, l'honnêteté, la pureté sexuelle, le service aux autres, la gratitude, l'enseignement, la dîme, l'observation du jour du Seigneur et l'amitié.

Qu'est-ce que la religion a à voir là-dedans ?

Avant d'aller plus loin dans les détails doctrinaux, vous vous demandez peut-être quel est le rapport entre la religion personnelle de Stephenie Meyer et les romans de la saga

307. Une université composée de plusieurs facultés financées par l'Église de Jésus-Christ des Saints des Derniers Jours à travers les États-Unis. NDT.

308. Jeunes, Soyez Forts, www.lds.org/languages/youthmaterials/strengthyouth/start_here_140.pdf.

Twilight. Après tout, Bella Swan et la majorité des personnages dans la saga n'ont pas de religion. Bella précise même :

« La religion était le dernier sujet auquel je m'étais attendue. Ma propre vie était passablement dépourvue de croyances. Charlie se considérait comme luthérien parce qu'il suivait l'exemple de ses parents mais, le dimanche, c'était près de la rivière et une canne à pêche à la main qu'il pratiquait. Quant à Renée, elle testait de temps à autre telle ou telle obédience ; à l'instar de ses brèves passions pour le tennis, la poterie, le yoga et le français, elle en changeait avant même que je fusse avertie de sa dernière lubie. »[309]

Bien que les actions des personnages ne soient pas motivées par la ferveur religieuse, la biographie de Stephenie Meyer sur stepheniemeyer.com souligne son appartenance à l'Église de Jésus-Christ des Saints des Derniers Jours. Elle y explique que sa religion a une influence énorme sur sa personne et sur son point de vue sur le monde, et donc sur tout ce qu'elle écrit. On lui a pourtant demandé à plus d'une reprise : « Comment se fait-il qu'une fille mormone gentille, comme vous, écrive au sujet des vampires ? » En fait, la distance entre la doctrine de la foi mormone et les vampires et autres morts-vivants n'est pas aussi importante que ce que l'on pourrait croire. Comme le monde imaginaire de l'auteur, le mormonisme souligne la proximité des royaumes des morts et des vivants, du mortel et de l'immortel.

Pour l'Église SDJ, les personnes récemment décédées vivent pendant un moment dans un monde d'esprits, lequel est une autre dimension de notre monde de vivants. Les mormons vivants célèbrent même des baptêmes pour leurs aïeux décédés qui n'ont pas adhéré à la foi de leur vivant. Ils croient au mariage éternel, ce qui est peut-être encore plus pertinent pour la série *Twilight*. Selon leur religion, si vous vous mariez au bon endroit et sous la bonne autorité, votre mariage sur terre sera honoré tout au long de votre vie et encore après votre mort. Cela signifie que l'amour

309. *Fascination*, p. 47.

ne disparaît jamais, et que les amants vivent aussi éternellement. En tant que mormone, Stephenie Meyer croit que son corps sera un jour immortel et tout-puissant, ressuscité sous une forme parfaite, et réuni avec son mari et ses fils pour toujours. Cela n'est pas sans rappeler la transformation de Bella et d'Edward en vampires immortels et puissants, n'est-ce pas ?

La religion de Stephenie Meyer et son contexte philosophique

La série *Twilight* est une réaffirmation par écrit de la foi et de l'engagement de Stephenie Meyer, issue de la brochure *Jeunes, Soyez Forts* que nous avons reçue autrefois. On retrouve cette déclaration dans le libre arbitre que Stephenie Meyer accorde à Bella. Au début de *Fascination*, l'auteur la place dans une situation géographique nouvelle ; elle se tient à la « fourche » de Forks, pour prendre un nouveau départ, loin de sa mère, sur le point de devenir elle-même une femme. Quel chemin choisira-t-elle ?

D'une certaine façon, Stephenie Meyer joue le rôle de mère céleste pour sa fille fictive, Bella. Selon la doctrine mormone, les êtres humains quittent la vie prémortelle, l'endroit où l'on vit avant ce monde et où chaque esprit décide de venir sur Terre comme mortel pour y être mis à l'épreuve. Dieu nous envoie sur Terre, il nous laisse libre de choisir notre voie et d'être responsable de nos choix. Dans la foi mormone, on appelle cette liberté et cette responsabilité le « libre arbitre ». C'est l'une des premières idées expliquées dans *Jeunes, Soyez Forts*. Il y a bien sûr des conséquences, parfois éternelles, de nos actions sur Terre.

Les penseurs de la SDJ ne sont pas à l'origine de l'idée du libre arbitre. Il s'agit d'une doctrine fondamentale de la philosophie chrétienne, remontant au moins à saint Augustin (354-430). Bien que le libre arbitre soit un don de Dieu, nous nous en servons tous de façon décevante. Bella affirme son libre arbitre lorsqu'elle informe Edward sans ambages qu'elle est seule responsable de ses choix à elle et de leurs conséquences :

« Il faut que tu arrêtes ça tout de suite. Tu n'as pas le droit de penser ainsi. Tu ne peux laisser cette... culpabilité... régir ton existence. Il est impossible que tu endosses la responsabilité des choses qui m'arrivent. Tu n'y es pour rien. Ma vie est comme ça, un point c'est tout. Donc, la prochaine fois que je trébucherai devant un bus ou tout autre incident de la même eau, tu es prié d'admettre que tu n'as pas à en éprouver des regrets. Inutile de filer en Italie simplement parce que tu te sens mal de ne pas m'avoir sauvée. Même si j'avais plongé de cette falaise pour me suicider, cela aurait relevé de mon choix, pas ta faute. Je sais qu'il est dans ta nature de prendre systématiquement le blâme sur toi, mais tu ne peux laisser cette tendance te mener à de tels extrêmes ! »[310]

Pourtant, nous ne pouvons pas blâmer Edward de vouloir sauver Bella. Tout au long de la saga, celle-ci donne l'impression d'avoir besoin d'Edward-le-Sauveur chaque fois que ses choix la mettent en péril. « Je désirais plus que tout me retrouver seule avec mon ange gardien »[311], nous dit-elle dans *Fascination*. Comme un Christ souffrant pour les péchés de ceux qu'il aime, Edward se sent obligé de prendre le relais lorsque sa bien-aimée n'est pas à la hauteur. Bella nous prouverait presque que saint Augustin a raison, nos actions humaines ne sont jamais tout à fait assez satisfaisantes. Parfois, pour être sauvés, nous avons besoin de l'aide d'un pouvoir supérieur.

Stephenie Meyer remet également en question le libre arbitre d'Edward. Il se trouve à une « fourche » de sa route quand il tente de lutter contre l'état de vampire auquel il était prédestiné :

« Ceux de notre espèce qui sont satisfaits de leur sort s'interrogent aussi. Mais ce n'est pas parce que nous avons été...

310. *Tentation*, p. 516.

311. *Fascination*, p. 183.

façonnés selon un certain modèle que nous n'avons pas le droit de désirer nous élever, dépasser les frontières d'un destin qu'aucun de nous n'a voulu, essayer de retenir un maximum de notre humanité perdue. »[312]

Quelle ironie dans ce personnage surhumain qui veut révéler davantage son humanité, résolu à combattre toute prédestination.

Alliances éternelles et promesses irrévocables

Edward est loin d'être un simple mortel faillible. Même s'il a tout l'air de l'idole du lycée, il parcourt la terre depuis bien plus de dix-huit ans, et il est nettement plus mûr et stable qu'il n'y paraît. Edward ne plaisante pas, lorsqu'il s'engage, c'est pour toujours, et il transforme ses paroles en actions. Tout de suite après le premier baiser de Bella et Edward, et après leur première nuit (chaste), nos deux héros discutent :

« Je t'aime, chuchotai-je.

Tu es ma vie, désormais, répondit-il tout simplement.

Il n'y avait rien à ajouter pour l'instant. Nous nous balançâmes dans le rocking-chair jusqu'à ce que la lumière soit devenue plus vive. »[313]

Lors de cet interlude romantique avec Bella, les paroles d'Edward deviennent une action. En disant « Tu es ma vie, désormais », il crée une union. De même, lorsque l'arbitre d'un match de boxe annonce le gagnant, ou qu'un prêtre dit « je vous déclare mari et femme », les paroles accomplissent une action. Dès que ces mots sont prononcés, les choses changent. Les paroles peuvent être un acte.

Cette notion émane du philosophe J. L. Austin (1911-1960), qui aurait qualifié le « Tu es ma vie, désormais » d'Edward d'« énoncé performatif ». Dans son livre, *Quand dire c'est faire*, Austin considère que lorsque nous savons exactement ce que l'énoncé va accomplir, ou ce que font les paroles, l'énoncé

312. *Ibid.*, p. 329.
313. *Ibid.*, p. 337.

performatif est « explicite »[314]. Parler d'« énoncés performatifs explicites » dans la chambre de Bella peut sembler un peu suspect. Pourtant ni Austin ni Edward n'ont l'esprit mal tourné. Ces paroles prononcées au milieu de *Fascination* unissent Bella et Edward dans une alliance sacrée, et elles ont toujours autant de sens à la fin de *Révélation*.

Union éternelle du corps et de l'esprit

En tant que mormone qui se considère mariée à son époux pour l'éternité, Stephenie Meyer s'identifie à cette promesse éternelle. Les mormons sont « scellés » aux membres de leur famille et sont convaincus que dans leur prochaine vie, leur famille au grand complet sera réunie. Il est évident que Bella et Edward désirent une telle union. Même si Edward se croit damné à cause de sa condition de vampire, Bella ne peut s'imaginer dans l'au-delà sans lui : « à mes yeux, un paradis sans Edward n'était pas le Paradis »[315]. Bella décrit également les sentiments d'Edward : « Il me désirait vraiment comme je le désirais – pour l'éternité. Seule sa crainte pour mon âme, pour l'élément humain qu'il ne voulait pas m'arracher, le rendait aussi désespéré de me maintenir à l'état de mortelle »[316]. Nous pouvons aussi comprendre cette union par la joie qu'éprouve Bella chaque fois qu'Edward la porte contre son corps fort et protecteur. Elle ne peut s'empêcher d'être heureuse dans ses bras, même lorsque tout ce qui les entoure les menace.

Cette union du corps et de l'esprit n'est pas une nouveauté dans la religion et la philosophie. Pour faire une parenthèse « érotique », nous pouvons noter que dans *Le Banquet* de Platon (428-348 avant J.-C.), il est question d'un mythe expliquant la création de l'amour sur Terre. À l'origine, il existait trois sortes de personnes ayant chacune deux têtes,

314. J. L. Austin, *Quand dire c'est faire* (Seuil, 1991).
315. *Tentation*, p. 48.
316. *Ibid.*, p. 536.

quatre bras et quatre jambes. Les trois sortes étaient homme/homme, femme/femme ou homme/femme. À cette époque il n'y avait pas besoin d'amour, car tout le monde était complet et heureux. Se sentant menacé par cette plénitude, Zeus foudroya ces êtres, les divisant en ce que nous appelons de nos jours des humains. L'amour a vu ainsi le jour pour que ceux qui avaient été séparés puissent retrouver leur moitié.

L'avis libéral de Platon sur l'amour et la sexualité ne correspond clairement pas aux convictions conservatrices de l'Église des Saints des Derniers Jours sur le sujet. La doctrine mormone n'accepte le mariage qu'entre un homme et une femme. Il est intéressant de lire le profil de Stephenie Meyer écrit par Lev Grossmann dans *Time*, où il est question de son roman *Les Âmes vagabondes*, œuvre sans rapport avec la série *Twilight*.

« L'histoire se passe dans un avenir proche sur une Terre conquise par des extraterrestres parasites qui prennent le contrôle des corps des humains, anéantissant la personnalité de leurs hôtes. Une hôtesse humaine résiste ; elle continue à vivre en tant que voix dans la tête qu'elle partage avec l'extraterrestre. Lorsque l'hôtesse et le parasite, qui s'appelle Gaby, rencontrent l'ancien amant de l'hôtesse, devenu rebelle, l'extraterrestre tombe aussi amoureuse de lui et se joint à la cause des humains. C'est un triangle amoureux à deux côtés, un ménage à deux. Comme *Twilight*, *Les Âmes vagabondes* est une histoire coquine – deux filles dans un même corps – racontée d'une façon très clean. »[317]

Le Banquet de Platon est peut-être malgré tout parvenu à s'exprimer dans l'écriture de Stephenie Meyer. Ou bien l'histoire s'inspire des tendances polygames du mormonisme fondamentaliste.

317. Lev Grossmann, Stephenie Meyer : « A New J. K. Rowling ? » dans *Time*, 24 avril 2008.

Proches, mais pas trop : l'abstinence érotique

Stephenie Meyer joue sur la frontière entre sexe et pas de sexe dans sa série *Twilight*. Les livres sont érotiques, dangereux et descriptifs. Edward doit résister à la fois au corps de Bella et à son sang. À la différence d'autres héroïnes adolescentes, si elle fait l'amour, Bella risque bien plus que de tomber enceinte : son amant pourrait la détruire complètement. Toujours dans son profil de Stephenie Meyer dans *Time*, Lev Grossmann déclare que la série est pleine d'« abstinence érotique » parce que les héros sont proches, mais pas trop proches, jusqu'au mariage, assez tard dans la saga. Le couple évite le sexe avant le mariage, interdit par la religion de Stephenie Meyer dans la brochure *Jeunes, Soyez Forts*. Grâce à l'abstinence jusqu'au mariage des héros, la chaîne de librairies mormone américaine Deseret Books a mis les livres de *Twilight* à la place d'honneur dans ses rayons à travers tous les États-Unis. Pourtant, récemment, certains membres de l'Église des Saints des Derniers Jours ont demandé à la chaîne de retirer les livres, à cause de la nature érotique de cette abstinence. Deseret Books a trouvé un compromis en proposant les livres sur commande spéciale[318].

Bella et Edward sont-ils donc des icônes de la chasteté ? Quand l'auteur parle de leurs longs baisers, qu'elle nous décrit sur une demi-page jusqu'au moindre souffle, la lettre et l'esprit de la loi divergent. Grossmann attire l'attention sur une scène vers la moitié de *Fascination*, où Edward s'approche et respire l'odeur du cou de Bella : « Ce n'est pas parce que je résiste au vin que je n'ai pas le droit d'en humer le bouquet. Tu as une odeur très florale, un mélange de lavande et de... freesia »[319]. Grossmann soutient que, même si Edward ne

318. « Deseret Books pulls Twilight series from shelves », www.ksl.com/ ?nid=148&sid=6243225.

319. Lev Grossman, voir note 11, p. 34. Notre traduction. *Fascination*, p. 329.

fait qu'effleurer Bella, « il y a plus de sexe dans ce paragraphe que dans toutes les pelles roulées dans *Harry Potter* »[320].

Laura M. Brotherson écrit pourtant dans le *Mormon Times* qu'Edward est un « gardien et un protecteur. Comme si un lion tombait amoureux d'un agneau. Heureusement pour Bella, Edward vient d'une famille qui lui a appris à contrôler ses appétits mortels »[321]. Des valeurs familiales vampiriques ! Brotherson loue le « sacrifice et l'auto-discipline d'Edward, surtout lorsque cela va à l'encontre de son fonctionnement naturel ». La capacité de résistance d'Edward est « attirante et désarmante » et inspire à Bella la certitude qu'elle a trouvé l'homme, ou plutôt le surhomme, de sa vie. « Cela ne m'étonne pas que lorsqu'Edward demande à Bella 'Tu me fais confiance ?', elle n'hésite pas. Comment ne pas lui donner sa vie, et tout ce qu'il peut vouloir d'autre, sachant pertinemment qu'il ne prendra jamais rien ni ne fera jamais rien pour vous faire du mal ? » Mais Bella ne peut pas encore en être vraiment certaine, et cela fait partie du danger et de l'érotisme du récit de Stephenie Meyer.

Le regard renvoyé

Stephenie Meyer se concentre sur la chair plutôt que sur l'esprit, en nous fournissant toute une sélection de longues descriptions sur l'apparence d'Edward. Cette attention, ajoutée au fait que presque toute la série est racontée du point de vue de Bella, détourne le regard, habituellement réservé aux hommes regardant une femme. Dans la philosophie féministe, on retrouve souvent l'idée que les hommes contrôlent le plus souvent l'« objectif », que ce soit photographique, cinématographique, théâtral ou même littéraire, par les descriptions dans les romans ou autres livres. D'habitude, le photographe, l'auteur ou le metteur en scène crée

---

320. *Ibid.*. Notre traduction.

321. Laura M. Brotherson, « Edward, Self-Mastery and the Marital Fire », mormon-times.com, le 17 janvier 2009. Notre traduction.

un regard teint de désir sexuel pour le corps de la femme. Stephenie Meyer, au contraire, nous encourage à regarder la beauté d'Edward à travers les yeux de Bella. Il est réduit à l'état d'objet, jaugé comme un morceau de viande.

Il ne s'agit pas simplement de traiter pour une fois un homme en objet sexuel. L'auteur explique qu'Edward renvoie aussi ce regard : « Edward me dévisageait curieusement. [...] Déconcertée, je soutins son regard, m'attendant à ce qu'il fuie aussitôt. Au lieu de quoi, il continua de me scruter de façon pénétrante »[322]. À de maintes reprises, dans *Fascination*, Bella regarde fixement Edward, qui lui retourne son regard. Au lieu d'un regard unidirectionnel qui fait de l'autre un simple objet du désir, *Twilight* propose un regard mutuel, complice et chaleureux entre deux jeunes amoureux.

Des filles mormones gentilles et des méchants vampires

Pour conclure, nous devons nous demander : *Twilight* est-il vraiment mormon ? Comme pour n'importe quel texte, il en existe plusieurs lectures et interprétations. Les critiques de Stephenie Meyer, professionnels et amateurs, mormons ou pas, ne sont pas tous convaincus que la série encourage des valeurs convenables. J'espère que ce chapitre vous aura convaincu qu'il est possible pour une fille mormone gentille d'écrire à propos de vampires sexy.

322. *Fascination*, p. 86.

LE TAO DE JACOB

Rebecca Housel

« Le Tao est vide ; si l'on en fait sage,
il paraît inépuisable. Ô qu'il est profond ! Il semble
le patriarche de tous les êtres. »[323] *— Lao Tseu*

C'est dur pour Jacob Black. Il est amoureux d'une fille qui aime un vampire non seulement beau et riche, mais aussi intelligent, talentueux et immortel. Oui, oui, un vampire. Qui peut espérer rivaliser avec cela ? Jacob, justement, grâce à la sagesse des anciens maîtres. Bien qu'il n'ait que quinze ans lorsqu'on le voit pour la première fois, loin d'être un ancien et encore moins un maître, il montre déjà une précoce maturité fréquente chez les jeunes ayant vécu des expériences difficiles. À la différence d'autres garçons de quinze ans, Jacob ne peut prendre la vie comme elle vient. En tant que Quileute, il vit dans la réserve indienne ; il a déjà conscience du fossé causé par les différences sociales. Son père, Billy, est en fauteuil roulant et il est très dépendant de Jacob, autant pour les tâches ménagères que pour se déplacer hors de chez eux.

Le *Tao Te King* décrit un « chemin » ou une « voie » (Tao), pavé des vertus de l'humilité, de compassion et de modération[324]. Jacob, possède ces trois vertus, sa vie difficile ayant développé son intelligence émotionnelle.

---

323. Lao Tseu, *Tao Te King*, traduction de Stanislas Julien (J'ai Lu, 2005), livre 1, chap. 4.
324. *Ibid.*, chap. 67, autrement dit l'humilité, l'affection et l'économie.

Le texte fondamental du taoïsme, le *Tao Te King*[325], écrit par Lao Tseu il y a plus de 2 500 ans, traite du concept du Tao. « Trois choses précieuses », l'humilité, la compassion et la modération, nous guident sur le chemin taoïste. Jacob est plus jeune, voire beaucoup plus jeune qu'Edward, mais il possède déjà cette sagesse, même si on ne prend pas en compte sa capacité de se métamorphoser en loup. Selon la légende, le premier homme Quileute fut créé par un « métamorphe » qui transforma un loup en homme, mais ici nous parlerons d'« anciens » très différents[326].

La référence de Lao Tseu à « d'anciens maîtres » dans le *Tao Te King* concerne probablement deux « anciens maîtres » qui ont joué un rôle dans les origines du taoïsme. Huang Di et Fu Hsi (ou Fuxi) ont régné sur la Chine respectivement environ 4 700 ans et 2 200 ans avant la naissance de Lao Tseu[327]. Huang Di est associé aux origines du taoïsme, alors que Fu Hsi serait l'auteur du concept de yin et de yang[328].

Il fait toujours plus sombre avant l'aube

L'un des symboles les plus puissants du taoïsme est le cercle noir et blanc appelé yin-yang. Le yin est passif, froid, sombre et doux. Le yang est actif, chaud, lumineux et dur. Pourtant les deux ne s'opposent pas complètement. Ils se fondent l'un dans l'autre, et chacun a sa place dans l'autre, symbolisée par un point blanc dans le noir et un point noir dans le blanc. Dans le monde de *Twilight*, Jacob est le yin. Il sait que Bella Swan est plus intéressée par une relation avec Edward Cullen qu'avec lui. Bien que Jacob soit jaloux, cela ne s'exprime jamais d'une façon menaçante. En affirmant

325. Certains spécialistes pensent que Lao Tseu a initié le *Tao Te King*, mais d'autres auteurs anonymes y ont contribué à travers les siècles.

326. Voir « Quileute Tribe : Legends, Myths and Folklore » sur www.quileutes.com.

327. Lao Tseu, *Tao Te King*, chap. 15 et 16.

328. Le yin-yang décrit comment des forces apparemment opposées sont connectées et dépendantes entre elles dans le monde naturel. L'un existe grâce à l'autre. Jacob et Edward illustrent parfaitement l'idée du yin-yang.

sans cesse qu'il restera l'ami de Bella, quels que soient les choix qu'elle fera, Jacob prouve son amitié. La compassion et l'humilité sont les fondations de son intelligence émotionnelle. Jacob est un véritable taoïste par son caractère et dans ses relations avec les autres.

Edward, par contraste, est le yang. Il se tient à l'écart, a un air de supériorité. Il fait étalage de sa richesse en conduisant des voitures de luxe et en portant des vêtements de marque et il regarde de haut des possessions plus humbles, comme la voiture de Bella. En comparaison, lorsque Bella apporte deux motos abandonnées à Jacob et propose de lui en offrir une, en échange de son aide pour les remettre en état, Jacob est ravi. Peu lui importe que les motos ne soient ni neuves ni chères. Parce que Jacob puise ses forces de ses qualités d'humilité et de modération, il est en général plus satisfait de sa vie quotidienne. Il comprend qu'il n'est pas le centre du monde, et il est assez intelligent pour ne pas souhaiter l'être. Comme le dit Lao Tseu, « Celui qui sait se suffire est assez riche »[329].

L'arrogance d'Edward ne laisse pas de place pour le yin, mais qui pourrait le blâmer ? Il a été choisi par Carlisle Cullen pour survivre à une maladie mortelle, et plus encore, pour devenir plus fort, plus rapide et plus intelligent pour l'éternité. Souvent, les gens qui survivent à une maladie mortelle comme un cancer en retirent un sens de l'humilité, ne prenant plus pour acquise la vie quotidienne, car pour eux l'ordinaire n'existe plus. La mère de Jacob est morte quand il était petit, il connaît donc la mort et il en a retiré un sens de l'humilité. Il connaît aussi la maladie : son père est en fauteuil roulant. Et, puisqu'il connaît la mort et la maladie, Jacob a développé sa compassion. Il est aussi habitué à la modération, vivant dans une petite maison dans la réserve Quileute et conduisant la vieille voiture déglinguée de son père.

Jacob est un meneur né. Il ne dirige pas par abus du pouvoir, ni parce qu'il est riche, ou parce qu'il fait des promesses

329. *Ibid.*, chap. 33.

exagérées. C'est un chef car il agit de façon responsable quand c'est nécessaire, sans tenir compte de ses propres désirs. Il ne revendique pas immédiatement la place de chef de meute des loups Quileute, bien que ce soit son droit. À la place, il laisse Sam commander jusqu'à ce que celui-ci soit défaillant. Jacob illustre ainsi le concept taoïste du wei wu wei, l'agir sans agir. La meilleure forme d'action consiste souvent à ne pas se précipiter de façon offensive, mais à laisser les choses se faire naturellement. Selon les taoïstes, l'ordre et l'harmonie sont la voie naturelle. Nous devons donc nous mettre en phase avec le Tao, l'interaction naturelle du yin et du yang, pour être en harmonie avec la nature et l'univers. Soyons clairs, quand même : le taoïsme n'est pas complètement passif. Il ne propose pas d'accepter toutes les injustices qui pourraient nous tomber dessus. Il y a un temps pour agir, mais il faut aussi savoir choisir ses batailles.

Après avoir pris conscience de sa capacité de se transformer en loup, Jacob pourrait attaquer Edward à n'importe quel moment, mais il s'abstient. Même lorsqu'il sait que Bella va épouser Edward et que sa mort s'ensuivra rapidement, il se force à assister à leur mariage, en dépit de ses sentiments. Il la met en garde contre Edward et contre les décisions qu'elle est en train de prendre, risquant ainsi de détruire leur amitié. Jacob fait tout cela car c'est ainsi que les bons chefs agissent ; ils ne font pas nécessairement ce qui les rendra populaires ni ce qui fera plaisir aux autres. Même si cela met en danger une amitié ou la relation avec une personne qu'il aime, un bon chef agira selon sa conscience.

Lorsque, en désespoir de cause, Edward vient demander à Jacob de faire des enfants humains avec Bella, ce dernier ne saute pas sur l'occasion. Il admet que cela lui permettrait d'être avec la personne qu'il aime, même de façon imparfaite, mais finalement il est soulagé que cela ne soit pas possible. En effet, Jacob sait que sa relation avec Bella est toxique pour lui, et il se sépare d'elle à plusieurs reprises au cours de la saga pour essayer de se guérir d'elle et pour la laisser vivre sa vie. À l'opposé, lorsqu'Edward quitte Bella, dans *Tentation*, pour des raisons « désintéressées », il se comporte cruellement et la blesse profondément. C'est son amitié avec Jacob qui sauvera Bella et la ramènera à la vie. Par son amitié, il l'incite non seulement à être fidèle à elle-même, mais aussi à se prendre en charge et à tenter de nouvelles expériences. Jacob ne demande pas à Bella de changer. Il ne juge pas ses vêtements, sa camionnette ou le choix de ses amis, sauf pour Edward et les Cullen (et là, il a raison !). Il est toujours là pour elle, lui offre son respect et son soutien. C'est cela, un véritable ami.

De son côté, Edward est malheureux parce qu'il ne peut pas garder Bella, même si c'était son choix de la rejeter cruellement pour la « sauver », et tente de se suicider, croyant sa bien-aimée morte et ne pouvant vivre sans elle. Il fait ses choix et il se conduit d'une façon irresponsable parce qu'il ignore ce qu'est l'humilité : l'arrogance le poursuit comme son ombre. Comme le disait Lao Tseu, « les courses violentes, l'exercice de la chasse égarent le cœur de l'homme »[330]. Edward court et chasse littéralement ; il se déplace à une vitesse extraordinaire et il chasse régulièrement pour se nourrir. Selon Lao Tseu, la capacité de voir, d'entendre et de goûter à tout ce que l'on désire rend une personne aveugle, sourde et incapable de savourer ce qui est bon[331]. Voilà la source du manque d'humilité d'Edward, sa faiblesse, mais aussi la source de la force de Jacob. On sent l'intention de Stephenie Meyer de créer en Edward et Jacob une paire d'opposés campbelliens[332], deux faces d'une même médaille, un yin et un yang. Alors que Jacob a l'étoffe d'un bon chef, à cause de son humilité, il se place toujours en retrait, suivant ce que Lao Tseu appelle « le Tao du ciel ». La voie du ciel est la lumière à l'autre bout du tunnel obscure de Jacob.

330. *Ibid.*, chap. 12.

331. *Ibid.*, chap. 12.

332. Référence au travail de Joseph Campbell, anthropologue, qui parlait des religions en termes d'« oppositions binaires ». NDT.

On n'a pas toujours ce qu'on mérite

J. K. Rowling a également utilisé le yin et le yang comme un ressort dans ses histoires. Pensez à Harry Potter et Draco Malfoy. Il y a un grand contraste, mais les deux ne sont pas des opposés. Comme toujours, il y a du yin dans le yang et réciproquement, créant un véritable équilibre. Malfoy n'est pas forcément mauvais, et Harry se conduit parfois mal. De même, Edward manque totalement d'humilité, mais il n'est pas complètement mauvais. Et Jacob, même s'il n'est pas arrogant, fait aussi des erreurs. La différence est que l'on a pour Edward une considération non méritée : comme d'autres gens « scintillants », trop beaux pour être vrais, les célébrités par exemple, on lui pardonne ses transgressions, et même parfois on le récompense. Jacob est plutôt le pot de terre dans l'histoire. Peu importe ce qu'il fait de bien, des sacrifices qu'il fait, il en est toujours puni. Malheureusement, dans le cas de Jacob, il n'obtient vraiment pas ce qu'il mérite à chaque fois. Ce n'est pas la faute des personnages. On peut sans hésiter le reprocher à l'auteur. J. K. Rowling récompense ses personnages, ce n'est pas le cas de Stephenie Meyer.

Il existe mille raisons de trouver la vie de Jacob captivante. Il vit dans une réserve indienne, à l'écart de la société habituelle. À cause de son héritage Quileute, il doit porter le fardeau supplémentaire de se transformer en loup-garou. Cette transformation s'impose à Jacob et ses amis car la présence des Cullen attire d'autres vampires à Forks. La mère de Jacob est décédée, son père est invalide, des circonstances qui placent sur ses épaules des responsabilités, notamment domestiques, qui sont traditionnellement le domaine des parents. En servant de chauffeur à son père, on pourrait presque dire que Jacob assume un rôle parental. Et pourtant Stephenie Meyer avait décidé d'écrire un autre livre, *Midnight Sun*, du point de vue d'Edward. Pourquoi ? Edward obtient tout ce qu'il désire, pas Jacob. Oui, Jacob s'imprègne de Renesmée dans le dernier livre de la série *Twilight*, mais pour le lecteur attentif, c'est loin d'être un cadeau. Devrait-on en vouloir à Stephenie Meyer de n'avoir pas voulu reconnaître les mérites de Jacob ?[333]

Heureusement, Lao Tseu a la réponse. « Si vous renoncez à la sagesse et quittez la prudence, le peuple sera cent fois plus heureux »[334]. Le message de Lao Tseu est que nous ne pouvons pas tout trouver dans les livres, nous devons aussi apprendre de la réalité. Stephenie Meyer récompense l'arrogance et punit l'humilité. C'est souvent comme cela que les choses se passent dans la vie. Une partie de la philosophie taoïste consiste à reconnaître que la connaissance nous vient de différentes sources. Ce n'est pas à nous de juger de ce qui est une bonne ou une mauvaise connaissance.

Ce qui est courbé devient droit

« Ce qui est incomplet devient entier.
Ce qui est courbé devient droit. »[335]

Voici ce que Lao Tseu prédit à celui qui ne lutte pas et qui ne se glorifie pas. Le *Tao Te King* explique qu'il faut parfois plus de courage pour céder et plus de force pour se courber contre nos propres désirs que pour s'accrocher fermement à une position au risque de se briser. Si une personne parvient

333. Dans un entretien intitulé « It's Good to be King » avec Brian Truitt pour *USA Weekend*, le 6 mars 2009, Stephen King dit « Rowling et Meyer, elles parlent directement aux jeunes. La différence est que Rowling est un écrivain superbe et l'écriture de Stephenie Meyer ne vaut pas un clou. Elle n'est pas très forte ». Cette citation désormais notoire de Stephen King a fait beaucoup de bruit. S. King a vendu plus de 350 millions de livres, en a écrit une bonne soixantaine, entre les romans, les recueils de nouvelles et d'autres. En avril 2009, il a fêté les trente-cinq ans de l'édition de *Carrie*, son premier roman. Lorsque Stephen King parle, le monde littéraire écoute. King dit qu'il est l'équivalent littéraire lui-même d'un Big Mac Frites, reconnaissant l'attrait commercial de ses livres accessibles mais passionnants. S. Meyer écrit aussi des livres commerciaux et accessibles. J. K. Rowling, qui est devenue extrêmement riche, excelle sans doute dans son métier. Pourtant, la responsabilité n'est pas sur Stephenie Meyer d'écrire bien ou non. C'est au public de décider comment il investira son temps et son argent. Il est évident que Stephenie Meyer n'a pas pu prévoir le succès de ses livres ni leur influence potentielle, mais à présent elle doit bien en tenir compte. Lorsqu'il s'agit de personnages de fiction, on se tourne toujours vers l'auteur.

334. Lao Tseu, *Tao Te King*, chap. 19.

335. Lao Tseu, *Tao Te King*, chap. 22.

à adopter ce comportement souple dans un conflit, elle sera récompensée par un cœur ouvert. Jacob est très malheureux des choix de Bella concernant Edward, même si nous savons que ce malheur provient en grande partie de son propre désir d'obtenir les faveurs de Bella. Mais ce qui rend Jacob le plus malheureux, c'est l'idée d'un monde sans Bella telle qu'il la connaît aujourd'hui. Beaucoup de membres de sa meute se sont déjà imprégnés de leur âme sœur. Si Bella devient vampire, elle fera partie des ennemis jurés des loups-garous. La situation semble sans espoir. Pourtant, en plein conflit, Jacob commence à céder et à se courber, car il aime sincèrement Bella et souhaite son bonheur par-dessus tout, quelles que soient les conséquences pour lui.

Jacob rend visite à Bella à son retour de lune de miel. Il la trouve dans un état de grande souffrance à cause de sa grossesse accélérée qui la tue, littéralement, à petit feu. Jacob s'attendait à ce que Bella soit morte, ou plutôt morte-vivante ; dans ce cas-là au moins une partie d'elle-même aurait survécu. La situation telle qu'il la découvre est complètement différente : Bella va vraiment mourir.

Ici aussi, les trois « choses précieuses » du taoïsme s'avèrent bien utiles à Jacob. Sa compassion pour la situation de Bella lui permet de lui pardonner, son humilité l'aide à ne pas la juger et sa modération lui donne la force de rester dans la maison des Cullen malgré tout. Il est ainsi présent pour protéger Bella et Renesmée des Volturi, quand ceux-ci arrivent et accusent Bella et Edward d'avoir conçu un enfant immortel, ce qui est interdit dans le monde des vampires. Nous apprendrons plus tard que la situation de nos héros n'est pas si exceptionnelle que ce que tout le monde croyait ; en Amérique du Sud, un vampire rebelle avait déjà mis enceintes des femmes humaines. Les enfants nés de ces unions sont des hybrides humain-vampire comme Renesmée, et non pas les monstres que craignent les Volturi. Lorsqu'un enfant humain déjà vivant est transformé par le venin d'un vampire, il reste figé éternellement dans son état d'enfant irrationnel, et devient une menace plus grande qu'un vampire adulte.

Parce que Jacob a su fléchir et céder le pas lors de son conflit interne au sujet de Bella, lorsqu'il voit Renesmée pour la première fois, son cœur est ouvert et il est capable de s'imprégner d'elle. C'est bien pratique pour Stephenie Meyer, qui voulait sans doute offrir une espèce de prix de consolation à Jacob, pour le récompenser de son incroyable patience. Bien que Renesmée grandisse plus vite que les humains ordinaires, il faudra attendre des années avant que Jacob et elle puissent avoir une relation romantique. Entre-temps, Jacob joue le rôle de baby-sitter et se fait parfois mordre à l'heure des repas. En tant que loup-garou, il guérit très vite et le sang que lui prend Renesmée ne lui fait pas autant de mal qu'à un humain ordinaire. La situation de Jacob dans *Révélation* dépasse la compassion, la modération et l'humilité, mais comme Jacob est prêt à se courber, les lecteurs savent qu'il ne va pas se briser.

L'aube d'une ère nouvelle

Bien entendu, Lao Tseu ne s'imaginait pas qu'un personnage de fiction dans un avenir lointain incarnerait le Tao. Et Stephenie Meyer elle-même ne se rendait probablement pas compte à quel point le personnage de Jacob correspondait au canevas taoïste. Pourtant, que vous soyez Team Edward ou Team Jacob, vous devez convenir que Jacob est un chic type. Si jamais vous avez besoin d'un ami pour surveiller vos arrières dans une bataille, Jacob est celui qu'il vous faut, et pas seulement à cause de son « truc » de se transformer en loup-garou. Loyal au-delà du raisonnable, humble et plein de compassion, Jacob est un vrai taoïste, jusque dans son rapport intime avec la nature. Le plus remarquable est la façon dont Jacob, presque détruit par ce qui arrive à Bella, réussit à se reconstruire, en dépit de son chagrin profond :

« L'axiome des anciens : Ce qui est incomplet devient entier, était-ce une expression vide de sens ?

Quand l'homme est devenu véritablement parfait, le monde vient se soumettre à lui. »[336]

Lao Tseu parlait de Jacob, même s'il ne le savait pas. Jacob se courbe mais il reste entier. Les anciens que Lao Tseu évoque ici sont en harmonie avec l'esprit ancien de Jacob et leurs paroles ne sont pas en effet vides de sens. Toujours humble, Jacob mesure ses propres opinions. Bella ne le choisira jamais. Edward ne disparaîtra pas. Quand Jacob cesse de ressentir le besoin d'être toujours sur la défensive, son cœur s'ouvre aux autres. Il redevient entier, fidèle à lui-même. Au lieu de perdre son énergie dans une situation qu'il ne pourra pas changer, il choisit de poursuivre son propre bonheur. Si nous pouvions ressembler davantage à Jacob et suivre le Tao, le monde serait plein de nouvelles possibilités.

Stephen King dit, dans *Écriture : Mémoires d'un métier* : « Je me souviens d'un sentiment intense de possibilité rien qu'à l'idée d'écrire, comme si on m'avait conduit dans un bâtiment énorme, avec plein de portes fermées, et qu'on m'avait donné la permission d'ouvrir toutes celles que je voulais. Il y avait là plus de portes qu'on ne pourrait en ouvrir en une vie entière »[337]. Le style de Stephenie Meyer donne cette impression de possibilités si bien décrite par Stephen King, et les livres et les films ne sont qu'un début. Stephenie Meyer lira peut-être ce chapitre et décidera que le monde de Jacob est plein de portes fermées qu'elle peut ouvrir à ses lecteurs. L'univers *Twilight* offre des possibilités illimitées, tout comme Stephenie Meyer. Une nouvelle aube pointe au-dessus du monde littéraire[338].

336. *Tao Te King*, chap. 22.

337. Stephen King, *On Writing : A Memoir of the Craft* (New York : Pocket Books, 2000), p. 15. Notre traduction.

338. Merci à Bill et à Jeremy, mais surtout à Bob, qui donne un sens à ma vie et m'encourage à me remettre en question : un véritable Jacob. Je t'aime.

CONTRIBUTEURS

Mesdames, Messieurs, nous vous présentons les vedettes de notre spectacle, les humains comme les vampires et les métamorphes :

George A. Dunn : Chargé de cours à l'Université d'Indianapolis et à l'Institut de Technologie de Ningbo dans la Province de Zhejiang (Chine), son expérience au lycée ressemblait étrangement à celle des Cullen : il était plutôt solitaire et essayait de ne mordre personne.

Eli Fosl est étudiant à la DuPont Manual High School. Lorsqu'il n'échafaude pas de théorie philosophique sur les vampires et les loups-garous, il passe du temps avec ses copains, vivants et morts-vivants. Disons juste qu'Edward a de la chance que Bella n'ait pas rencontré Eli en premier.

Peter S. Fosl est professeur de philosophie à l'Université de Transylvania : drôle de hasard, non ? En dehors de son travail de professeur, Peter a entrepris quelques expériences nocturnes sur les effets du bourbon sur le sang humain, ce qui semble l'avoir immunisé contre le venin des vampires, puisqu'il fait visiter la crypte de l'université à quelques invités privilégiés.

Rebecca Housel était un banal professeur humain d'écriture créative, de culture populaire, de cinéma et de philosophie pendant une quinzaine d'années au fin fond de sa région à l'ouest de New York. Elle est à présent écrivain et éditeur en free-lance, ce qui lui permet de travailler chez elle sous sa véritable forme : lorsqu'elle n'écrit pas, elle rôde dans les régions montagneuses de l'État de New York, à la recherche des vampires. Véritable végétarienne, elle espère ne jamais en trouver.

Jean Kazez enseigne la philosophie à l'Université Southern Methodist. Elle a sa propre rubrique dans *The Philosopher's Magazine* et a contribué à plusieurs revues par des articles sur l'éthique, la religion, le bonheur et la parentalité. Jean aime bien passer du temps avec sa famille vampirique, même si aucun ne connaît Bella et Edward.

Dennis Knepp enseigne la philosophie au Big Bend Community College. Il propose à Bella et Edward de déménager dans l'est de l'État de Washington, où les journées ensoleillées les feront scintiller comme des diamants.

Bonnie Mann est maître de conférences à l'Université d'Oregon. Elle se rend aussi souvent que possible dans l'État de Washington pour boire le thé avec Alice et Bella. À l'occasion, elle rend service en gardant Renesmée, mais à condition que Jacob soit là pour la nourrir. Grâce à cette relation privilégiée avec les Cullen, Bonnie peut confirmer que leur maison ressemble tout à fait à celle des films.

Leah McClimans était philosophe le jour et chasseuse de vampire la nuit, jusqu'à ce que son mari lui offre la série *Twilight*, en espérant qu'elle resterait à la maison le soir pour la lire. À présent, après son travail philosophique, elle partage son temps libre entre faire campagne pour les droits des animaux et se disputer avec son mari pour devenir un vampire.

Jennifer L. McMahon est maître de conférences en philosophie et titulaire de la chaire d'anglais et de langues vivantes à l'Université East Central. Elle est experte en existentialisme, en esthétisme et en philosophie comparative. Elle comprend bien l'attirance des gens envers les vampires, mais pour sa part préfère les chiens.

Nicolas Michaud est philosophe itinérant. Il rôde en Floride autour de l'Art Institute de Jacksonville, du Community College et de l'Université de Jacksonville avec quelques incursions du côté de l'Université de North Florida, afin de se nourrir d'étudiants innocents et de les transformer en philosophes. C'est l'amour de sa vie, Jessica Watkins, qui l'a convaincu d'écrire sur *Twilight*. Sans elle, il n'aurait même pas lu les livres. Il pourrait dire qu'elle est sa « Bella », mais en fait, Jessica est bien plus merveilleuse.

Abigail E. Myers est écrivain indépendant et professeur à New York. Elle passe ses journées à récupérer ses exemplaires de la saga *Twilight* auprès d'élèves de quatrième, qui les « empruntent ». Abigail adorerait profiter des conseils d'Alice en matière de mode.

Philip Puszczalowski est doctorant en philosophie à l'Université de Calgary. Il se consacre à des recherches sur divers sujets, dont l'existentialisme, Nietzsche et l'éthique. Il est persuadé qu'un vampire n'aurait pas de mal à se débarrasser d'un loup-garou dans une bagarre, contrairement à l'avis de sa sœur chérie.

Marc E. Shaw est maître de conférences en arts du théâtre au Hartwick College. Bien que Marc ne soit pas un vampire, sa pâleur terreuse est aussi translucide et effrayante que celle d'Edward. Et presque aussi sexy. Ou pas...

Brendan Shea est doctorant en philosophie à l'Université d'Illinois, où il étudie la philosophie des sciences. Il enseigne l'éthique, la logique et l'histoire de la philosophie. En corrigeant ses copies, il a réalisé que la lecture dans les pensées serait une méthode bien plus efficace d'évaluer les connaissances des étudiants. Il a l'intention d'appliquer cette nouvelle procédure dès que possible.

Eric Silverman est maître de conférences en philosophie et religion à l'Université Christopher Newport. Il est spécialiste en philosophie médiévale, éthique et philosophie des religions. Son premier livre, qui sera bientôt publié, explique que l'amour est une vertu apportant du bien-être aux amoureux. Il reste pourtant persuadé que traîner avec des loups-garous et des vampires aurait plutôt tendance à saper le bien-être de n'importe qui.

Andrew Terjesen est maître de conférences occasionnel en philosophie au Rhodes College. Il a enseigné à l'Université de Washington et de Lee, au Austin College et à l'Université de Duke. S'il devenait vampire, son « don » serait sans doute une forme de super-nonchalance.

Jenny Terjesen habite Memphis dans l'État du Tennessee. Lorsqu'elle ne lit pas la série *Twilight*, Jenny est une directrice des ressources humaines assoiffée de sang.

J. Jeremy Wisnewski est végétalien, il n'a donc jamais soif de sang, mais il est tout de même passionné par les vampires. Il culpabilise d'avoir au début dédaigné *Twilight* par snobisme intellectuel, mais maintenant il est fan. Les vampires assurent !

Sara Worley est maître de conférences en philosophie à l'Université de Bowling Green State. Elle s'intéresse de plus en plus à la philosophie de la psychiatrie. Malgré des années d'expérience, Sara n'arrive pas à se faire au goût des pumas. Les grizzlis, en revanche, c'est une autre affaire.

Naomi Zack est titulaire de la chaire de philosophie à l'Université d'Oregon. Vivant dans la région du Pacifique Nord-Ouest, Naomi a rencontré plusieurs personnes qui connaissent personnellement Bella et Edward.

Imprimé en France en janvier 2011
sur les presses de l'imprimerie « La Source d'Or »
63039 CLERMONT-FERRAND
ISBN 978-2-36164-009-5
Dépôt légal : janvier 2011
Première édition : octobre 2009

PEFC/10-31-2008

*Dans le cadre de sa politique de développement durable,
La Source d'Or a été référencée IMPRIM'VERT®
par son organisme consulaire de tutelle.
Cet ouvrage est imprimé - pour l'intérieur -
sur papier offset « Amber Graphic » 90 g
provenant de la gestion durable des forêts,
des papeteries Arctic Paper, dont les usines ont obtenu
les certifications environnementales ISO 14001 et E.M.A.S.*